모두를 위한
노동 교과서

노동, 노동자, 노동권을
이해하는 첫걸음

모두를
위한
노동
교과서

지은이

김철식
김혜진
신순영
안명희
엄진령
윤지영
이미숙
장귀연
최은실

기 획 전국불안정노동철폐연대

오월의봄

차례

우리 모두의
노동을 위하여

우리는 모두 노동을 합니다. 그러나 정작 노동에 대해 잘 알고 있다고 자신 있게 말하기는 어렵습니다. 학교에서건 일터에서건 노동을 제대로 배운 적이 없기 때문입니다. 그래서일까요? 우리 사회는 여전히 노동, 노동자, 노동자의 권리에 대해 오해와 편견이 심합니다. 노동을 천시하거나 노동자를 천대하고 일하는 사람들의 권리를 위해 싸우는 이들을 적대시하기도 합니다.

　일하며 살아가는 우리는 존중받아야 합니다. 우리의 일과 삶이 폄하되어서는 안 됩니다. 그러려면 노동의 여러 개념을 제대로 이해해야 하고, 노동을 둘러싼 사회 현상과 여러 활동에 대한 왜곡을 바로잡아야 합니다. 인간으로서 존엄을 지키며 노동자로 더불어 살아가기 위해 노동을 배우는 일은 중요합니다. 이 세상을 움직여가는 힘은 노동이고 이 사회의 주인은 노동자라는 것을 확인해야 합니다.

　이 같은 고민 속에서 전국불안정노동철폐연대의 활동가, 법률가, 연구자 들이 '노동 교과서'를 만들어보자고 의기투합했습니다. 반드시 알아야 할 16개의 주제를 통해 노동에 대한 기본 개념을 이해할 수 있도록 돕고, 노동문제를 둘러싼 여러 입장과 태도에 관해 분석하고, 노동을 어떻게 바라보아야 하는지 제시해보자고 했습니다. 노동의 문제는 우리 삶에 큰 영향을 끼칩니다. 그래서 노동현장의 여러 모습을 보여주며 노동 관련 법과 제도가 실제 우리의 일터에서 어떻게 작동되는지, 어떤 함의를 갖는지에 대해서도 말해보자고 했습니다.

**
**

이 책의 1부에서는 노동의 개념과 그 역사적 변천을 살피고, 자본주의 임금노동관계가 갖는 착취적 성격과 노동자 소외의 문제를 검토한 후, 오늘날 부정적 노동 현실을 넘어서기 위한 담론들과 그것의 현실적 함의들을 도출했습니다. 이어서 자본주의 체제의 흐름을 꿰뚫고, 신자유주의의 논리와 현실을 분석했으며, 수많은 사람의 삶과 미래에 희망을 주지 못하고 노동자의 권리를 보장한 사회제도들을 뿌리째 흔든다는 점에서 큰 사회적 문제인 비정규직에 대해서 살펴보았습니다.

　그리고 기업과 국가의 노동통제 방식은 어떻게 변해왔는지, 노동통제의 효과는 무엇인지를 알아보고 노동자들이 노동통제에 저항해온 과정들을 따라가보았습니다. 우리의 일터가 과연

민주적인지도 돌아보았습니다. 일터에서도 노동자의 삶은 이어지기 때문입니다. 민주적 일터를 위해서는 무엇이 필요한지 고민을 던져보았습니다. 노동문제는 사회 전체의 문제입니다. 노동자들이 권리를 보장받지 못하면 그 노동자의 노동으로 움직이는 사회도 삐걱거리게 됩니다. 그래서 노동조합은 모든 노동자의 권리를 위해 싸우고, 사회적 약자와 연대하거나 사회의 민주화를 위해 노력합니다. 정부가 불법으로 규정하는 노동조합의 사회적 투쟁에 대해서도 자세히 들여다보았습니다.

2부에서는 노동자의 권리를 조목조목 뜯어보았습니다. 임금, 노동시간, 안전, 노동조합, 파업이라는 권리들입니다. 임금은 노동자에게 가장 중요한 권리 항목 중의 하나임이 분명합니다. 그러나 고용형태, 성별, 이주, 장애 등을 이유로 노동자의 임금을 낮추고 차별화하려는 시도는 계속되고 있습니다. 이에 '권리'로서의 임금을 쟁취하기 위해 필요한 것은 무엇인지 지난 노동자들의 투쟁에서 답을 찾아보고자 했습니다. 임금에 이어 노동시간에 대해서도 살펴보았습니다. 노동시간의 길이와 배치 또한 노동자의 권리라는 점을 짚었습니다. 노동자의 시간이 어떻게 이뤄지고 있는지를 살피고, 노동시간에 대한 결정은 기업이 아닌 노동자가 해야 한다는 것을 다시 한번 확인했습니다. 모든 노동자의 건강하게 일할 권리도 다루었습니다. 여전히 일하는 사람의 생명과 안전보다 기업의 이윤 창출이 우선인 우리 사회에서는 경영 효율화라는 이름으로 기업의 책임을 감추고, 비용 절감을 핑계로 노동자의 안전을 보장하는 비용을 부차적인 것으로 치부합니다. 안전한 일터는 모든 노동자의 당연한 권리여야 합니다.

노동자들은 헌법이 보장하는 '단결'이라는 방식, 즉 노동조합을 통해 사용자와 정부를 상대로 노동조건, 법제도, 여러 사회문제를 바꿔내기 위해 투쟁해왔습니다. 하지만 노동자라면 누구나 만들 수 있는 노동조합은 현행 법제도하에서 그 설립과 유지조차 힘든 경우가 많고, 왜곡된 인식하에 오랜 기간 수난을 당해왔습니다. 이에 노동조합이 모든 노동자의 권리라는 점을 확인하고, 노동조합의 역할과 나아갈 방향도 짚어보았습니다. 이어서 노동권 보장의 핵심인 파업의 권리를 살핍니다. 우리 사회에서 파업은 법과 제도에 의해 손쉽게 '불법'이 되고, 언론과 사회적 인식에 의해서도 공격 대상이 됩니다. 그러나 노동자가 당당하게 일하고 행복하게 살아가기 위해서는 노동권이 제대로 보장되어야 하고, 파업권은 그것을 위한 핵심입니다. 파업을 불법적인 것, 혹은 밥그릇 지키기를 위한 협소한 행위로 바라보는 사회 인식은 노동자들이 스스로 파업이라는 권리를 자각하고 행동하는 것으로부터 바꿔낼 수 있습니다.

마지막으로 3부에서는 으뜸 법인 헌법부터 근로기준법, 노동조합법, 비정규직법, 사회보장제도까지 노동과 관련된 법과 제도를 살펴보았습니다. 인권은 하늘이 모든 인간에게 부여한 권리입니다. 그러나 인권을 헌법에 담기 위해 사람들은 끊임없이 투쟁해야 했습니다. 노동권도 노동자와 자본주의에 맞서 싸운 이들의 요구로 헌법에 반영된 것입니다. 이에 대한민국헌법상 노동권이 무엇인지, 관련 법령에는 어떤 것들이 있는지 구체적으로 설명하면서 노동권의 진정한 보장을 위해 헌법이 어떻게 해석되고 바뀌어야 하는지 대안을 제시했습니다.

헌법에 근거를 둔 근로기준법은 노동자가 인간다운 생활을 할 수 있도록, 존엄성을 보장받으며 일할 수 있도록 노동조건의 기준을 정한 법입니다. 그러나 현실에서의 근로기준법은 모든 노동자의 권리를 지키는 방식으로 구성되지 않는다는 것을 확인하고, 근로기준법이 어떻게 변화해야 하는지 살펴보았습니다. 자본주의 사회에서 노동자는 절대 사용자와 대등한 관계가 될 수 없기에 헌법은 노동자에게 노동조합이라는 집단을 만들어 사용자와 단체교섭하고 쟁의행위를 할 수 있는 노동3권이라는 권리를 보장했습니다. 이에 온전한 노동3권이란 무엇이고, 현행 노동조합법의 한계와 문제점은 어떠한 것들이 있는지 살펴보았습니다.

한국 사회에서 비정규직은 이제 일반적인 고용형태가 되었습니다. 그러나 법률은 비정규직 노동자를 보호하기에는 턱없이 부족하고, 때로는 비정규직을 양산하기까지 합니다. 이에 각 비정규직 노동의 현실은 어떤지, 어떠한 배경에서 확산되었는지, 비정규직법의 한계는 무엇이고 어떠한 변화가 필요한지 알아보았습니다. 마지막으로 모두의 존엄한 삶을 위한 사회안전망으로서의 사회보장은 국가의 의무이자 사회 구성원의 권리라는 것을 확인하고자 했습니다. 무한경쟁의 자본주의 사회는 구조적으로 발생하는 빈곤을 개인이 무능력하거나 부도덕한 탓으로 치부했습니다. 그러나 모든 인간은 존엄하게 살아갈 권리가 있고, 이는 시혜나 자선이 아닌 법과 제도를 통해 보장받아야 합니다.

**

이렇게 노동의 구석구석을 살펴본 이 책이 나오기까지 오랜 시간이 걸렸습니다. 무엇을 말해야 할지, 어떻게 전달해야 할지 논의하느라 많은 시간이 필요했습니다. 논의가 끝난 후 실제 글쓰기에 들어간 뒤로는 수정에 수정을 거듭할 수밖에 없었습니다. 가장 큰 이유는 노동 관련 법제도가 계속해서 바뀌었기 때문입니다. 그 과정에서 우리는 함께 투쟁했으며, 법제도의 진전과 후퇴 앞에서 노동자의 권리를 보장하기 위해 필요한 것은 무엇인지를 확인해갔습니다. 이 모두를 잘 기록해내는 것도 우리의 몫이기에 그 과정들을 꼼꼼하게 적어냈습니다. 이 책을 마무리하며 기대하는 바는 우리가 모두의 노동을 위해 싸워나가는 데 이 책이 서로를 연결할 수 있었으면 하는 것입니다.

함께한 모두를 대신하여
안명희 씀

1부

1

노동:

자본주의 현대 사회와 노동의 의미

김철식

1. 노동이란 무엇인가?

사람은 태어나서 죽을 때까지 여러 활동을 한다. 어릴 적 놀이터에서 친구들과 모래놀이를 할 때도 있고, 별로 내키지는 않지만 부모님이 하시는 일을 보조하거나 심부름을 하기도 한다. 학창시절 용돈을 벌기 위해 아르바이트도 하고, 커서는 먹고살기 위해 농사를 짓거나 취업을 하거나 장사도 한다. 방에 누워 온갖 잡생각에 빠져 있을 때도 있고, TV 예능 프로그램을 보면서 시시덕거릴 때도 있다. 이렇게 우리가 살아가면서 수행하는 활동 중 어떤 것을 노동이라고 할 수 있을까? 노동이라고 규정하는 활동의 중요한 특징은 무엇일까?

백과사전에서는 노동을 "자연 상태의 물질을 인간생활에 필요한 것으로 변화시키는 활동"으로 정의한다.[*] 한편, 현대의 대표적 사회사상가인 마르크스[Karl Marx]는 자신의 주요 저작인 《자본론》 1권에서 노동을 "인간과 자연 사이에서 이루어지는 하나의 과정"으로서, "이 과정에서 인간은 자신과 자연 사이의 신진대사를 자신의 행위에 의해 매개하고 규제하고 통세한다"라고 본다.[**]

이렇듯 노동을 정의하는 데는 '자연'이 중요한 요소로 등

---

[*] 두산백과(http://www.doopedia.co.kr/doopedia/master/master.do?_method=view& MAS_IDX=101013000756347).

[**] 칼 마르크스, 《자본론》 I(上), 김수행 옮김, 비봉출판사, 1989, 225~226쪽.

장한다. 노동은 우리 앞에 주어진 '자연'을 자신의 필요에 맞게 '변형'시키는 행위이다. 여기에서 중요한 것은 인간의 '구상concept'이다. 사람이 자연 상태에 있는 재료들을 자신의 필요에 맞게 변형할 때 그는 이 재료를 어떻게 변형할지 구상하고 계획한다. 물론 노동이 항상 자신의 계획대로 실현되지는 않지만, 어쨌든 인간의 노동활동에는 구상이라는 요소가 들어 있다. 마르크스는 노동을 동물과 구분되는 인간의 핵심적 특징으로 들면서 다음과 같이 언급한다. "가장 서투른 건축가라도 가장 훌륭한 꿀벌보다 뛰어난 점은, 그는 집을 짓기 전에 미리 자기의 머릿속에서 그것을 짓고 있다는 것이다."* 그런 의미에서 노동은 사람이 자신의 '구상'에 따라 '자연'을 '변형'하는 일종의 '창조적' 활동으로 이해할 수 있다.

　이렇게 노동을 동물과 인간을 구분하는 핵심적인 활동, 창조적인 활동으로 간주하지만 사실 현실에서 노동이 그렇게 좋은 대접을 받는 것은 아니다. 우리는 일상생활에서 노동, 즉 일하는 것을 그리 좋아하지 않는다. 일하기보다는 그냥 노는 걸 좋아한다. 어떻게 하면 일하지 않고, 노동을 최소화하면서 편하게 살 수 있을까 궁리하는 사람이 많다. 왜 그럴까?

　두 가지 가능성을 상정할 수 있다. 한 가지는 인간에게 노동이 매우 유의미하고 창조적인 활동이지만 현실에서 그런 노동의 의미가 변질되었다는 것이고, 다른 한 가지는 노동이 인

---

* 　같은 책, 226쪽.

간에게 유의미하고 창조적인 활동이라는 것 자체가 잘못된 인식이라는 것이다.

2. 아담의 '저주'에서 신이 내린 '소명'으로: 노동 개념의 역사적 변화

노동이 언제나 창조적 활동으로, 인간 존재의 핵심으로 인식되어온 것은 아니다. 노동은 시대와 사회에 따라 그 형태가 계속 변화해왔고, 그 개념 또한 달리 사용되어왔다.

현대 이전 사회에서 노동은 대체로 '피해야 할 것' '고통스러운 것' '인간 본질에 위배되는 것' 등으로 이해되어왔다. 《구약성서》의 〈창세기〉는 낙원에서 행복하게 지내던 인간이 죄를 짓고 그 대가로 노동을 하게 되었다고 서술한다. 인간의 원죄에 대한 신의 저주로 노동이 등장하는 것이다.

고대 그리스에서는 노동이라는 괴로운 육체적 고통으로부터 해방되어야만 자유로운 인간이 되어 학문과 정치를 할 수 있다고 보았다. 육체적 노동을 의미하는 그리스어 포노스^{ponos}는 '형벌'이라는 의미도 갖고 있는데, 그것은 '인간'의 활동이 아닌 '노예'의 활동으로 여겨졌다. 한편, 노동을 의미하는 프랑스어인 트라바이^{travail}는 '고문도구'를 의미하는 라틴어에서 유래한 말이다. 동양사상에서도 노동은 부정적으로 인식되는데, 가령 공자^{孔子}는 농공상업을 비천한 것으로 여겼다.

노동에 대한 부정적 인식은 현대 사회에 들어서면서 180도 바뀐다. 부정적인 것이 아니라 오히려 인간에게 긍정적인 것, 적극적인 것으로 이해되기 시작했다. 노동의 의미가 변화하는 데는 종교개혁이 중요한 역할을 했다. 16세기의 종교개혁가 칼뱅Jean Calvin은 인간이 노동을 통해 스스로를 발견하고 구원을 찾을 수 있다고 보았다. 노동의 결과로 획득되는 부를 축적하는 것은 신에게 선택받은 사람이라는 징표이며, 반대로 노동하지 않는 게으름과 그 결과인 가난은 선택받지 못한 사람이라는 것을 나타낸다. 이제 노동은 '아담의 저주'가 아니라 구원을 위해 적극적으로 소임을 다해야 할 '신의 소명'이 되었다.

현대의 주요 사상가들이 노동에 적극적 가치를 부여하기 시작했다. 현대 자유주의의 이론적 토대를 마련한 존 로크John Locke는 자유를 인간의 본성으로 보면서 그것을 현대 자본주의의 소유권 사상과 연결시킨다. 자신의 생명, 육체와 더불어 개인은 자신의 재산에 대한 소유권을 갖는데, 그 이유는 재산이라는 것이 자신이 직접 노동해 새롭게 창출해낸 것이기 때문이다. 여기에서 노동은 자연을 변형시켜 새로운 가치를 만들어내는 창조적 활동으로 이해된다. 현대 경제학의 아버지로 불리는 애덤 스미스Adam Smith는 새로운 가치로서의 부富는 노동으로부터 비롯된다고 함으로써, 노동이 새로운 가치를 창출한다는 '노동가치론'을 정립했다. 이를 발전시켜 마르크스는 노동을 인간의 구상에 따라 자연을 변형시키는 활동으로, 인간을 동물로부터 구분해주는 핵심으로 간주했다. 모든 사람들이 자유롭게 노동할 수 있는 권리인 '노동권'은 인간의 핵심적 권리가 되었다.

3. 노동과 여가, 사회적 노동과 개인적 활동의 분리

'인간의 필요를 위해 인간의 노력으로 자연을 변형시키는 활동'을 노동이라고 정의하지만, 자연을 변형시키는 활동 모두가 사회에서 노동으로 인정받는 것은 아니다. 현대 사회에서는 돈을 벌기 위한 노동만이 사회적 노동으로 인정받는 경향이 있다. 돈을 버는 것을 목적으로 하지 않는 활동은 개인적 활동일 뿐 사회에서 노동으로 인정받지 못한다.

이는 현대 사회에 들어서면서 발생한 중요한 영역 분리 현상, 즉 인간 생활에서 일과 여가, 공적 영역과 사적 영역의 분리가 나타난 것과 관계가 있다. 오래전 사회로 잠시 눈을 돌려보자. 서구의 중세 봉건사회, 한국의 조선시대를 상상해보자. 다수의 사람들은 농촌에서 농사를 지으며 살았다. 보통 농민들의 삶에는 시계가 필요 없다. 새벽에 첫닭이 울면 일어난다. 아침을 먹고 들일을 하러 나가거나 집에서 생활에 필요한 여러 활동을 한다. 들일을 나갈 경우 중간에 집에 와서 식사를 하거나 들에서 새참을 먹는다. 새참을 먹다가 막걸리라도 한잔 들이켜고 기분이 좋으면 그날은 일을 접고 놀기도 한다. 해가 질 때가 되면 집에 와서 씻고 저녁을 먹고 어두워지면 잠을 잔다. 여성의 경우 식사 준비와 빨래 등의 가내활동을 하면서 들일도 하고, 밤이면 호롱불 앞에서 바느질을 하거나 베를 짜는 일을 하곤 한다. 이러한 생활에서는 일상생활과 일, 집과 일터, 여가와 일이 엄격히 분리되지 않는다. 집과 들이 모두 일터이기도 하고, 일상생활의 공간이기도 하다. 농민들의 삶을 묘사했지만 상인들이나 수공업자들의 삶도 마찬가지다. 일터와 집이 구분되지 않고 일상생활과 노동이 구분되지 않는다.

그런데 현대 사회가 되면 전혀 다른 그림이 그려진다. 사람들은 아침에 일어나 나갈 준비를 하고 정해진 시간까지 일터로 '출근'한다. 하루 종일 일터에서 노동을 하고 저녁에 일터와 분리된 집으로 '퇴근'한다. 집으로 대표되는 퇴근 후의 공간은 노동으로부터 벗어난 공간, 여가와 휴식의 공간이 된다. 노동과 여가, 일터와 집의 분리가 발생하는 것이다. 여기에서 노동의 영역, 일터의 공간은 공적 영역이 되고, 여가와 휴식의 영역, 집의 공간은 사적 영역이 된다. 공적 영역은 돈을 버는 활동이 진행되는 영역이다. 공적 영역에서 다수의 사람들은 직장에서 일을 하고 임금을 받는 이른바 '임금노동'을 수행한다. 공적 영역에서 임금노동으로 대표되는 돈을 벌기 위한 노동은 사회적 노동으로 인정받는다. 반면, 여가의 영역, 사적 영역에서 수행하는 노동은 개인과 가족의 쉼과 여가를 위해 수행하는 개인적 활동일 뿐 사회적 노동으로 인정받지 못한다. 가사노동이 대표적이다. 가사노동은 집에서 '놀면서' 하는 일로 간주되어 사회적 노동으로 인정받지 못하는 것이다.

이렇게 공적 영역과 사적 영역이 구분된 가운데, 공적 영역의 임금노동이 현대 사회의 주요 노동양식으로 자리 잡게 된다. 프랑스의 철학자 앙드레 고르André Gorz는 임금노동이 사회적으로 인정받는 주요 노동양식이 된 현대 사회를 '임금 중심 사회'wage-based society로 지칭한다.* 임금 중심 사회에서는 개인이 수행하는 노동의 유용성을 임금으로 판단한다. 또한 어떤 직장에서 어떤 노동을 수행하는지가 사회적 위상의 중요한 잣대가 된다. 가령, 성인이 되어 사회생활을 하면 새로운 사람들을 만날 때 명함을 교환하곤 한다. 명함에는 자신의 직장과 직위가 명시되어 있는데, 이것은 타인이 자신을 판단하는 주요 기준이 된다. 임금 중심 사회에서는 내가 가진 직업과 직위, 임금이 사회적으로 인식되는 나의 주요 특징이 된다.

4. 자본주의와 임금노동관계

임금노동으로 대표되는 돈을 벌기 위한 노동만이 사회적 노동으로 인정받게 된 이유는 무엇일까? 현대 사회가 임금 중심 사회가 된 이유는 무엇일까?

임금 중심 사회는 현대 사회의 주요 특징인 자본주의

---

* Andre Gorz, *Reclaiming Work: Beyond the Wage-Based Society*, Cambridge, Polity Press, translated by Chris Turner, 1999 참조.

capitalism를 배경으로 한다. 자본주의란 말 그대로 '자본capital'이 중심이 되는 사회다. 그렇다면 자본이란 무엇인가? 자본은 기본적으로 돈을 말하지만, 모든 돈이 자본인 것은 아니다. 나에게 현금 1만 원이 생겼다고 가정해보자. 그 돈으로 나는 식당에 가서 맛있는 음식을 사먹었다. 이제 나는 1만 원을 모두 써버렸고, 내 수중에는 더 이상 돈이 남아 있지 않다. 이렇게 써버린 돈은 자본이 아니다. 나의 식욕을 충족하기 위해 소비된 돈일 뿐이다.

1만 원을 소비하지 않고 다른 궁리를 할 수도 있다. '1만 원을 밑천으로 더 많은 돈을 벌 수 있는 방법이 무엇일까?' 고민 끝에 나는 시장에서 식재료를 산 다음, 그것으로 김밥을 10줄 만들었다. 그런 다음 길가에서 김밥을 1줄당 2,000원에 판매했다. 10줄을 다 팔고 나니 나에게는 2만 원의 돈이 생겼다. 이것을 가지고 이번에는 더 많은 식재료를 사서 김밥 20줄을 만들어 판매했다. 그것을 다 팔고 나니 이제 4만 원의 돈이 내 수중에 떨어졌다. 처음에 갖고 있던 1만 원은 2만 원으로, 다시 4만 원으로 늘어났다.

자본이란 이렇듯 소비되는 것이 아니라 투자되는 돈을 말한다. 투자의 목적은 돈을 버는 것, 좀더 거창한 말로 표현하면 '이윤', 좀더 어려운 말로 하면 자본이 점점 더 많은 자본으로 늘어나는 '자본축적'이다. 자본이 중심이 되는, 자본이 주도하는 자본주의 사회란 바로 자본축적, 이윤, 더 많은 돈을 버는 것을 목적으로 사람과 물자 등 사회의 주요 자원들이 조직화된 사회를 말한다.

한편 자본주의의 특징은 시장경제다. 시장이란 상품의 거래가 이뤄지는 곳을 말하며, 시장경제란 사회적 자원의 분배가 시장에서 상품을 사고파는 행위를 통해 진행되는 경제를 의미한다. 물론 자본주의 이전 사회에도 시장은 있었다. 그러나 시장이 사회적 자원을 배분하는 주요 장치는 아니었다. 현대 이전의 농경 사회에서 사람들은 필요한 자원의 대부분을 자신과 가족, 마을 성원들의 힘으로 자체 조달했다. 시장에서 필요한 자원을 교환하고 조달하는 것은 부차적이었다. 반면 자본주의 사회에서 사람들은 생활에 필요한 자원들을 대부분 시장에서 충당한다. 식생활을 영위하기 위해 음식을 사 먹거나 식재료를 시장에서 구매해 요리를 한다. 직접 베를 짜서 옷을 만들어 입기보다는 시장에서 옷을 사 입는다.

이렇게 시장에서 필요한 자원을 사기 위해서는 돈이 필요하다. 그런데 시장경제에서 돈을 벌려면 시장에서 무언가를 팔아야 한다. 따라서 사람들은 시장에서 판매하는 것을 목적으로 노동하고 생산한다. 예전에는 주로 가족과 이웃, 공동체 구성원들이 자급자족하기 위해 농사를 지었지만, 지금은 농산물을 시장에 내다 팔기 위해, 판매를 통해 돈을 벌기 위해, 이윤 획득을 위해 농사를 짓는다.

시장에서 거래되는 물품을 '상품'이라고 한다. 시장에서 팔아 돈을 벌 목적으로, 이윤을 목적으로, 자본축적을 목적으로 노동과 생산이 진행되면서 자본주의 사회에서는 모든 것이 이윤 추구의 대상으로 '상품화'된다. 가령 농산물은 과거에는 상품이라기보다는 사적 소비의 대상이었다. 하지만 이제는 시장에서 판매해 이윤을 얻기 위해 생산된다. 이런 면에서 농산물은 상품화된다.

한편 자본주의 사회에서는 노동을 통해 자연을 변형시켜 새로운 창조물을 생산해내는 '생산자'와 노동과 생산을 위해 필요한 '생산수단'의 분리가 발생한다. 다시 현대 이전의 농경 사회로 돌아가보자. 중세 봉건제 사회에서는 왕이나 귀족, 영주가 주요 생산수단인 토지와 농민들에게 지배권을 행사했다. 농민은 땅에서 수확한 농산물을 영주에게 공납으로 바쳐야 했다(즉, 강제노동을 해야 했다). 그 대신 농민은 자기가 농사짓는 땅을 경작할 수 있는 권리를 갖고 있었다. 중세 봉건제 사회에서 주요 생산자인 농민은 생산수단인 토지와 분리되지 않고 긴밀히 결합되어 있었다.

그런데 현대 자본주의 사회로 오게 되면 이러한 질서에 변화가 발생한다. 신분제도가 폐지되면서 오늘날 사람들은 신분의 강제 없이 자유롭게 노동에 종사할 수 있게 됐다. 과거에는 노동의 산물을 영주에게 공납으로 바쳐야 했지만, 현대 사회에서는 노동의 결과를 누구에게 바쳐야 하거나, 누구를 위해 강제로 노동하지 않아도 된다. 자신이 가려는 회사가 맘에 들지 않으면 안 가도 된다. 물론 먹고살기 위해서는 어쩔 수 없이 돈을 벌기 위한 노동을 해야 하겠지만, 그러지 않는다고 공적으로 법적 처벌을 가하지는 않는다.

현대 사회가 되면서 노동의 성격이 강제노동이 아닌 자유
노동으로 바뀌었지만, 현대의 노동자들에게 중세 농민들이 지
녔던 토지를 경작할 수 있는 권리 같은 것은 없다. 개인의 배타
적 소유 권리, 즉 사적 소유권이 확립되면서 대부분의 사람들
은 토지와 같은 생산수단을 갖지 못하게 되었다. 이제 농사를
짓고 싶어도 토지가 없어서 농사를 지을 수가 없다. 생산수단
을 갖지 못하기 때문에 노동을 하고 싶어도 할 수가 없다. 그러
면 먹고살 수가 없다.

　　생산수단이 없는 사람들이 생산활동에 참여해 생활을 영
위하려면 결국 생산수단을 소유한 사람(자본주의 사회에서 이들
을 '자본가', '부르주아'라고 한다)에게 의지해야 한다. 생산수단,
즉 생산활동을 전개할 수 있을 만큼의 충분한 토지나 자본을
갖지 못한 대다수의 사람들은 자신이 가진 일할 수 있는 능력
을 시장에서 판매해야 한다. 이제 사람들은 일할 수 있는 능력
을 팔아 누군가를 위해 일을 해주고 그 대가로 돈을 받는다. 회
사에 취직해 회사 소유주를 위해 노동을 하고 월급(임금)을 받
는 것이다. 고용되어 임금노동을 제공하는 노동자와 노동자를
고용해서 임금을 주고 노동을 시키는 자본가 간의 관계가 형성
되는데, 이를 '임금노동관계'라고 한다.

　　이러한 노동양식, 즉 고용주(자본가)의 지휘와 통제하에
노동을 수행하고 그 대가로 임금을 받는 임금노동이 자본주의
사회의 기본적인 노동양식이며, 이것이 임금 중심 사회로 이어
진다.

5. 임금노동관계와 자본주의적 착취

자본주의 임금노동관계에서 착취가 존재하는가? 노동자들을 임금을 주고 고용하는 자본가(고용주, 사용자)가 노동을 제공하는 임금노동자들을 체계적으로 착취하는 구조가 존재하는가? 이는 자본주의 사회에서 지속적으로 제기되는 중요한 쟁점이다.

인류 역사상 대부분의 사회에서 생산자와 생산물 영유자의 분리 현상이 발생해왔다. 노동을 통해 인간이 필요로 하는 주요 물자를 생산하는 주체인 생산자와 이들이 생산한 생산물, 생산 결과를 소유하고 통제할 수 있는 생산물 영유자가 일치하지 않는 것이다. 가령 고대 그리스, 고대 로마와 같은 노예제 사회에서 사회적 노동과 생산활동은 주로 노예가 수행했던 반면, 노예가 생산한 생산물은 노예의 주인인 귀족이 소유하고 통제했다. 서양 중세의 봉건제 사회에서는 농민들이 자신의 노동으로 토지에서 생산한 생산물의 상당 몫을 영주에게 공납의 형태로 바쳐야 했다. 이러한 사회들에서 생산자인 노예와 농민이 생산한 생산물이, 생산물 영유자인 귀족과 영주에게 귀속되는 '착취'가 발생한다는 것은 쉽게 확인할 수 있다.

그렇다면 현대 자본주의 임금노동관계는 어떠할까? 임금노동관계에서 임금노동자와 이들을 고용한 자본가(사용자, 고용주)는 고용계약을 체결한다. 계약은 당사자들이 상호 대등한 위치에서 체결하며, 자유노동의 원칙상 한쪽이 일방적으로 계약과 노동을 강요할 수는 없다. 계약에 따라 노동자는 노동을 제공하고 자신이 필요로 하는 임금을 얻는다. 반대로 자본가는 임금을 제공하는 대가로 노동자들에게 일을 시켜 이윤을 획득할 수 있다. 이는 대등한 당사자들 간의 필요를 교환하는 일종의 '교환관계'의 성격을 띤다.

그런데도 현대 자본주의 임금노동관계가 교환관계보다는 착취관계의 성격을 띤다고 한다. 이는 현대 사회의 노동에 대한 인식과 밀접히 연관되어 있다. 현대 사회에서 노동은 자연을 변형시켜 인간에게 필요한 새로운 어떤 것을 만들어내는 '창조적' 행위, 요즘 말로 하면 '가치 창출적' 행위로 인식된다. 실제로 존 로크, 애덤 스미스 같은 현대의 주요 사상가들은 노동이 새로운 가치를 창출하는 원천이라는 것을 강조했다. 마르크스는 애덤 스미스의 노동가치론을 잉여가치론으로 발전시킨다. 인간은 노동을 통해 자신이 필요로 하는 것 이상을 생산해낼 수 있다. 이렇게 노동이 자신의 필요를 충족시키는 것을 초과해서 창출해낸 추가적 가치, 노동자들이 임금의 형태로 받아가는 것을 제하고 남는 추가적 가치를 잉여가치라고 한다. 잉여가치는 임금노동자들이 자신의 노동으로 생산한 것이지만, 노동자가 아니라 노동자를 고용한 자본가가 소유 및 통제하게 되며, 자본가들이 획득하는 이윤의 원천이 된다.

예를 들어 설명해보자. 통계청은 매년 〈광업제조업조사〉라는 통계조사 결과를 발표한다. 여기에는 광업과 제조업에 종사하는 국내의 종업원 10인 이상 기업을 전부 조사한 결과가

수록된다. 이 통계조사 결과에 따르면, 2019년 기준 국내 광업·제조업에는 7만여 개 기업에 약 294만 명이 고용되어 있다. 이들이 창출한 부가가치의 1년 총합이 약 559조 원이다. 한편, 이러한 부가가치를 창출한 약 294만 명의 종업원이 받은 임금은 총 136조 원으로 집계되어 있다. 그렇다면 총 부가가치에서 총임금을 제외한 약 423조 원의 잉여가치 해당분이 발생한 것으로 계산할 수 있는데, 이것이 바로 이윤의 원천이다. 물론 약 423조 원의 잉여가치는 다시 산업기업의 이윤, 이들이 빌린 자금에 대한 이자, 빌린 토지나 설비에 대한 지대, 임대료, 운송과 유통을 담당하는 유통업체의 이윤 등으로 나뉜다.

이렇게 이윤이나 이자, 지대 등의 형태로 나뉘는 잉여가치는 어쨌든 임금노동자들이 노동을 통해 창출한 것이다. 그러나 잉여가치를 소유하고 통제하는 것은 노동자 자신이 아니라 산업기업, 임대사업자, 유통업체, 은행 등이 된다. 이런 점에서 자본주의 경제에서 착취가 존재한다고 이야기할 수 있다. 대등한 당사자들 간의 고용 '계약'을 통해 임금노동관계가 성립하지만, 이윤 획득을 목적으로 생산이 진행되는 과정에서 착취가 발생할 수 있는 것이다.

6. 임금노동자의 소외

자본주의 임금노동관계에서는 고용주가 노동자들이 일을

수행하는 과정을 지휘하고 감독한다. 따라서 임금노동관계가 성립하면 실제 일하는 과정에서 고용주와 노동자 간의 지배-종속관계가 형성된다. 고용된 노동자는 다른 사람을 위해, 다른 사람이 시키는 대로, 다른 사람의 감시와 통제를 받으며 노동을 수행한다.

자본주의가 발전하면서 작업 과정에 분업이 발생하고, 기계가 도입되어 확산된다. 처음에는 인간의 작업을 보조하기 위해 기계가 도입되었지만, 기계가 발전하면서 이제 인간이 아니라 기계가 작업을 주도한다. 노동자들은 기계의 작업을 보조하는 위치에 놓이게 된다. 작업 과정에서 기계가 인간을 지배하는 현상이 발생하는 것이다.

이렇게 누군가의 감시·감독하에 노동을 수행함에 따라, 기계를 보조하는 위치에 놓이게 됨에 따라, 노동자는 자율성을 상실하고 소외된다. 임금노동관계에서 노동자는 자신의 노동으로 생산물을 만들어내지만, 그 생산물을 자신이 소유하거나 처분할 수 없다(노동 생산물로부터의 소외). 작업 과정을 고용주가 결정하기 때문에 노동자는 자신이 일을 하는데도 어떤 절차와 방식으로 일을 할지, 어느 정도의 속도로 일을 할지 자신이 결정하지 못한다(노동 과정으로부터의 소외). 동료들과 논의하고 협동하면서 일을 하기보다는 다른 사람으로부터 명령과 지시를 받으며 고립되어 일을 수행하기 때문에 동료 간 인간관계가 파괴된다(다른 작업자로부터의 소외). 현대 사회에서 노동은 그 자체로 창조적이고 자율적인 활동이며, 인간을 동물과 구분

시켜주는 핵심 요소로 인식되었다. 하지만 이러한 소외된 노동에서는 노동의 진정한 의미, 즉 창조적이고 자율적인 노동의 의미를 더 이상 찾지 못한다(인간 존재로부터의 소외). 이제 노동은 '도구적 노동', 다시 말해 단순히 생계유지를 위한 도구로 전락한다.

7. 임금 중심 사회를 넘어서

노동이란 인간이 물질적 생활을 영위할 수 있게 해주는 수단, 인간의 주된 생존수단이다. 나아가 인간은 노동을 통해 삶의 의미를 획득하며, 따라서 노동은 자아실현의 주요 기제가 된다. 그러나 현대 자본주의 사회에서 노동은 이러한 적극적 의미를 부여받지 못한 채, 지겹고 힘들고 피하고 싶은 것으로 자리매김된 것이 현실이다. 이러한 부정적인 노동 현실을 극복하기 위한 대안이 논의되어왔는데, 이는 크게 두 가지 방향으로 전개되어왔다.

한 가지는 '노동의 인간화'라는 접근법이다. 이 관점은 노동 본래의 적극적 의미를 회복하는 데 중점을 둔다. 노동 자체를 좀더 인간적이고 즐거운 것으로 변화시켜, 지겹고 힘들고 피하고 싶은 현대 자본주의 사회의 부정적 노동 현실을 극복하려 한다. 이를 위해 현대 사회의 극단적으로 파편화된 분업 구조, 특별한 의미나 창조성을 찾기 힘든 단순반복적인 작업 방식을 극복해야 한다고 주장한다. 구체적으로 작업 과정에서 고용주나 관리자가 시키는 대로만 일하도록 하는 것이 아니라 노동자들의 자율성을 확대하고, 작업 방식이나 속도, 작업 내용을 구상하고 기획하는 일에 노동자들이 참여하는 방안을 추진한다.

다른 한 가지는 흔히 '탈노동' 혹은 '노동거부'로 지칭되는 접근법이다. 이 관점은 노동의 적극적 의미, 다시 말해 노동이 인간으로 하여금 삶의 의미를 획득하고 자아실현을 할 수 있도록 해주는 주요 기제라는 사실을 부정한다. 현대 이전 사회에서 그래왔듯이 노동은 찬미의 대상이 아니다. 노동은 본질적으로 비정상적인 것, 경멸스러운 것, 따라서 가능하면 줄이고 피해야 할 것이다. 이러한 시각에서는 노동을 인간적인 방식으로 바꾸기보다는 오히려 노동 자체를 줄이고 노동하지 않는 시간을 늘려야 한다고 본다. 노동하지 않는 시간을 늘려, 이 시간을 활용해 다양한 자아실현 활동을 하고 삶의 의미를 회복해야 한다고 본다.

이러한 관점들은 노동세계의 현실과 미래에 어떤 시사점을 제공해줄 수 있을까? 소위 '4차 산업혁명'이라고 지칭되는 최근의 기술변화는 오늘날 노동환경에 상당한 변화를 불러일으키고 있다. 기술발전에 따라 인간의 일자리를 기계가 대체하면서 대량실업이 발생할 것이라는 우려가 제기되는가 하면, 한편으로 일자리의 질과 사람들의 일하는 방식도 크게 변화할 것이라는 전망이 제기된다. 정보기술의 발전으로 변화 혹은 창출되는 일자리가 어떤 성격의 일자리인지, 기술변화가 일자리의 질에 어떤 영향을 미칠 것인지의 문제는 중요하게 고려하고 짚어보아야 할 사회적 쟁점이다. 이런 점에서 노동의 인간화를 다루는 논의에서 인간적인 노동, 일하는 사람을 고려하는 일자리를 강조하는 것은 유의미한 시사점을 제공해준다.

기술변화가 노동에 미치는 영향과 관련해서 가장 큰 반향을 일으키는 지점은 기술이 장기적으로는 인간의 일자리를 줄일 것이라는 우려이다. 인공지능과 자동화 기계가 인간의 일자리를 대체하게 되면서 실업의 위험이 현실화된다는 것이다. 임금 중심 사회에서 임금을 받는 일자리를 상실하게 되면, 그 당사자는 임금노동과 결부되어왔던 사회적 권리를 박탈당하고 생존의 위험에 내몰리게 될 것이다. 따라서 사람들이 임금노동에 덜 의존하면서도 인간다운 생활을 할 수 있도록 하자는 탈노동, 노동거부의 문제의식은 중요한 함의를 가진다.

자본주의 사회에서 노동은 고용과 긴밀히 결부되어왔다. 노동자란 자신의 노동력을 상품으로 판매하여 노동을 제공하고 그 대가로 임금을 받는 사람, 즉 임금노동자로 이해되었다. 노동자를 고용한 자본가, 사용자와의 관계하에서 노사관계가 형성되었다. 노동은 고용된 노동, 임금노동과 동일시되었다. 노동을 규율하고 보호하는 제반 제도들이 고용을 중심으로, 임금노동을 중심으로 형성되었다. 임금 중심 사회가 바로 이를 지칭한다.

그런데 오늘날 이러한 틀에 큰 변화가 나타나고 있다. 고용형태가 다양화되면서 조직의 정규직과 구분되는 비정규직이 등장하고 확산되었다. 비정규직 중에서도 조직과 직접고용 관계를 형성하는 직접고용 비정규직뿐만 아니라 원청 업체의 고유업무를 수행하지만 고용된 업체는 다른 간접고용 비정규직이 확산되었다. 사내하청, 용역, 파견노동 등이 이에 해당된다. 이른바 '특수고용' 노동자들도 등장했다. 학습지 교사, 화물운송 지입차주, 골프장 캐디 등 그 사례는 무수히 많은데, 이러한 범주에서 노동을 제공하는 사람은 특정 조직에 고용되어 임금을 받는 형식이 아니라 개인 스스로가 하나의 사업자로 인식되는, 임금노동의 형식을 생략한 노동양식을 보여주고 있다. 더욱이 오늘날 디지털 기술변화의 효과로 예전에는 볼 수 없던 새로운 노동형태들이 등장하고 있는데, 여기에서도 고용의 형식을 생략한, 임금노동의 형식을 생략한 경우가 많다. 플랫폼 노동이 대표적인 사례다.

이렇게 고용의 틀, 임금노동의 형식이 모호해지면서 고용을 근거로, 임금노동을 근거로 사회적 권리를 부여하던 사회적 틀이 흔들리고 있다. 임금 중심 사회에서 임금노동의 형식이 모호해지면, 많은 노동자들이 임금노동과 결부되어왔던 사회적 보호망에서 배제되면서 생존의 위험에 내몰리게 되는 심각한 문제에 직면하게 될 수 있다.

따라서 임금 중심 사회의 틀, 임금노동에 절대적으로 의존하면서 생활해야 하는 지금의 사회적 틀에 대해 근본적으로 다시 생각해볼 필요가 있다. 임금 중심 사회에서는 생존과 사회적 삶을 위해 반드시 취업해서 임금노동을 수행해야 한다. 그러나 오늘날과 같이 임금노동의 형식을 띠는 일자리가 줄어드는 상황에서는 임금노동에 의존해 생존과 인간다운 삶을 영위하기가 갈수록 어려워질 수밖에 없다.

그렇다면 임금노동에 대한 의존을 줄이면서도 인간다운 삶을 영위할 수 있는 방향으로 대안을 모색하고 제도를 구상해야 하지 않을까? 과도한 임금노동의 부담을 줄이기 위한 노동시간의 단축, 어떤 일을 하더라도 인간다운 생활을 영위할 수 있는 수준의 적정한 임금의 확보, 임금노동을 하지 못하더라도 생활을 영위할 수 있도록 돕는 사회적 생활보장제도 등이 추구되어야 할 과제가 아닐까?

물론 이러한 과제들이 단순히 머릿속 구상만으로 실현될 수 있는 것은 아니다. 미래사회의 노동에 대한 전망은 다양한 대안적 담론과 구상들이 사회 세력들 간의 상호작용과 권력관계 속에서 각축하고 충돌하면서 구체화될 수밖에 없다. 자본주의 임금 중심 사회가 보여주는 부정적 노동 현실의 여러 측면들을 직시하고, 이를 극복하고자 하는 다양한 실천들이 필요하다.

2

신자유주의: 누구의 자유인가

장귀연

1. 자본주의의 변천

'신자유주의 시대.' 많이 들어본 말이다. 하지만 막상 신자유주의가 무엇이냐고 물으면 명확하게 답하기 쉽지 않다. 신자유주의란 용어는 자본주의 경제의 특정한 방식을 가리킨다. 그리고 '새로울 신新' 자가 붙었으니 구舊자유주의도 있다는 소리다. 따라서 신자유주의를 이해하려면 우선 자본주의 변천사를 살펴볼 필요가 있다.

자유주의란 자본주의가 생겨날 때 꽃을 피운 이론이다. 18세기 서구 시민혁명의 시대, 즉 전근대적 속박에 반대해 모든 개인은 자유롭다는 것이 선언되었을 때와 비슷한 시기다. '자유'는 경제 영역에도 적용되었다. 자유로운 개인들의 자유로운 시장 경쟁이 최대의 선善이라는 것이 그 시대의 믿음이었다. 애덤 스미스의 '보이지 않는 손'이라는 말이 이때 나왔다. 사회 공익을 생각할 필요 없이 개인들이 자유롭게 자기 이익을 추구하면, 보이지 않는 손인 시장 경쟁을 통해 결과적으로 전체 사회가 부강해진다는 뜻이다.

하지만 시장경제란 자기 소유물을 팔아 이익을 내는 것인데, 가진 것이 없는 사람들은 무엇을 팔아 소득을 얻을 수 있을까? 이런 질문에 고전 경제학자들은 이렇게 대답할 수 있었다. "적어도 일을 할 능력을 갖고 있지 않은가. 자기 노동력을 상품으로 시장에서 팔아라!" 그렇게 '노동시장'이라는 말이 등장했다.

고전 경제학자들의 이론에 따르면 시장 경쟁은 노동시장

에도 적용되어야 했다. 상품을 판매하는 사람은 최대한 비싸게 팔려고 하고 구매하는 사람은 최대한 싸게 사려고 하겠지만, 판매자끼리도 경쟁하고 구매자끼리도 경쟁하기 때문에 개별 판매자나 구매자가 원하는 대로 상품은 비싸지거나 싸질 수 없다. 결국 경쟁 과정에서 적정한 가격이 형성될 것이다. 이것이 시장 논리이고 노동시장에도 같은 논리가 적용된다. 거래되는 상품은 노동력이고 가격은 임금을 비롯한 노동조건이다. 안 팔리면, 즉 고용이 되지 않으면 경쟁력이 없는 것이다. 그러니 가격을 내려라. 즉, 저임금의 열악한 일자리에라도 취직해라! 비싸게 팔고 싶은가? 그러면 좋은 상품을 내놓아서, 즉 다른 노동력 판매자보다 능력을 키워서 구매자들이 오히려 경쟁적으로 비싼 값에 사가도록 해라! 그렇지 않으면 영원히 팔리지 않는 실업자일 뿐이리니!

지금도 많이 듣는 소리다. 우리도 여전히 자본주의 시장경제 안에서 살고 있기 때문이다. 더구나 뒤에서 다루겠지만 지금은 바로 이 고전적 자유주의를 되살린 신자유주의 시대라 더 그렇다.

그런데 노동시장의 판매자들이란 일을 해야 생계를 유지할 수 있는 사람들이다. 시장 경쟁에서 밀려 노동력을 팔지 못하면, 또는 경쟁이 심해 가격이 너무 내려가 일을 해도 먹고살기조차 힘들어진다면 굶어죽을 수밖에 없다. 이에 대한 자유주의 경제학자들의 답은 말 그대로 "그렇다면 굶어죽어라!"였다. 경쟁력 없는 사람들이 도태되어 죽어버리면 차라리 노동력 공급이 줄어들어 임금이 올라갈 것이다. 냉혹해 보이더라도 사회 전체의 이익을 위해서는 이것이 최선이라고 믿었다.

신념에 찬 경제학자들이라면 혹여 모르겠지만, 노동자들은 자신의 목숨과 삶을 그런 시장자유주의의 이상과 논리를 위해 순순히 바치려고 하지 않았다. 노동자들은 인간다운 삶을 위해 싸웠다. 하지만 자본주의 초기에는 노동자를 보호하는 법도 제정하기 어려웠고 합법적으로 노동조합을 결성할 수도 없었다. 물론 자본가들의 반대 때문이었지만, 경제학자들의 이론도 이것을 정당화했다. 노동자보호법은 자유로운 시장에 대한 규제이며 노동조합은 공정한 경쟁에 위배되는 담합이라는 것이다. 자본주의 경제학에서 시장규제와 담합은 절대악으로 규정되었으니까. 이 논리에 따르면, 어린아이가 탄광에서 일하더라도 자유로운 개인의 선택이니 법으로 규제해서는 안 되며, 노동자들이 집단적으로 교섭을 하면 시장가격을 교란시키는 담합이므로 처벌해야 한다.

아무리 자본주의 경제학자들이 그렇게 주장을 해도, 사람의 목숨과 삶이 시계나 자동차 따위의 상품과 같을 수 없고 그것이 분명 시장가격이나 자유경쟁 등의 원리보다 더 중요하다. 결국 자유주의적인 자본주의는 정치적으로든 경제적으로든 유지될 수 없다는 것이 명백해졌다.

지금 생각하면 참으로 이상하지만 유럽과 미국에 민주적 정치 체제가 들어선 초기에는 오직 자산가들에게만 투표권이 있었다. 지금처럼 모든 사람들이 투표권을 갖게 된 것은 노동자 투쟁의 결과이다. 유럽과 미국의 노동자들은 끈질긴 투쟁 끝에 19세기 말에서 20세기 초에 이르러 노동자들도 마침내 투표권을 획득할 수 있었다. 노동자들이 유권자가 되자 정치인들도 노동자의 눈치를 보게 되어, 노동시장을 규제하는 노동법들이 제정되었으며 노동조합 활동도 합법적으로 인정받게 되었다.

또 고전 경제학자들의 생각과 반대로 자유로운 시장경제는 오히려 자본주의 자체를 파국으로 몰고 갔다. 자본주의가 성장하면서 생산은 급증했지만, 생산량에 비해 그것을 살 사람들은 모자랐다. 결국 전쟁을 하거나 남는 돈을 금융투기로 돌려야 했다. 제1·2차 세계대전은 경제적 관점에서 보면 시장 확보를 위한 것이라고 할 수 있다. 전쟁으로 점령지가 생기면 시장이 넓어질 뿐 아니라 어마어마한 군수품을 소비하게 되므로 전쟁 자체가 소비시장이 된다. 그러나 사람들이 죽어나가는 전쟁의 비극은 어떻게 하든 정당화하기 어렵다. 또한 금융투기도 언젠가는 무너질 수밖에 없다. 화폐란 무언가를 구입할 수 있어서 가치가 있는 것이지, 실물 없이 화폐만 따먹는다고 실실적인 부가 증가하지는 않기 때문이다. 그 거품이 무너진 것이 1929년 미국에서 시작된 대공황이었다.

20세기 전반 두 번의 전쟁과 대공황을 겪은 후, 완고하던 자본주의 경제학도 바뀌기 시작했다. 자유로운 시장 경쟁이 만능이 아님을 깨닫게 된 것이다. 보이지 않는 손은 그다지 잘 작동하지 않았다. 보이는 손이 필요했다. 그리하여 자본주의 경제는 국가가 정책적으로 개입해 관리하는 것으로 그 방향을 바꾸게 되었다. 영국의 경제학자 케인스^{John Maynard Keynes}는 시장에 대한 국가의 역할이 무엇보다 유효수요를 증진하는 것이라고 주장했다. 유효수요란 시장에서 실제로 구매력을 가진 수요층을 말한다. 대공황 때 물건을 쌓아놓고도 팔리질 않아서 기업들이 도산했다. 쓸모없는 물건이라서가 아니다. 가난한 노동자들은 필요해도 살 수가 없었던 것이다. 회사가 망하니 노동자들은 실업자가 되고 상품을 살 돈은 더욱 없어졌다. 그래서 한편에서는 식료품이 썩어나는데 다른 편에서는 수많은 사람들이 굶주리는 사태가 발생했다.

이미 소수 부유층에게만 상품을 팔아서는 자본주의 경제가 유지될 수 없는 시대가 되었다. 기술과 조직이 발전하면서 대량생산이 가능해졌고, 그처럼 많이 생산된 상품을 팔려면 노동자도 상품을 구매할 수 있어야 했다. 그러므로 케인스주의 경제학자들의 주장처럼, 유효수요를 늘리려면 노동자들이 상품을 충분히 구입할 만큼 잘살아야 한다.

이처럼 정치적으로 노동자의 힘이 강해졌고, 경제적으로도 노동자의 생활수준이 향상되어야 자본주의가 유지된다는 것이 판명됐다. 이제 자본주의도 고전적 자유주의에서 수정되기 시작했다. 노동자를 보호하고 노동조합 활동을 보장하는 법이 만들어졌을 뿐 아니라, 노동자의 고용과 임금을 안정시키는 정책들이 중시되었다. 고용과 임금이 안정되면 노동자들은 삶을 계획할 수 있고 다양한 제품을 구매하여 생활 편의를 높일 수 있다. 즉, 구매력이 있는 유효수요가 되는 것이다. 사회보험 같은 복지 정책도 비슷한 효과를 낸다. 질병이나 실업, 노후를 크게 걱정하지 않아도 된다면, 사람들은 현재 생활을 위해 더 돈을 많이 쓸 것이다. 또 교육, 의료, 교통, 에너지 등 생활에 필수적인 부문을 국가가 맡아 싸게 공급한다면, 비록 사적 자본은 그 분야에 진출해 이윤을 낼 수는 없겠지만 그 대신 다른 부문들에서 이익을 얻을 수 있을 것이다. 사람들이 국가가 담당한 생활필수 부문에는 돈을 많이 쓰지 않아도 되므로 사기업 상품들을 많이 구매하고 소비할 것이기 때문이다. 여기까지가 유럽과 미국의 선진 자본주의가 20세기 중후반에 도달한 상황이다. 자본도 노동자도 원-윈win-win에 이른 것 같았다.

2. 자유주의로의 회귀

유럽과 미국의 자본주의는 케인스주의로 황금기를 누렸고 노동자의 생활수준도 크게 향상되었다. 하지만 전성기는 오래 지속되지 않았다. 1970년대부터 조금씩 경제 침체가 나타났고, 그 틈을 타서 1980년대에 이르러 영국과 미국에서는 정치적 보수주의와 결합한 경제적 자유주의 이념이 다시 득세하기 시작했다. 영국의 대처 정권과 미국의 레이건 정권이 대표적이다. 이들은 경제 침체가 노동조합, 사회복지, 세금 등으로 시장을 규제한 탓이며 자유주의를 되살려야 한다고 주장했다.

1990년대에 들어서면서 사회주의 국가들이 붕괴하고 자본주의가 전 세계로 퍼져나가면서 이러한 이념과 정책도 세계적으로 확산되었다. 즉, 자본주의가 세계화되면서 자본주의 초기의 자유주의도 부활한 것이다. 이것을 신자유주의라고 부른다.

자본주의 초기의 자유주의가 유지될 수 없어서 케인스주의로 수정되었고, 그래서 한동안 잘나가는 것처럼 보였는데 왜 한계에 부딪혔을까? 케인스주의하에서 경제가 침체하기 시작한 것은 정말 신자유주의자들의 주장처럼 노동조합이나 사회복지에 의해 자유로워야 할 시장이 교란되었기 때문일까? 그렇지 않다. 어떤 면에서 보면 케인스주의적 자본주의가 성공했기 때문에 성공의 역설이 나타난 것이며, 이는 근본적으로 자본주의 동학 자체에 내재된 요인 때문이기도 하다. 즉, 자본주의가 성장하면서 자본의 규모가 시장의 규모보다 커져버린 것이다.

케인스주의 시대에 자본주의가 번영한 결과 대자본들은 더욱 몸집이 커졌고, 국경을 넘어 다른 나라들에도 투자하는 초국적 자본, 초국적 기업으로 성장했다. 그 와중에 사회주의권은 붕괴되었고 자본주의는 완벽하게 전 지구를 뒤덮게 되었다. 이제 자본은 한 나라의 경제가 아니라 전 세계를 무대로 활동할 수 있게 된 것이다. 그에 따라 국내 수요의 중요성은 감소했다. 예전에는 국내 노동자들의 고용과 임금을 안정시켜 소비를 활성화하는 것이 자본에게도 이익이었다. 하지만 더 이상은 아니다. 특히 대자본은 더욱더. 대자본의 입장에서는 어차피 국내 시장이란 더 이상 이윤을 확대하기 어려운, 몸에 작은 옷이다. 이들에게는 세계 시장에 진출하는 것이 더 중요해졌다. 그리하여 외국 기업과 외국 자본이 자유롭게 활동할 수 있도록 시장을 개방하는 것이 자본주의 세계에서 중요한 의제로 떠올랐다. 이를 위해 세계무역기구World Trade Organization, WTO를 비롯한 국제기구들과 국제협약들이 만들어졌다. 세계 시장에서 활동할 수 있는 대자본과 그런 대자본을 보유한 자본주의 선진국가들이 이를 주도했다.

　사실 자본끼리도 경쟁하기 때문에 자본은 끊임없이 자신의 크기를 확대해야 한다. 개별 자본이 경쟁에서 살아남는 가장 쉬운 길, 그리고 길게 보았을 때 유일한 길은 크기를 키우는 것이다. 몸집이 커야 통상적인 경쟁에서도 유리하고 주기적인 불경기가 왔을 때도 생존하기 쉽기 때문이다. 따라서 자본의 확대는 자본주의의 내재적 경향이기도 하다. 옛날 자유주의 시대에 고용주들이 경쟁적으로 노동자 임금을 깎아내렸던 것도, 그들의 인품이 사악해서라기보다 그렇게 해야 자본끼리의 경쟁에서 살아남을 수 있기 때문이었다. 케인스가 지적한 것처럼 노동자들이 잘살아야 전체 자본주의 경제도 잘 돌아가지만, 설사 자본가가 그것을 깨달았다 해도 개별적으로는 실천을 할 수 없었다. 나 혼자만 고용한 노동자들에게 잘해주면 다른 기업과의 경쟁에서 밀려버릴 터이므로. 바로 그래서 국가 개입이 필요하다. 근로기준법 등 모든 기업들이 지켜야 하는 규칙을 법으로 정해놓으면, 적어도 그 점에서는 다른 자본들과 동등한 조건으로 경쟁할 수 있다.

그런데 국가의 정책이란 국경 안에서만 효력을 갖는다. 사회복지 정책, 공공 부문에 대한 국가 운영이나 지원, 노동조합과 노동자를 보호하는 법 등은 모두 한 나라 안에서 시행되는 것이다. 하지만 이제 국경 밖으로 나가게 된 초국적 자본들은 각 나라의 정부에게 노동자 보호를 완화할 것을 요구했다. 국가 정책은 각 나라 정부의 소관이지만 초국적 자본들은 그렇게 하지 않으면 그 나라에 투자를 하지 않겠다고 협박할 수 있었으며, 여러 나라의 정부들은 초국적 자본을 끌어들이기 위해 노동자 보호를 약화시켜야 했다.

초기 자유주의의 귀결처럼 노동자의 생활수준이 저하되면 궁극적으로는 전체 자본주의 역시 파국적인 결과를 맞이할 것이다. 케인스주의는 국가 수준에서 그것을 규제할 수 있었지만, 이제 자본은 세계화되었고 전 세계적 정책을 집행할 초국적 정부는 존재하지 않는다.

물론 옛날처럼 노동조합의 존재를 아예 부정하거나 시장에 개입하는 국가 정책을 완전히 제거해버리는 것은 불가능하다. 헌법에서 노동3권을 명시하고 있듯이 이미 이것은 현대 국가의 시민권으로 자리 잡았다. 또 정부가 사회복지제도를 다 없애버리거나 경제가 어떻게 되든 나 몰라라 시장에만 맡기겠다고 하면, 신자유주의에 우호적인 사람들조차도 정부가 무책임하다고 비난할 것이다.

그러나 자본주의 경제에 대한 패러다임과 인식이 변한 것은 사실이다. 자본주의 초기 자유주의 시절에 무조건 자유로운 시장 경쟁이 최선이라고 믿었다가 파국을 겪고 나서, 국가 정책으로 시장을 규제하여 사람들의 복지를 향상시키는 것이 자본주의 경제의 주요 패러다임이 되었다. 이제는 다시 그러한 규제를 최소화하고 시장에서 경쟁을 부추기는 것이 선이라고 말한다. 신자유주의자들은 시장 규제가 돈 벌 자유를 제한하여 사람들의 창의성과 사회의 발전을 저해한다고 주장한다. 우리가 언론에서, 강의실에서, 유튜브에서 계속 듣고 있는 이야기다. 자유주의 이념의 부활, 우리는 신자유주의 시대에 살고 있다.

3. 신자유주의 정책은 누구를 위한 것인가

간단히 말하자면 신자유주의는 현 시대에 지배적인 자본주의 체제의 일종이다. 세계화된 시장 경쟁에서 승리하기 위해 노동자들을 쥐어짜려는 기업의 전략, 그것을 법과 제도로 뒷받침하는 정부의 정책, 경쟁과 능력을 강조함으로써 이를 정당화하는 사회적 이데올로기 등이 신자유주의 체제의 구성요소다.

기업의 입장에서야 비용을 줄일수록 좋으니 예나 지금이나 노동자에게 들이는 비용을 최소화하려는 게 당연하겠지만, 그것을 규제하던 국가의 정책이 변했다. 케인스주의에서는 노동자들의 생활을 향상시키는 것이 국민과 국가경제를 위한 최선이라 보고 기업을 법과 정책으로 규제했다. 그러나 이제 국가 정책의 우선순위는 자본을 끌어들이기 위해 기업의 이익을 보장하는 것이 되었다.

그런데 기업에 좋은 것이 꼭 노동자나 국민에게 좋은 것은 아니라는 게 문제다. 예를 들어 대표적인 신자유주의 정부 정책 중 하나인 '민영화'를 생각해보자. 정부가 국민의 복지를 위해 운영하던 공기업이나 공공서비스들을 사기업에 넘기는 것이다. 에너지, 교통, 수도 등 생활에 필수적인 기반시설이나 의료, 교육, 환경 등 국민의 삶에 직결된 서비스는 적어도 시장이 아닌 국가가 맡아서 제공한다는 것이 케인스주의 시대 이래 합의된 바였다. 그런데 신자유주의는 이런 공공 부문을 가능한 한 축소하려고 했고, 많은 공기업들이 민영화되거나 적어도 사기업이 공공 부문에 참여할 수 있게 되었다.

신자유주의자들은 국가가 운영하면 시장 경쟁이 없기 때문에 효율성이 떨어지고 서비스의 질도 저하된다고 주장한다. 이에 대한 실제 증거는 없다. 시장 경쟁을 신봉하는 논리에서 나온 추정일 뿐이다. 사실 민영화의 본 목적은 외국 시장 개방의 목적과 같다. 시장의 확대다. 공공 부문도 사기업에 개방해 이익을 낼 수 있는 시장으로 만들려는 것이다. 국가가 공공 부문을 직접 운영한 이유는 가난한 사람들도 삶을 유지하는 데 필수적인 것들은 이용할 수 있도록 적자를 감수하면서라도 싸게 공급하기 위해서인데, 이런 공공 부문이 이윤을 내려는 사기업에 넘어가면 그 가격은 오를 수밖에 없다. 사람들의 생활비는 오르게 될 것이고, 공공 부문에서 제공하는 것들은 돈이 없다고 사용하지 않을 수도 없기에 서민들은 더 크게 타격을 받게 된다.

마찬가지로 기업에 대한 규제를 푼다는 것도 노동자들에게는 오히려 재앙이 될 수 있다. 기업들이 '자유롭게' 노동자를 사용할 수 있게 노동자 보호법을 완화하고 노동조합의 힘을 약화시키는 것을 의미하기 때문이다.

물론 나라마다 정책을 시행하는 것은 조금씩 다르다. 예를 들어 서구 복지자본주의 국가들 중에서는 신자유주의 시대에 접어들면서 사회복지 혜택을 크게 줄인 나라들이 많았다. 기업이 부담하는 사회보험 비용과 세금 비용을 덜어줄 뿐더러, 사람들이 복지 수혜를 받지 못하면 저임금으로라도 일을 할 터이므로 기업에 유리한 정책이다. 하지만 당시 한국의 경우 막 복지 정책을 시작한 단계였기 때문에 그것을 줄인다는 것은 불가능했다. 예컨대 영국을 비롯한 서유럽 국가들은 1990년대에 실업급여 수급 조건을 까다롭게 하고 수급 기간을 줄이는 정책을 많이 시행했는데, 한국에서는 1995년에 실업급여제도가 처음 수립됐다. 실업급여 수급 기간을 최대 5년에서 1년으로 줄인 나라는 대폭 삭감을 한 셈이지만, 한국은 1995년 이후 여러 차례 수급 기간을 늘렸지만 그로부터 반세기가 지난 2020년에도 최대 수급 기간이 1년이 되지 않는다. 이처럼 한국의 경우 사회보험 등 기본적인 사회복지제도가 원래 거의 없었으므로 사회복지를 줄이기보다는 오히려 확대하는 중이다.

사실 한국은 케인스주의적 복지국가를 제대로 거친 적이 없었다. 아니, 고전적인 자유주의조차 없었다고 해야 할 것이다. 한국은 유럽이나 미국에 비해 자본주의가 훨씬 늦게 시작됐기 때문이다. 1960년대부터 본격적으로 산업자본주의가 시작되었으니, 영국 같은 나라에 비해서는 200년쯤 출발이 늦은 셈이다. 서구 자본주의 역사가 국가 간섭에 반대하며 시작된 반면, 한국에서는 강력한 군사 정부가 정책적으로 초기 자본주의 시장을 육성했다.

그러나 자본주의 초기에 노동자들을 경쟁적 노동시장으로 내몰고 노동자의 단결을 탄압한 것은 서구 자본주의 역사와 유사했다. 한국이 자본주의적 산업을 육성하기 시작한 20세기 중반이면 이미 선진 자본주의는 케인스주의 시대로 접어들었을 때다. 그래서 한국의 헌법에도 노동3권이 명시되었고 노동자를 보호하는 근로기준법도 존재했다. 하지만 현실에 적용되는 일은 거의 없었다. 오죽하면 한국 노동운동의 효시라 불리는 전태일이 분신하면서 마지막 외친 말이 "근로기준법을 지켜라!"였겠는가.

실제로 한국에서 노동조합이 인정받고 노동자들의 고용과 임금이 어느 정도 안정된 것은 1987년에서 1990년대 중반까지의 짧은 기간에 불과했다. 이 시기가 케인스주의와 비견할 만하지만, 막상 서구에서는 케인스주의가 저물고 신자유주의 시대에 접어들 즈음이었다. 시작은 늦었지만 빠르게 성장을 이룬 한국은 그때쯤 세계 자본주의의 일원이 되어 있었으며, 당시 전 세계로 퍼져나가던 신자유주의의 영향도 곧바로 받게 되었다. 무엇보다 1997년 말 외환위기로 국제통화기금International

Monetary Fund, IMF으로부터 구제금융을 받았던 사건이 결정적이었다. IMF는 신자유주의 전도사라고 불릴 만큼 신자유주의 정책을 세계에 구현하려고 앞장서는 기구다. 돈을 빌려주는 대신 상품시장과 금융시장 개방, 공공 부문 민영화, 노동시장 규제 완화 등 신자유주의 정책을 실행하는 것을 조건으로 내걸었다. 그렇게 한국에서 신자유주의 정책이 본격적으로 시행되면서 노동자들의 삶도 악화되기 시작했다.

4. 기업의 '자유'와 노동

결국 신자유주의의 '자유'는 기업의 자유다. 기업들은 '자유롭게' 노동자를 해고하기를 원한다. 근로기준법상 원래 노동자가 특별한 잘못을 하지 않는 한 함부로 해고할 수 없다. 노동자가 직장을 그만두는 데는 제약이 없으면서 기업이 직원을 해고하는 것을 규제한다는 게 얼핏 불공평해 보인다. 하지만 이는 기업과 노동자라는 고용계약의 양 당사자가 동등한 힘을 갖고 있지 않기에 형평을 맞추기 위한 것이다. 기업은 직원 한 명이 그만두어도 별 차질 없이 운영되지만 노동자는 직장을 잃으면 생활에 큰 지장을 받는다. 따라서 기업이 마음대로 노동자를 해고할 수 있다면 부당한 지시를 내려도 노동자가 저항하기 어려울 것이다. 해고를 제한하는 것은 노동자의 권리를 보호하기 위한 가장 기본적인 바탕이다.

자본가들은 노동자를 해고할 수 있는 자유를 되찾으려고 노력해왔다. 신자유주의 주요 정책에는 해고 규제 완화도 포함되어 있다. 1997년 말 외환위기 당시 IMF는 돈을 빌려주는 조건 중 하나로 정리해고제 실행을 요구했으며, 결국 노동자의 잘못이 없어도 경영 상황이 안 좋아지면 노동자들을 해고할 수 있도록 정리해고제가 법제화되었다.

실제로는 정리해고 절차를 거치지 않고도 사실상 해고를 하는 일이 그보다 몇 배나 많아졌다. 1997~1998년 경제위기에 기업들은 혹독한 구조조정을 해야 했는데, 경제가 정상으로 돌아온 후에도 경영합리화라는 이름 아래 수시로 구조조정을 진행하고 있다. 경영계에서는 세계화 시대에 상시적인 구조조정이 필요하다고 말한다. 시장 개방은 더 많은 기회를 의미하기도 하지만 더 격심한 경쟁을 해야 한다는 뜻이기도 하다. 외국 시장에서도 경쟁해야 하고 국내로 들어온 외국 기업 및 상품들과도 경쟁해야 한다. 게다가 한 나라의 시장보다 세계 시장이 훨씬 변수가 많기 때문에 장기적이고 안정적인 경영이 더욱 어렵다. 그래서 자주 구조조정을 해야 한다는 것이다.

구조조정이 원래 해고만을 의미하는 것은 아닐진대, 보통 구조조정이라고 하면 대량해고를 떠올린다. 실제로 기업 구조조정은 다운사이징downsizing의 방향으로 가고 있다. 고정 인력을 줄여야 상황 변화에 따라 움직이기가 쉽다. 그래서 구조조정 시에는 법적인 정리해고가 아니더라도 희망퇴직이니 명예퇴직이니 하는 말로 대량해고를 한다. 또 시시때때로 경영 상태가 안 좋아졌다며 권고사직을 시키기도 한다. 희망퇴직이나 권고사직은 노동자가 동의해야 하므로 강제적인 해고와는 다르지만, 실제로는 심한 압박을 가해 그만둘 수밖에 없게 만든다.

인력 감축뿐 아니라 업무를 외주화해서 용역이나 도급을 준다든지 하청에 넘긴다든지 회사를 분사와 자회사로 쪼갠다든지 하면서 몸집을 줄인다. 앞에서 대자본들은 더욱더 몸집을 키운다고 했는데 다운사이징을 한다는 것은 모순이 아닌가? 그렇지는 않다. 자회사는 물론이요, 다른 업체에 외주·하청을 주더라도 대자본은 실제로 그들을 지배한다. 대기업과 하청기업은 전형적인 갑과 을의 관계다. 대기업들은 실질적으로 수많은 하청업체들을 지배하면서 책임은 지지 않는다. 이런 식으로 기업의 일을 조각조각 잘라서 여기저기 분산해놓으면 경제 상황이 변할 때마다 쉽게 버리고 쳐낼 수 있다.

정리해고, 인력 감축, 외주화는 노동자의 고용안정을 크게 흔들어놓았다. 이제 어렵게 취직을 해도 정년까지 직장에 다닐 수 있을 것이라고 기대하는 사람들은 거의 없다. 요즘 공무원과 공기업이 가장 인기 있는 취직 자리가 된 이유는, 국가가 운영하는 곳은 함부로 직원을 해고하지는 않으므로 적어도 고용안정 면에서 사기업보다 훨씬 낫기 때문이다.

고용불안만이 아니다. 일할 때도 노동강도와 스트레스가 더욱 심해지고 있다. 임금에서도 성과급 비중이 늘었다. 개인별로 성과를 측정하기가 어려우면 팀별로 경쟁시키기도 한다. 전통적인 업무에 따른 분과 대신 팀 방식으로 조직을 개편하여 사내에서도 팀끼리 경쟁을 시키고 그에 따라 임금을 차등지급하는 경우가 많아졌다. 경쟁에서 조금이라도 뒤떨어지면 임금이 대폭 깎이는 것은 물론, 다음 구조조정의 해고 대상이 되지않을까 전전긍긍할 수밖에 없다. 내가 열심히 한다고 되는 문제도 아니다. 옆의 동료들도 다 열심히 한다. 경쟁이란 말 그대로 '남보다 더' 나아야 하는 것이다. 연봉제를 실시하는 기업들은 직원들이 자기 연봉을 동료에게 말하는 것도 엄금한다. 이런 곳에서는 노동자들이 단결해 임금교섭을 하는 것도 거의 불가능하다.

고용과 임금의 불안정, 경쟁의 압박. 기업은 최대의 성과를 내기 위한 방법이라고 말한다. 그러나 노동자들은 끊임없는 스트레스에 시달리면서도 미래를 계획하고 생활을 안정적으로 꾸리기가 더욱 어려워졌다. 그리고 자유로운 경쟁이 최선의 미덕이라고 믿는 신자유주의는 그렇게 삶이 힘들어진 것은 '개인의 탓' '네가 경쟁에서 이길 능력이 없어서'라고 말한다.

5. 신자유주의를 넘어서!

신자유주의 이데올로기는 경쟁을 강조하면서 경쟁의 승패를 개인 능력 탓으로 돌리는데, 실제로는 그와 정반대 현실을 창출한다. 능력과 상관없이 부가 부를 낳고 자본이 없는 노동자들은 빈곤에 빠지는 환경을 조장하는 것이 바로 신자유주의 기업 전략과 정부 정책이다.

안정적인 일자리가 줄어들고 노동조건이 악화되면서 노동소득 대신 금융소득을 장려하곤 한다. 케인스주의 시대처럼 노동자들의 고용과 임금을 보장할 수 없으니 주식 같은 금융투자를 해서 소득을 벌충하라는 이야기다. 금융투자는 기업들에게도 좋은 것이다.

하지만 설사 이렇게 해서 국민소득이 유지되더라도 내부적으로는 부익부 빈익빈이 강화된다. 투자할 자산이 있는 계층은 돈을 벌 기회가 더 많아지지만, 일해서 버는 돈으로 빠듯하게 살아가는 계층은 일자리 상황이 악화되면서 더 어려워질 것이기 때문이다. 양극화는 통계 지표에서도 나타난다. 신자유주의가 본격적으로 도입되기 전인 20여 년 전에 비해, 국민계정에서 노동소득이 차지하는 비중은 줄었고 소득분배지표들은 악화되었다. 가장 잘 알려진 소득분배지표인 지니계수만 봐도 알 수 있다.

통계를 보지 않아도 사람들은 몸으로 느낀다. '금수저, 흙수저론'이 이를 상징한다. 이 표현은 부잣집 아이를 가리켜 '은수저를 물고 태어난다'고 했던 옛 속담에서 기원하지만, 이렇게 유행어가 된 것은 오래되지 않았다. 자산이 없는 흙수저는 아무리 노력해도 돈으로 돈을 버는 자산을 가진 금수저를 이길 수 없다는 말이다. 경쟁도 아니고 능력도 아니다. 이것이 경쟁이라면 흙수저는 까마득히 앞서 출발한 금수저의 등을 멀리서 보며 뛰어야 하는 셈이다.

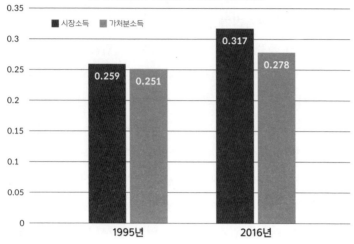

한국 지니계수 비교(1995년과 2016년)*

■ 시장소득 ■ 가처분소득

1995년: 0.259 / 0.251
2016년: 0.317 / 0.278

　　게다가 신자유주의는 '선택의 자유'라는 미명 아래 부유층
과 서민층을 나누는 장벽을 쌓으려 한다. 공공 부문에 사기업
이 진출하게 하는 것이 신자유주의 주요 정책 중 하나라고 앞
에서 말했다. 대표적인 공공 부문인 교육과 의료 분야를 보자.
모든 국민에게 동등하게 제공하던 교육과 의료 부문에도 이익
을 추구하는 사기업들이 들어오기 시작했다. 한국에도 자립형

＊　국가통계포털(http://kosis.kr/search/search.do), 〈가계동향조사〉 '소득분배
　　지표(도시 2인 이상)'. 지니계수는 소득불평등을 나타내는 지표로 0에서 1 사
　　이 숫자가 높을수록 불평등이 심한 것을 의미한다. 시장소득은 순수히 벌어들
　　인 소득이고 가처분소득은 세금지출이나 사회보장급여 등을 포함한 소득이
　　다. 그나마 시장소득 증가분보다 가처분소득의 증가분이 낮은 것은 사회복지
　　예산이 그 사이 늘었기 때문이다.

사립고등학교가 있고, 영리병원 설립 등의 시도가 존재한다. 이런 정책의 옹호자들은 개인이 원하는 교육이나 의료 서비스를 다양하게 받을 자유를 주장하며, 국가가 획일적으로 서비스를 제공하는 것은 선택의 자유를 제한하는 전체주의적 발상이라고 비판한다. 하지만 이것은 명분이고, 부자들의 속내는 '내 돈 내고 비싸고 좋은 서비스를 받겠다는데 왜 서민들과 비슷한 서비스를 받아야 하느냐'는 것이다.

문제는 일단 사기업이 들어오면 돈 되는 사기업에 좋은 인력과 시설이 몰리면서 공공적으로 운영하는 곳은 반대로 질적 저하가 일어나는 경향이 있다는 점이다. 먼저 민영화를 도입했던 다른 국가들에서 일반적으로 나타난 현상이다. 이제껏 국민의 권리로 간주되었던 의료나 교육과 같은 기본적인 공공 부문에서도 양극화가 발생하는 것이다. 국민들은 둘로 쪼개진다. 값비싼 시장에서 교육과 의료 서비스를 구매하는 부유층과 더 질이 낮아지는 국가의 공공서비스에 의존하는 서민층으로.

자산이 없는 노동자에게는 신자유주의의 '자유'가 별 의미가 없다. 오히려 노동에 대한 자부심과 그것을 통한 삶의 안정 대신 남을 짓밟는 경쟁과 투기를 부추겨 삶의 질을 저하시키고 사회적 연대 및 통합을 저해할 뿐이다.

이런 사회가 계속 유지될 수 있을까? 실제로 세계 곳곳에서 저항이 일어나고 있다. 1999년 WTO 각료회의가 열린 시애틀에서 수만 명의 시위대 때문에 회의가 중단된 이후로, 매년 IMF나 세계은행의 회의 때마다 신자유주의에 반대하는 목소리들이 울려퍼진다. 2011년에는 신자유주의의 본산지인 뉴욕의 금융가 월스트리트를 점거하고 시위를 벌이는 운동이 있었다. 월스트리트에서 농성한 미국인들은 신자유주의가 1퍼센트의 부자를 위한 것이고 99퍼센트는 고통받고 있다고 주장했다. 2013년 프랑스의 경제학자 피케티^{Thomas Piketty}는 세계 여러 나라의 통계를 분석해 신자유주의 시대 이후로 상위 10퍼센트, 그중에서도 특히 상위 1퍼센트의 부자에게 부가 집중되고, 일해서 살아가는 사람들은 더욱 작은 몫만을 차지하게 되었다는 사실을 밝혀냄으로써 월스트리트 점거운동의 1퍼센트론을 증명했다.*

피케티를 비롯한 여러 사람들은 이러한 불평등을 바로잡기 위해서, 돈이 돈을 버는 과정에 대해 자본세를 물리고 노동에 돌아가는 몫을 증가시키는 정책들, 그리고 자본이 이를 피해 다른 곳으로 도망가지 못하도록 하는 세계적 협력 방안 등을 제시한다. 그렇지만 이러한 대안들은 저절로 쉽게 이루어지지는 않을 것이다. 신자유주의하에서 수혜를 입는 자본가들이 세계적 정책 결정에 크게 영향을 미치는 지배층이기 때문이다. 신자유주의가 아닌 대안 정책들을 실현시키려면 다수를 차지하는 수많은 노동자들이 함께 연대하여 압박을 가하는 수밖에 없다. 그를 위해서는 먼저 지금도 우리를 둘러싸고 있는 신자유주의적인 정책, 기업 전략, 이데올로기에 저항해야 한다.

---

* 　토마 피케티, 《21세기 자본》, 장경덕 옮김, 글항아리, 2014 참조.

경쟁에 관한 세 가지 질문

시장 자유주의자들은 경쟁이 인간과 사회를 발전시키는 원동력이라고 주장한다. 우리도 부지불식간에 그렇게 생각하는 경향이 있다. 정말 그런가? 다음 세 가지 질문에 대해서 곰곰이 생각을 해보자.

첫째, 경쟁은 인간의 본성인가? 자유주의자들은 경쟁이 인간의 본성에 부합한다고 주장한다. 누구나 남보다 잘나고 싶어하는 욕망이 있기 때문이라는 것이다. 아마 사실일지도 모른다. 아이들이 게임을 하며 노는 것만 보아도 지고 싶어하지는 않으니까. 그러나 동시에, 경쟁뿐 아니라 협력도 인간 본성의 일부라는 점 역시 부인할 수 없다. 아이들은 경쟁적인 게임뿐 아니라 역할 놀이 같은 협력적인 놀이도 즐겨한다.

사실 사람들은 서로 경쟁하기도 하고 협력하기도 하면서 살아간다. 인간 사회가 유지되기 위해서는 경쟁과 협력이 모두 필요한데, 어떤 경우에 어떤 쪽에 더 가치를 두는가는 사회문화적으로 결정된다. 예를 들어 학교 교실에서도 교육 방침에 따라 학생들끼리 경쟁이 치열한 분위기일 수도 있고 서로 협력하는 분위기가 형성될 수도 있다.

둘째, 인간은 경쟁과 보상이 있어야 노력하는가? 자유주의자들은 시장 경쟁을 통해 승리한 사람에게 보상이 돌아가지 않으면 사람들이 창의성과 노력을 발휘하지 않고 나태해진다고 주장한다. 이러한 주장은 주로 물질적 이득만을 보상으로 상정하는데, 물질적 이득이 보상의 척도가 된 것 자체가 바로 금전이 가장 중요하게 간주되는 사회이기 때문이다. 돈이 중요한 가치가 아닌 사회에서는 명예를 얻거나 존경을 받기 위해서 사람들이 노력하고 행동한다. 화폐경제가 발달하지 않았고 물질적 이득이 주어지기 어려웠던 전前 자본주의 사회에서도 사람들은 창의성과 노력을 발휘했다. 지금은 거의 시장화되었지만, 인터넷이 처음 보급되던 시기에는 많은 사람들이 아무런 보상 없이도 단지 다른 사람들과 나눈다는 즐거움을 위해 자기 작품들을 공유하곤 했다. 이런 노력과 성과는 경쟁이라는 과정 없이도 나왔다.

경쟁과 보상이 없으면 사람들이 노력을 안 한다는 것은 지금 사회가 시장 경쟁을 통해 보상을 하는 사회이기 때문이다. 사회적 제도와 문화가 변하면 다른 사람들과 비교하는 경쟁이나 물질적 보상 없이도 사람들은 창의성과 노력을 발휘하고 만족할 수 있다.

셋째, 경쟁이 사회 발전의 원동력인가? 자유주의자들은 경쟁 과정에서 사람들이 최대한 창의성과 노력을 발휘하기 때문에 사회가 발전한다고 주장한다. 반드시 경쟁과 보상이 있어야 사람들이 노력하는 것은 아니라는 점은 앞서 말했으므로, 여기서는 사회적 차원을 이야기해보자.

사실 개인적 차원에서는 적당한 경쟁이 긴장감과 성취감을 북돋울 수 있다. 그러나 오히려 사회적 차원에서는 다른 사람들을 떨어뜨려야 하는 경쟁 방식은 정보 소통과 협력을 어렵게 만들기 때문에 자원이 최적으로 활용되는 것을 방해한다. 또 경쟁 승리자만 우대하는 문화라면 경쟁의 낙오자들은 좌절할 것이고 사회에서 버젓한 자리를 찾기가 매우 어려울 수

모두를 위한 노동 교과서

도 있다. 경쟁에서 몇 등을 하든 누구나 분명히 사회에 기여
할 일을 할 수 있는데도 말이다. 결국 경쟁 중심 문화는 오히
려 사회 발전의 걸림돌이 될 수 있다.

비정규직:

희망과 권리를 박탈당한 노동자

장귀연

1. 비정규직 고용이 시작되다

아마 '비정규직'이란 말은 지난 20년 사이에 국어사전에 새로 등록된 단어 중 하나일 것이다. 비정규직이라는 말은 그 전에는 거의 쓰이지 않았다.

새로운 단어가 생겼다는 것은 새로운 현상이 나타났다는 뜻이다. 비정규직이라는 단어는 정규직에 '아닐 비非'가 붙은 것이다. '정규正規'라는 말을 사전에서 찾아보면, "정식으로 된 규정이나 규범" 또는 "규정에 맞는 정상적인 상태"라고 되어 있다.* 따라서 비정규직이라고 하면 '규범에 맞는 정상적인 상태가 아닌 일자리'라고 정의할 수 있을 것이다. 왜 이런 정상적이지 않은 일자리가 지난 20년 사이에 생긴 것일까?

1997~1998년의 경제위기 동안 많은 기업체들이 도산하거나 대량해고를 했고, 수많은 사람들이 실직자가 되었다. 그후 경제가 회복되면서 다시 고용이 이루어졌는데, 비워졌던 일자리를 정규직이 아닌 비정규직으로 고용하는 일이 많았다. 급속도로 비정규직이 확산된 것이다.

계약직이나 용역, 개인도급 같은 방식은 예전에도 있었지만 예외적 소수였다. 게다가 이는 단순히 숫자만의 문제가 아니다. 경향성이 반전되었다는 것이 더 문제다. 1990년대 중반

＊   네이버 어학사전(https://dict.naver.com/search.nhn?query=%EC%A0%95%EA%B7%9C).

까지는 경제가 발전하고 노동권이 성장하면서 좋은 일자리가 늘어날 것이라는 기대가 있었다. 2000년대 이전에는 비정규직 개념이 없고 상용직·임시직·일용직이라는 세 가지 고용지위 분류만 있었지만, 통계를 보면 정규직과 가장 개념적으로 가까운 상용직 비율이 점점 늘어나 1995년에는 최대치인 55퍼센트에 이르렀다.* 그러나 그 무렵부터 한국에도 신자유주의적 기업 전략이 도입되기 시작했으며, 특히 1990년대 말 경제위기를 계기로 급격히 안정적 고용이 줄어들고 비정규직 고용이 증가했다.

지금 비정규직 고용이 당연한 것처럼 여겨지는 곳들도 그 이전에는 정규직을 고용했다. 예를 들어 대학이나 병원 등 대형 사업장에서 청소나 급식을 담당하는 노동자들은 예전에는 그 대학이나 병원의 직원이었다. 그것이 용역으로 바뀌기 시작한 시기는 1995년경이었다.

사례는 많다. 1998년 이전 은행을 비롯한 금융권에서 임시직은 말 그대로 몇 달간 일시적으로 일할 사람이 필요할 때 잠시 사용하는 것으로, 아주 소수에 불과했다. 그런데 1998년 경제위기 때 은행들은 시급히 구조조정을 하지 않으면 망할 상황이었고, 부랴부랴 직원들을 대량해고했다. 어찌나 급하게 직원들을 해고했던지 1년도 지나지 않아 일할 사람이 모자라서 해고했던 노동자들을 슬금슬금 다시 입사시켜야 했다. 단, 이

---

*   국가통계포털(https://kosis.kr/), 〈경제활동인구조사〉 각년도.

번에는 계약직으로. 해고되었던 노동자들은 몇 달간 쉬었을 뿐, 전에 다니던 직장에 다시 출근한 것인데 계약직으로 지위가 바뀌었다. 월급은 절반으로 깎였고, 해마다 재계약이 될지 안 될지 모르는 고용불안을 겪으며 운 좋게 해고되지 않고 남아 있던 동료들의 승진을 쳐다만 봐야 하는 처지로 떨어졌다. 몇 년 지나지 않아 은행들은 아예 계약직을 대규모로 공개 채용하기 시작했다.

1997~1998년의 경제위기를 기점으로 고용형태가 변한 또 다른 대표적 사례 중 하나가 화물운송 업계다. 그 전에 화물운송 회사는 화물차를 보유하고 운전기사를 고용해 화물을 운송했다. 지금도 버스 회사 같은 승객운송 회사는 대부분 이런 방식으로 운영한다. 그런데 경제위기로 경영이 악화되자 화물운송업체들은 화물차를 팔고 운전기사를 해고해야 했다. 이런 상황에서 회사는 직원이었던 운전기사들에게 화물차를 사라고 설득했다. 회사 경영은 어려워졌지만 일거리는 계속 있을 테니, 회사가 매각해야 하는 화물차를 사주면 운송 일감을 중개해주겠다며. 그래서 운전기사들은 모아두었던 저축을 털어 화물차를 샀다. 같은 차를 운전하며 예전과 같은 일을 하지만, 운송업체 직원에서 화물차를 보유한 개인사업자로 지위가 변하게 된 것이다. 지금은 택배 업계를 비롯한 거의 모든 화물운송 업계가 이런 방식으로 기사들을 모집한다.

1998년의 구조조정을 비정규직화의 시발점이라 치더라도, 이제는 20년도 넘은 일이 되어 이런 일자리들이 옛날에는 당연히 정규직이었다는 걸 기억하는 사람도 줄어들었다. 그리하여 정규직 고용이 정상적이고 비정규직이 예외였던 시대와는 달리, 이제 사람들은 비정규직을 일반적이고 정상적인 고용 방식으로 생각하게 되었다. 비정규직이라는 단어가 원래 정상적이지 않은 일자리를 가리키는 말일진대, 이제 '비정상적'이라는 의미는 단어에 흔적으로만 남았다. 심지어 특별한 기술이나 능력이 딱히 필요 없는 일에 대해서는 노동자들조차도 "그런 일은 정규직으로 채용할 필요가 없잖아"라고 별 거리낌 없이 말하곤 한다. 하지만 '그런 일'들도 전에는 대부분 정규직들이 하는 일이었다. 어떤 일을 할 사람을 정규직으로 고용하느냐 비정규직으로 고용하느냐 결정하는 것은 그 일의 '필요'에 달리지 않았다. 오히려 고용 관행에 달린 것이다.

그러나 동시에 정규직보다 비정규직이 더 안 좋은 일자리라는 것 또한 누구나 알고 있다. 1997~1998년 경제위기의 파국이 수습되고 경제지표는 성장하고 있는데, 일자리의 질은 예전으로 돌아가지 않았다. 1990년대 중반까지는 경제가 성장하면 자연히 노동자들도 좋은 일자리를 갖고 잘살게 될 거라 기대할 수 있었다. 하지만 자본주의 경제가 신자유주의 방식으로 변화하면서 경제 성장이 노동자의 고용과 삶의 질 향상으로 이어지는 고리가 끊어졌다. 비정규직 확대가 그 증거다.

2. 어떤 일자리가 비정규직인가?

구체적으로 어떤 일자리가 비정규직인지를 살펴보자. 사실 비정규직이라는 용어에서 드러나듯 정규직이 아닌 일자리는 모두 비정규직이라고 할 수 있다. 우리가 보통 생각하는 정규직이란 일단 회사에 취직을 하면 그 회사에서 일을 하며 특별한 잘못을 하지 않는 한 정년퇴직할 때까지 회사를 다닐 수 있고, 경험이 쌓이면서 직급도 올라가고, 그에 따라 임금도 올라가는 일자리다. 그게 아니면 비정규직이다.

따라서 일단 고용 기간이 정해진 계약직은 정규직이 아니다. 이를 기간제 비정규직이라고 부른다. 계약 기간이 끝나면 실직하고 다시 일을 구해야 한다. 그렇다면 고용 기간이 정해지지 않은 무기계약직은 어떤가. 2006년 비정규직 보호법이 국회에서 통과되자 공공기관이나 은행권 등에서 2년 이상 일한 계약직 노동자들을 계약 기간을 정해두지 않고 일하게 하는 방식으로 바꿨다.* 그리고 이를 두고 정규직화했다고 한다. 계약 기간이 정해지지 않았다는 점에서 고용은 좀더 안정되었다고 할 수 있다. 그러나 무기계약직은 원래 하던 일만 할 뿐 다른 부서로 옮길 수도 없고 경력을 쌓아 승진을 할 수도 없으며 임금도 거의 오르지 않는다. 시간이 지나면 승진하고 임금도 오를 수 있는 정규직과는 다르다. 그래서 이른바 '정규직화'한 무

---

* 　비정규직법에 대해서는 이 책의 15장을 참조할 것.

기계약직은 정규직이 아니라 '중규직'이라는 비아냥도 나왔다.

간접고용 비정규직이라는 것도 있다. 한 회사의 사업장에서 그 회사에서 필요한 업무를 하지만 그 회사에 고용된 것이 아니라 다른 회사의 직원인 경우를 말한다. 파견, 용역, 도급, 사내하청 등 여러 이름으로 불리는데, 어쨌든 고용된 회사와 실제 업무를 하는 회사가 다른 경우를 간접고용 비정규직이라고 할 수 있다. 간접고용이란 직접고용은 안 하면서 다른 회사에 고용된 노동자에게 일을 시킨다는 뜻이며, 이렇게 간접고용을 사용하는 회사를 원청이라고 한다. 보통 원청 회사는 용역이나 도급 회사들을 경쟁시켜 가장 낮은 액수를 제시하는 업체와 일정한 기간 계약을 맺는다. 그 결과 간접고용 노동자들은 구조적인 고용불안과 저임금이라는 이중고를 겪게 된다.

용역·도급 회사가 원청과 맺은 계약 기간이 끝나면 해당 노동자도 실직 위험에 처한다. 원칙적으로는 노동자를 고용한 회사가 그 일을 필요로 하는 다른 원청을 찾아 계약을 해 그 회사로 노동자를 보내야 하겠지만, 그런 경우는 거의 없다. 대부분의 용역·도급 회사는 원청의 계약 기간에 맞춰 노동자의 고용계약 기간을 정하고 원청과 재계약이 되지 않으면 노동자도 계약해지해버린다. 즉, 간접고용 비정규직 노동자들 중 대다수는 기간제 비정규직을 겸한다. 기간제가 아니더라도 원청과 재계약을 못하면 용역 회사가 그냥 폐업을 해버리는 일도 많다.

도급·용역 회사가 원청과 맺은 계약이 끝나도, 노동자는 원청과 새로 계약한 도급·용역업체로 소속을 옮겨 그냥 일하는 경우도 있다. 원청 회사 입장에서도 자기 사업장에서 일을 해오던 노동자들이 계속 일하는 것이 더 좋으므로 마다할 이유가 없기 때문이다. 그러나 원청이 기존 업체와 재계약을 하지 않고 새로운 업체와 계약을 맺었다는 것은 결국 새 업체가 더 낮은 금액을 제시했다는 뜻이다. 노동자의 임금은 낮아진다. 그래서 같은 곳에서 줄곧 같은 일을 하는데, 매년 소속이 바뀌고 임금이 낮아지는 어처구니없는 일도 발생한다.

　흔히 용역이라고 하면 청소나 경비, 구내식당 등의 경우를 생각하지만 간접고용의 사례는 그뿐만이 아니다. 대기업 공장에서도 '사내하청'이란 이름으로 하청업체 소속의 노동자들이 일하고 있다. 심지어 사내하청업체들로만 운영하는 공장들도 있다. 굴지의 대기업 이름을 단 공장인데, 실제로 그 대기업의 직원은 사내하청업체들을 관리하는 몇몇 관리자뿐이고 생산라인에서 일하는 노동자 모두가 여러 사내하청업체 소속인 경우도 있다.

　도급·하청·외주 등을 업체가 아닌 노동자 개인과 계약하기도 한다. 이때 노동자는 그 회사의 직원이 아니라 개인사업자가 된다. 그렇지만 진짜로 자기 사업을 하는 게 아니라 회사 일을 하기 때문에 이를 특수고용 비정규직이라고 부른다. 보험설계사, 학습지 교사, A/S 기사, 골프장 캐디 등이 대표적인 특수고용 직종이다. 골프장 캐디들은 골프장에 출근해서 순번대로 필드에 나가 손님들을 보조한다. 손님을 끌어오는 것도 아니고 욕심을 낸다고 팀을 더 많이 맡을 수도 없다. 그야말로 자기 사업을 할 여지가 하나도 없고 골프장에 필수적인 일을 하는 직원인데, 형식적으로는 개인사업자다. A/S 기사도 마찬가지다. 회사에 접수된 고장신고에 따라 일을 배분받고 출장을 나갈 뿐이다. 보험설계사는 그나마 고객을 유치하는 만큼 돈을 벌 수 있으니 사업이라고 볼 여지가 있다고 할 수 있겠다. 그러나 이것도 생각해보면 결국 회사의 상품을 파는 것이니 영업직 사원과 다를 바 없다.

이처럼 어떤 회사에서 그 회사의 일을 하는 사람인데도 그를 고용을 하지 않고 개인사업자 신분으로 계약하는 것은 고용의 책임에서 벗어날 수 있기 때문이다. 반대로 노동자 입장에서 보자면, 특수고용 노동자는 임금노동자가 받는 보호와 혜택에서 배제된다. 쉽게 계약해지당할 수 있고, 사회보험도 회사가 부담해주는 부분 없이 전적으로 스스로 부담해야 하며, 정해진 임금 없이 건당 수당을 받을 뿐만 아니라 일하는 데 필요한 경비인데도 자비를 들여야 한다. 한마디로 실제로는 자기 사업을 할 여지가 없이 회사가 시키는 일만 하는데도 자영업자처럼 위험부담을 떠안게 되는 것이다. 그래서 이를 '위장 자영업자'라고도 한다. 실질적으로는 회사에 고용된 노동자나 다름없는데 형식적으로만 자영업자라는 뜻이다.

보통 기간제, 간접고용, 특수고용으로 비정규직의 유형을 분류하지만, 시간이 지날수록 고용방식과 일자리의 형태는 더욱 복잡해지고 있다. 요즘에는 애플리케이션 등으로 일이 있을 때만 노동자를 호출하거나 일감을 주는 플랫폼 노동도 많은 분야에서 늘고 있다. 이런 일을 하는 이들은 프리랜서라고 불리기도 하고, 특수고용 비정규직과 마찬가지로 임금노동자가 아닌 개인사업자로 분류되지만, 기업들이 일감을 주어야 일을 할 수 있는 노동자다. 앞으로 어떤 방식의 일자리들이 더 나올지 모른다.

3. 비정규직은 얼마나 될까?

비정규직 노동자는 얼마나 될까? 비정규직이 급속히 늘어나자 통계청에서는 2000년부터 경제활동인구조사에 근로형태별 부가조사를 추가했다. 경제활동인구조사에서는 전통적인 분류인 상용직·임시직·일용직만 조사할 수 있었는데, 근로형태별 부가조사로 여러 비정규직 형태들을 분별할 수 있게 되었다. 경제활동인구조사는 전국 인구 분포를 토대로 표본을 뽑아서 이 조사 결과로 전체 숫자를 추정할 수 있도록 설계되어 있다.

그런데 이 통계청의 자료를 통해 추산한 비정규직 규모는 분석하는 사람에 따라서 꽤 큰 차이를 보인다. 그래서 노동계가 비정규직 노동자가 전체 임금근로자의 절반이 넘는다고 주장하면 경영계는 3분의 1도 안 된다고 반박하거나 정부에서는 30~40퍼센트대라고 발표하는 경우도 있었다.* 같은 자료를 가지고 분석하는데도 왜 이렇게 차이가 날까?

가장 결정적 이유는 정규직을 기준 삼아 정규직이 아닌 것을 비정규직으로 정의하느냐, 비정규직의 형태를 규정하고 그 외의 것을 다 정규직이라고 간주하느냐에 따라 비정규직의 규모가 달라지기 때문이다. 고용노동부는 경제활동인구조사 근로형태별 부가조사의 문항에 따라 기간제, 간접고용(파견과 용역), 특수고용, 단시간근무라고 분류될 수 있는 숫자를 계산해 비정규직 숫자라고 발표한다. 노동계는 이에 더해 경제활동인구조사 본조사에서 임시직과 일용직으로 분류된 사람들을 모두 포함하여 계산한다. 임시직과 일용직이라면 일하는 기간이

---

* 예를 들어 2019년 경제활동인구조사 근로형태별 부가조사의 결과에 대해서 통계청은 비정규직 비율이 전체 임금근로자 중 36.4%라고 보도자료를 낸 반면(통계청, 〈2019년 8월 경제활동인구조사 근로형태별 부가조사 결과〉(보도자료), 통계청, 2019년 10월 29일), 한국노동사회연구소에서는 같은 자료를 가지고 41.6%라고 분석했다(김유선, 〈비정규직 규모와 실태: 통계청, '경제활동인구조사 부가조사'(2019.8) 결과〉, 《KLSI 이슈 페이퍼》 제118호, 한국노동사회연구소, 2019년 11월 27일). 특히 2005년의 경우 통계청의 발표에 따르면 36.6%인 반면 한국노동사회연구소에서는 56.1%라고 추산해서 무려 20%p 가까이 차이가 났다(김유선, 〈비정규직 규모와 실태: 통계청, '경제활동인구조사 부가조사'(2012.8) 결과〉, 《KLSI 이슈 페이퍼》 2012-06호, 한국노동사회연구소, 2012년 11월). 노동계는 정부 보도자료보다 한국노동사회연구소의 수치를 인용한다. 다른 한편 2001년 성신여대 경제학과 박기성 교수는 비정규직 비율을 26.4%라고 발표한 적이 있고 경총 등 경영계는 이 논문(박기성, 〈비정형근로자의 측정과 제언〉, 《비정형근로자의 규모와 실태》(한국노동경제학회 2001년 학술세미나 자료집)》, 한국노동경제학회, 2001)을 대대적으로 선전했다. 같은 해 같은 자료를 분석한 한국노동사회연구소의 비정규직 추정 비율은 58.4%였다(김유선, 〈비정규직 규모와 실태〉, 《노동사회》 55호, 한국노동사회연구소, 2001).

한정되어 있는데 당연히 기간제 비정규직에 포함될 것 같지만, 임시직이나 일용직 노동자 중에서도 "고용계약 기간이 정해져 있습니까"라는 질문에는 그렇지 않다고 대답하는 경우가 적지 않다. 대부분 공식적인 근로계약서를 작성하지 않고 고용계약 기간도 확정하지 않은 채 그때그때 상황에 따라 일하는 작은 영세사업장의 노동자들의 경우다. 당연히 임금을 비롯한 노동조건도 가장 열악한 집단이다. 노동계는 이들을 정규직이라고 볼 수 없으므로 비정규직에 포함해야 한다고 보는 반면, 경영계와 정부는 비정규직 분류 기준에 해당하지 않는다는 이유로 포함시키지 않는 것이다. 그러나 우리는 이러한 열악한 노동자들을 통상 정규직이라고 생각하지 않는다. 그리고 원래 비정규직이란 용어 자체가 정규직이 아닌 것을 의미하는 잔여 범주이므로, 이러한 노동자들은 비정규직에 포함하는 것이 더 적합하다고 보인다.

이처럼 정규직이 아닌 노동자를 비정규직으로 정의하고 비정규직 규모의 변화 추세를 보면, 2000년대 초반에는 전체 임금노동자의 55퍼센트를 넘어 60퍼센트에 가까웠다. 2006년부터 조금씩 줄어들기 시작해서 2011년부터는 50퍼센트 이하로 떨어졌고 2020년 즈음에는 40퍼센트 초반까지 떨어졌다. 이것은 두 가지로 해석할 수 있다.

하나는 비정규직 문제가 중요한 사회문제로 떠오르면서 비정규직을 줄이려는 노력이 있었다는 점이다. 정부에서도 공공 부문 비정규직을 줄이려는 정책을 시행해왔고, 민간 부문에서도 비정규직을 정규직화한 기업들은 여론의 칭찬을 받곤 한다. 이러한 사회적 압박이 비정규직을 줄이는 데 기여했다고 볼 수 있다. 다만 이런 정규직화 중 다수가 무기계약직이라는 데 한계가 있다. 앞서 말했듯이 무기계약직은 고용안정이라는 면에서 나아졌고 통계에서도 정규직으로 간주하나, 우리가 보통 생각하는 정규직에는 못 미치는 '중규직'이라는 문제가 있다.

다른 한편으로는 오히려 비정규직 고용형태가 너무 다양해지고 확산되어 통계에 잡히지 않는 측면도 생각해볼 수 있다. 당사자가 비정규직이라는 것을 채 깨닫기도 어려워지는 것이다. 비정규직의 형태가 초기에는 대부분 기간제 비정규직이었지만, 이에 대한 비판과 규제가 강해지자 점점 기업들이 간접고용이나 특수고용을 활용하려는 경향이 강해지고 있다. 그런데 간접고용이나 특수고용은 조사에서 잘 파악하기 힘들다. 기간제의 경우처럼 근로계약서에 고용형태가 명시되어 있지 않기 때문이다. 용역이나 도급 계약은 회사들끼리 맺는 것이라 노동자가 알 수 없기 때문에 조사에서 정확히 응답하지 못할 수도 있다. 특수고용 역시 조사에 이를 분별하는 문항이 있지만, 그 문항 전에 임금노동자인가를 묻는 문항이 있고 거기서 임금노동자가 아니라고 대답하면 특수고용을 판별하는 문항까지 가지도 않는다. 객관적으로는 특수고용 노동자지만 응답자 스스로 개인사업자나 자영업자라고 생각하면 이 조사에서는 정확한 고용형태를 파악하기 어려운 것이다.

세월이 지나면서 이런 일자리들이 옛날에는 정규직이었

다는 사실을 기억하는 사람들도 거의 없어졌다. 콜센터업체에 소속되어 다른 회사의 전화상담 업무를 담당해도 특별히 자기가 그 회사에 간접고용되었다고 생각하지 않는 노동자들도 많다. 응당 그런 일자리라고 보기 때문이다. 화물운송 기사들은 설사 회사가 시키는 일만 하더라도 자기 소유의 화물차가 있으니 스스로를 자영업자라고 생각한다. 이런 경우 응답 결과는 통계청 조사에서 비정규직으로 간주되지 않을 가능성이 높다.

결국 비정규직 규모를 두고 이런저런 논란들이 발생하는 것은 정규직과 비정규직을 가르는 기준에 따라 달라질 수 있기 때문이다. 하지만 사실 중요한 것은 정규직이나 비정규직을 정의하는 것도 아니고 정규직과 비정규직의 규모가 얼마나 되느냐를 추정하는 것도 아니다. 비정규직이 사회적으로 문제가 된 이유는 그것이 좋지 못한 일자리이기 때문이다. 우리는 좋지 못한 일자리의 문제를 비정규직이라는 이름으로 부르고 있는 것이다.

4. 비정규직의 문제: 삶의 불안정과 권리의 박탈

비정규직의 문제, 즉 좋지 못한 일자리의 특징은 다음과 같다. 첫째, 고용불안, 저임금, 현장에서 정규직과의 차별이다. 이는 비정규직 문제로 항상 거론되어 온 것들이다. 고용불안은 비정규직 유형을 막론한 공통적 특성이다. 기간제든 간접고용이든 특수고용이든 계약 기간이 끝날 때마다 주기적으로 실업의 위험에 노출되는 것이다. 저임금도 문제다. 사실 비정규직이라고 해서 반드시 저임금이어야 할 이유는 없다. 쓰다가 버릴(?) 비정규직에게 기업이 임금을 후하게 줄 리 없을 뿐이다. 다만 간접고용의 경우는 논리적으로 원청에 직접고용되었을 때 받을 수 있는 임금 몫보다 줄어든다고 할 수 있다. 중간의 용역·도급업체도 이윤을 남겨야 하므로 실제 일하는 노동자의 몫에서 그만큼 제하기 때문이다. 다른 한편 특수고용에서는 일감 건수에 따라 보수를 받기 때문에 열심히 일하는 사람은 같은 직종에서 정해진 월급을 받는 정규직보다 오히려 더 높은 소득을 올리는 경우들도 있다. 그러나 그것은 그만큼 자신의 몸과 마음을 혹사해가며 장시간 힘들게 일한 덕분이며, 그래서 특수고용 노동자들은 자기도 모르게 건강을 해치는 일이 많다.

고용불안과 저임금뿐 아니라 정규직과의 차별에서 느끼는 서러움 또한 적지 않다. 정규직과 비정규직이 섞여 일하는데 휴게실이나 탈의실이 다르고 비정규직은 통근버스도 못 타게 하는 사업장들도 있다. 명절에 정규직은 회사에서 선물이 나오는데 비정규직이라고 선물을 주지 않아서 서러움이 복받쳤다고 눈물을 훔친 노동자도 있다. 금전적으로만 따지면 별로 큰 건 아닐지라도 사람은 경제적 이해만 따지고 살아가는 존재가 아니다. 직장생활을 해본 사람이면 누구나 알 것이다. 경제적 소득 못지 않게 직장 분위기가 매우 중요하다는 것을. 이런 사소한 차별들이 비정규직 노동자의 마음을 멍들게 한다.

둘째, 비정규직 일자리의 특성이 노동자의 삶에 미치는 장기적인 영향 또한 봐야 한다. 바로 삶의 불안정이다. 우리는 일자리를 가지면서 사회에서 떳떳한 몫을 하고 있다고 느끼고 개인과 가족의 미래를 계획한다. 그런데 주기적으로 실업의 위험에 처하고 임금이 너무 적거나 불안정하다면, 삶과 미래를 기획할 수가 없다. 달리 말하면 희망을 갖고 살아가기가 어렵다.

당장의 경제적 소득 문제만이 아니다. 비정규직이란 경제적 소득과 업무의 질이라는 면에서 '발전'을 할 수가 없는 일자리를 의미한다. 한 회사의 정규직은 처음에는 임금도 낮고 단순한 업무를 하더라도 시간이 지나면서 경험과 기술이 쌓이면 그 회사의 규칙에 따라 임금이 상승하고 또 자율성과 책임성이 큰 업무를 맡아 승진할 기회도 있다. 그러나 회사가 어떤 유형이든 비정규직을 사용한다는 것은 그런 규칙을 적용하지 않겠다는 의미다. 비정규직으로는 아무리 오래 일해도 거의 임금이 올라가지 않고 좀더 중요하거나 새로운 업무를 맡아 배울 기회도 없으며, 따라서 일하면서 발전하고 성취할 수가 없다. 사람들이 당장의 소득이 더 적더라도 비정규직보다 정규직 자리를 선호하는 데는 이유가 있는 것이다. 정규직으로 일하면 고용, 임금, 경력 면에서 안정적이고 예측이 가능하기 때문에 주체적으로 삶을 계획할 수 있지만, 비정규직은 항상 불안하고 발전 가능성이 거의 없다. 한마디로 전망이 없는 일자리다. 비정규직은 노동자에게서 삶의 희망을 박탈한다.

셋째, 비정규직은 개인의 삶을 좀먹을 뿐 아니라 사회적으로 보장된 노동자의 권리를 무력화한다는 점에서 큰 문제가 있다. 노동자는 회사와 근로계약을 맺지만 계약의 양 당사자인 기업과 노동자의 힘은 동등하지 않다. 회사는 노동자 한 명이 없어도 운영에 크게 차질이 없지만, 노동자는 실직을 하면 생활에 큰 어려움이 생긴다. 따라서 칼자루를 쥐고 있는 쪽은 회사 측이고 그것을 이용하여 부당한 일을 할 수 있다. 예를 들어 더 임금을 적게 줄 수 있는 사람이 나올 때마다 직원을 해고하고 싼 임금으로 새로 고용한다면 전체적으로 노동자의 임금은 바닥을 향해 치달을 것이다. 계약에 없는 철야근무를 시켜도, 차일피일 미루면서 임금을 지불하지 않아도, 노동자는 항의하기 어려울 것이다. 이처럼 권력이 한쪽에 기운 상황의 균형을 맞추기 위해 노동자의 권리를 법으로 보호한다. 근로기준법이나 산업안전보건법 같은 노동법은 기업에게서 노동자를 개인적으로 보호하는 법이다. 노동자들이 단결하여 조직을 만들고, 회사를 상대로 단체교섭을 하고, 교섭을 위해 파업을 할 수 있는 권리인 노동3권 또한 법으로 보장하고 있다.

그런데 비정규직 고용을 통해 회사는 실질적으로 이 권리를 무화시키고 다시 칼을 들 수 있게 된다. 계약해지라는 날카로운 칼날. 비정규직 노동자들은 직장을 그만둘 각오까지 하지 않은 이상에야 부당한 일에 개별적으로 저항하기도, 노동조합을 결성하기도 쉽지 않다.

그 결과 비정규직 노동자들의 노동조합 조직률은 매우 낮다.* 기간제 노동자들은 굳이 노동조합에 가입하거나 노동조

합을 결성하려고 하지 않는다. 괜히 노동조합에 가입했다가 밉
보일 수도 있거니와, 어차피 오래 이 직장에서 근무하지 못하
고 기간이 만료되면 나가야 하니 노동조합에 가입해봤자 얻는
이익이 없다. 한국에서는 주로 교섭이 산별 단위가 아니라 개
별 기업 단위로 이루어지고 있기 때문에 더 그렇다.

간접고용의 경우도 마찬가지다. 노동조합을 결성해봤자
노동조건 향상을 위한 단체교섭을 제대로 할 수가 없다. 사실
용역·도급 회사는 독자적인 경영을 할 여지가 별로 없이 원청
과의 계약에 의존하기 때문에 노동자들의 노동조건을 향상시
키려면 실제로는 원청 기업이 결정을 해야 한다. 그런데도 원
청 기업은 간접고용 노동자들의 노동조합과 교섭할 의무가 없
다. 원청은 이들을 고용하지 않았고 자기 회사의 노동조합이
아니라는 것이다. 그러나 노동조건에 대해서 별 결정권이 없
는 용역·도급 회사의 사측과는 교섭을 해도 협의할 수 있는 사
항이 별로 없다. 용역·도급 회사가 노동자의 요구를 반영해서
원청에 더 높은 가격으로 계약할 것을 요청한다면, 원청 기업
은 계약을 해지하고 다른 업체를 찾을 것이다. 실제로 간접고
용 노동자들이 노동조합을 결성했다가 원청 기업이 용역·도
급 회사와의 계약을 해지하는 바람에 용역·도급 회사는 폐업

---

* 한국노동사회연구소에 따르면, 2019년 정규직 노동자의 노동조합 조직률은
19.3%인 데 비해 비정규직 노동자의 조직률은 2.5%에 불과하다. 김유선, 〈비
정규직 규모와 실태: 통계청, '경제활동인구조사 부가조사'(2019.8) 결과〉,
《KLSI 이슈 페이퍼》 제118호, 한국노동사회연구소, 2019년 11월 27일.

을 하고 노동자들이 실업자가 되는 일이 적지 않다.

특수고용은 실제로 직원처럼 기업의 일을 하지만 형식상으로는 개인사업자로 간주되는 '위장 자영업자'다. 특수고용 노동자는 노동법의 적용을 받지 않는다는 뜻이다. 근로기준법도, 산업안전법도, 노동조합법도 적용되지 않는다. 장시간 노동을 해도 보호받지 못하고, 노동조합을 결성해 회사와 교섭할 권리도 보장받지 못한다.

노동권은 역사적으로 노동자들의 끈질긴 투쟁과 사회적 합의로 수립된 제도다. 물론 기업 입장에서는 달갑지 않은 것이라 법이 있어도 제대로 지키지 않을 때가 많다. 노동위원회*에서 분쟁이 끊이지 않는 것만 봐도 알 수 있다. 그런데 이제 기업들은 비정규직 사용을 통해 합법적으로 노동권을 회피하고 사용자로서의 책임에서 벗어나는 방법을 알아냈다. 역사적으로 수립된 사회적 제도를 실질적으로 무력화시킨다는 점에서도 이에 대한 사회적인 대책이 필요한 것이다.

결과적으로 비정규직 일자리는 정규직에 비해 매우 불리하고 비정규직 노동자들은 삶의 불안정을 감내하면서 살아야 한다. 2020년 코로나19 바이러스가 전 세계적으로 퍼졌을 때,

---

* 노동위원회는 노동자와 기업 간의 분쟁을 조정하거나 판정하는 노동청 산하의 행정기관이다. 노동자가 부당한 일을 당하면 물론 법적으로 사측을 고소하여 법원의 판결을 받을 수도 있지만, 재판은 절차가 복잡하고 비용이 들어서 노동자가 포기하는 일이 많기 때문에 좀더 쉽게 행정적으로 판정을 내리는 기구를 둔 것이다.

비정규직이 먼저, 그리고 더욱 타격을 입었다. 항공사 직원들이 휴직에 들어갈 때 항공사의 용역업체에 고용되어 일하던 간접고용 비정규직 노동자들은 실직을 했다. 학교의 온라인수업으로 일이 없어져버린 방과후 교사들은 교육청이나 학교에 정식 채용된 것이 아니라 개인사업자로서 위탁계약을 맺은 특수고용 비정규직이었기 때문에 휴직수당도, 실업급여도 받지 못했다. 모두가 힘들다고 하지만, 그중에서도 분명히 더 힘든 계층이 있다. 비정규직은 이러한 위기에 더욱 취약한 일자리다.

5. 비정규직 문제의 해결책은?

비정규직이라는 고용형태 때문에 일하는 사람들이 더 불리하고 취약해진다면 이 문제를 해결해야 한다. 항시 필요해서 사용하는 인력은 정규직으로 고용해야 한다는 것이 원칙이 되어야 한다. 물론 일정 기간에만 인력이 많이 필요할 수 있다. 스키장은 평소에 비해 겨울 몇 달 동안 일할 사람이 훨씬 많이 필요할 것이다. 이런 경우에는 기간을 한정해 사람을 뽑아야 하는 것이 당연하다. 사내 전산망을 새로 구축하는 일처럼 일단 완성된 후에는 더 이상 그 일을 할 필요가 없는 프로젝트 성격의 일도 있다. 이때는 파견 노동자를 사용할 수도 있을 것이다. 그러나 대학 구내를 청소하는 일은 항상 해야 하는 일이다. 자동화가 진전되고 있어 필요 인력이 크게 줄어들 전망이 보이는 일자리도 아니다. 이런 일을 굳이 용역으로 간접고용할 이유가 없다. 이유도 없는데 노동자들의 고용이 불안정해지고 용역 업체의 중간 이윤 때문에 임금만 낮아진다. 이처럼 정당한 이유가 있을 때는 비정규직 고용을 허용하되 아무 이유 없이 비정규직을 사용하는 것은 규제해야 한다.

그런데 세계경제 상황의 변화에 유연하게 대처하기 위해 대기업들이 원래 기업 내에서 하던 일들의 많은 부분을 외주화해 다른 업체에 맡기는 것이 요즘 추세이다. 비록 원청 사업장 내에서 일을 하지 않을지라도, 외주·하청 기업의 노동자들 또한 바로 원청 대기업이 필요로 하는 일을 하고 있으므로 넓은 의미에서 보면 간접고용이라고 할 수 있다. 하지만 이들을 모두 원청 대기업이 직접고용하라고 할 수는 없는 노릇이다. 대기업은 세계경제 상황에 따라 사업 영역을 다양하게 변화시킬 필요가 있고, 외주를 받는 중소기업은 대기업들의 하청을 받아 경험을 쌓으면서 사업 역량을 키워갈 수도 있을 것이다. 그러나 하청을 주는 이유가 인력을 싸게 쓰기 위해서라면 문제가 있다. 원청 대기업이 지나치게 낮은 금액으로 외주를 주는 것을 규제할 필요가 있다.

또 원청의 사업장에서 일하고 실제로 원청에서 지시받는 간접고용 노동자들은 물론이요, 특정 원청 대기업의 외주에 일방적으로 의존하고 있는 하청 기업의 노동자들이 노동조합을 만들었을 때 원청도 집단교섭의 일원으로 참여해야 한다. 간접고용 노동자들이나 하청 기업 노동자들의 노동조건을 결정하는 데 실질적으로 원청의 의사가 중요하게 작용하기 때문이다. 이것은 한국에서 문제가 되고 있는 대기업과 중소기업 간의 노동조건 격차를 줄이는 데에도 기여할 수 있다.

또한 노동자의 개념을 넓힐 필요가 있다. 형식적으로 기업에 고용된 임금노동자가 아니라 개인사업자 신분으로 되어 있는 특수고용직, 프리랜서, 플랫폼 호출 노동자 역시 임금노동자와 동등한 노동권을 부여받을 수 있어야 한다. 이들 역시 자산을 가진 것이 아니라 스스로 일해서 먹고사는 사람들이다. 이들을 사용하는 기업들에게 사용자의 책임을 부여하여 노동기준을 지킬 수 있도록 해야 하고, 사회보험의 혜택도 임금노동자들과 동등하게 누릴 수 있도록 해야 하며, 이들도 노동조합을 결성해 사용자나 사용자단체와 집단교섭을 할 수 있도록 해야 한다.

일자리의 세계는 더욱 다양해질 것이다. 일차적으로 기업이 항시 필요한 인력은 정규직으로 고용하는 것을 원칙으로 해야 할 것이지만, 그런 원칙을 세우더라도 이에 포괄되지 않는 다양한 노동자들이 남을 것이다. 결국 불안정한 비정규직 일자리를 삶의 안정과 발전의 희망을 가질 수 있는 좋은 일자리로 바꾸는 것이 가장 중요하며, 이를 위한 사회적 제도와 정책을 만들어내는 것이 비정규직 문제를 해결하는 핵심이다.

정규직은 비정규직의 '적'인가?

경영계는 비정규직 고용의 이유를 정규직과 정규직 노동조합으로 돌린다. 정규직의 고용 및 임금의 경직성 때문에 정규직 채용을 꺼리게 된다는 것이다. 그러면서 정규직도 해고를 쉽게 할 수 있고 임금도 유연하게 줄 수 있으면 비정규직 고용을 줄일 수 있을 것이라고 말한다. 그런데 해고가 쉽고 임금이 불안정하면 그게 정규직인가? 정규직을 비정규직과 다름없는 수준으로 만들고 싶다는 이야기일 뿐이다.

경영계가 비정규직 문제를 정규직 이기주의 탓으로 돌리는 것은 어불성설이다. 비정규직 고용으로 이익을 보는 쪽도, 그것을 원하는 쪽도, 정규직 노동자가 아니라 기업이다. 정규직을 비정규직처럼 만들겠다는데 노동자와 노동조합이 반대하지 않을 수 있는가. 이기주의가 아니다. 모든 일자리의 비정규직화는 정규직 노동자와 노동조합뿐 아니라 국민들이 나서서 막아야 할 일이다.

하지만 회사에서 정규직과 비정규직이 서로 적대감을 갖고 갈등하는 일이 발생하는 것도 현실이다. 비정규직 고용으로 이익을 얻는 것은 원천적으로 사측이지만 정규직 노동자들이 거기에 편승하는 경우도 있기 때문이다. 기업의 잦은 구조조정으로 정규직도 고용안정을 확신할 수 없다. 비정규직이 있으면 구조조정 시 비정규직부터 해고할 테니 정규직은 피해가 덜할 것이라는 계산으로, 은근히 회사의 비정규직 고용을 묵인하기도 한다.

임금 때문에 정규직과 비정규직이 갈등할 수도 있다. 노동시간과 임금이 직결되는 공장에서 정규직 노동조합이 파업을 해 가동이 중지되면 비정규직도 일을 할 수 없어 임금이 줄어든다. 비정규직 노동자 입장에서는 정규직이 파업을 통해 임금을 인상해도 자신들에게는 혜택이 없을 뿐더러 오히려 파업 기간 동안 임금이 줄어드니, 정규직 노동조합이 비정규직을 배려하지 않고 자기들 이익만 추구한다고 비난하게 된다. 반대로 사내하청 비정규직 노동조합이 파업을 해 일을 못하게 되자 역시 임금이 줄어들게 된 정규직 노동자들이 회사 편을 든 적도 있다.

문재인 정부가 들어서면서 비정규직 문제를 해결하기 위해 정부가 모범을 보이고자 공공 부문 비정규직을 정규직으로 전환하고자 했다. 그러자 공공기관이나 공기업에서 일부 정규직 노동자들이 불만을 표시하기도 했다. 공공기관이나 공기업 채용 시험에 합격하려면 힘들게 공부하고 노력해야 하는데, 시험을 보지 않고 비정규직으로 근무하다 정규직이 되는 건 불공평하다는 것이다. 기분이 나쁠 수야 있겠지만, 곰곰이 따져보면 정규직과 비정규직을 가르는 기준이 시험이 될 수는 없다. 고용과 임금이란 일을 하는 데 정당하게 주어지는 것이지 시험에 합격한 포상이 아니기 때문이다.

실질적인 문제는 다른 데 있다. 공공기관이나 공기업은 정부에서 기관별로 인원이나 예산을 정한다. 비정규직을 정규직으로 전환하면 그만큼 채용 인원이 줄어들 수 있다. 수험생 입장에서는 합격 기회가 줄어든다고 생각하게 되는 것이다. 또 정부에서 지급하는 예산이 한정적이기 때문에 비정규직이

정규직이 되면 임금이 줄어들지 모른다는 우려도 생긴다.

종합해서 말하자면, 비정규직 고용이나 열악한 노동조건이 정규직 탓은 아니지만, 현실적으로 정규직과 비정규직 사이에 이해 갈등이 생기는 경우들은 있다는 것이다. 그러나 거시적으로 보면 정규직과 비정규직은 같은 세상에 있다. 정규직이라고 해서 계속 정규직에 머무르기 쉽지 않다. 구조조정이 있을 때마다 정규직에서 떨려나 결국 비정규직으로 일하게 되는 노동자들이 수없이 나온다. 비정규직 고용이 일반화될수록 기업들은 점점 더 정규직 고용을 꺼릴 것이다. 비정규직 노동자뿐 아니라 취업준비생이든 기존 정규직 노동자든, 사회 전체적으로 보면 비정규직 일자리가 아닌 정규직 일자리가 늘어야 모두에게 유리하다.

임금을 비롯한 노동조건 역시 당장은 정규직과 비정규직의 이해가 경합하는 경우들이 있지만, 길게 보면 비정규직이 많아질수록 정규직의 노동조건도 저하시키는 압박으로 작용할 것이다. 노동조합에 속하지 않은 비정규직이 많으면 파업을 해도 사측이 타격을 받지 않을 것이다. 실제로 제조업 생산 현장 같은 곳에서는 이미 그런 현상이 나타나서 정규직뿐 아니라 사내하청 비정규직이나 계약직 노동자도 가입시키거나 조직하는 노동조합들이 늘고 있다. 비정규직을 배제하고 정규직의 이익만 보호하기란 쉽지 않은 것이다.

노동통제:

회사는 노동자를 어떻게 길들이나

김혜진

1. 노동통제란 무엇일까?

'목구멍이 포도청'이라는 말이 있다. 회사에서 아무리 불합리한 일을 당해도, 혹은 불합리한 일을 하도록 요구를 받아도 노동자들은 저 말을 되새기며 순응하는 경우가 많다. 회사에서 쫓겨나면 먹고살기 힘들다는 이유로 문제가 있어도 참는 사람이 많다. 그 때문에 회사에는 잘못된 관행이 자리 잡고, 노동자들은 '회사는 원래 그렇다'고 생각하게 된다. 일상에서는 정의감도 있고 정치나 사회적 문제에 관심이 많은 노동자들이 회사의 문턱에 들어서는 순간 순응하는 자세가 되는 이유는 무엇일까.

회사는 노동자들이 말을 잘 듣고, 시키는 대로 하기를 원한다. 말로는 창의력 있는 사람을 원한다고 하지만, 창의력을 발휘해야 할 일부의 시간을 제외한 일상의 회사생활에서는 순응적이기를 원한다. 회사가 생산시설을 자동화하고 기계화하는 것은 주어진 명령에 따라 오차 없이 일이 시행되기를 원하기 때문이다. 그런데 사람은 기계가 아니다. 회사의 정책이 잘못되었다고 생각하면 문제를 제기할 수도 있고, 아프면 쉴 수도 있다. 노동조건이 안 맞으면 노조를 만들어서 싸울 수도 있다. 그러니 회사는 노동자들이 말을 잘 듣도록 여러 가지 통제장치를 마련하게 된다. '노동통제'란 노동자들이 기업의 지시에 따르도록 만드는 기업의 정책을 의미한다.

반대로 노동자들은 회사의 통제에 여러 가지 방식으로 저항한다. 노동자들은 단지 임금이 높다고 해서 회사에 애정을 갖지는 않는다. 회사의 문화가 수평적이고 노동자의 이야기를 잘 듣는 경우 노동자들의 만족도가 높지만, 노동자들의 의견을 무시하고 수직적인 문화만 있다면 노동자들은 자신이 일하는 회사에 애정을 갖기 어렵다. 한국에서 가장 큰 IT 기업인 네이버 노동자들이 노동조합을 만든 이유도 '수평적 문화'가 사라졌기 때문이라고 한다.* 노동자들은 일방적인 통제보다는 서로 수평적이고 협동하며, 편하게 의견을 낼 수 있는 구조를 바란다. 일터는 '노동통제'와 그에 대한 저항이 지속되는 공간이다.

2. 기업과 국가의 노동통제 방식은 어떻게 변해왔는가

1987년 이전을 회고하는 노동자들이 자주 하는 이야기가 있다. 회사가 군대 같았다는 것이다. 지각을 했다고 발로 정강이를 걷어차기도 하고, 관리자들이 정문 앞에서 두발단속을 하면서 바리캉으로 머리를 밀기도 하는 등 노동자를 함부로 대하는 경우가 많았다고 한다. 사회 전체가 권위주의적 군사문화 안에 있었기 때문에 관리자들이 노동자를 함부로 대하는 것이

---

* 네이버사원노조 공동성명, 〈선언문〉, 2018년 4월 12일. http://naverunion.com/%ec%84%a0%ec%96%b8%eb%ac%b8.

당연하게 여겨지던 시절이었다. 노동조합이 없었기 때문에 노동자들이 집단적으로 대응하지 못했고, 정부가 노동조합의 활동을 억누르고 있었기 때문에 기업은 자유롭게 노동자들을 통제할 수 있었다.

따라서 기업은 고용관리나 임금관리 등 기초적인 노무관리만 했고, 임금과 노동조건도 기업이 일방적으로 결정했다. "내 눈에 흙이 들어가기 전에는 절대 노조를 인정하지 못한다"라던 현대그룹 정주영 회장의 이야기처럼 기업들은 노조를 전혀 인정하지 않았다. 노조를 만들려는 시도가 있다 하더라도 '노조가 생기면 회사가 망한다' '노동조합은 불순분자, 빨갱이들만 하는 것'이라고 협박하고 회유하면서 노동자들이 노조에 가입하지 못하게 만들었다. 그러다보니 설령 노조가 있어도 회사의 노무관리 기구로 역할을 하는 어용노조인 경우가 많았다.

1987년 '대통령 직선제'를 외치면서 시민들이 거리로 나오기 시작했다. 1987년 대학생 박종철이 고문을 받다 숨진 사실이 알려지고, 전두환 정권이 '헌법수호'를 외치며 직선제 개선을 하지 않겠다고 선언하자 시민들은 '호헌철폐 독재타도'를 외치며 민주주의를 갈망했다. 1987년 시민들의 민주화운동은 정부를 굴복시켰고, 대통령 직선제를 이루었다. 그 이후 거리에서의 시민행동은 멈추었지만 일터에서는 새로운 움직임이 시작되었다. 1987년 7월부터 9월까지 단 세 달 동안 1,361개의 노동조합이 만들어졌다. 노동조합은 대세가 되었다. 노동자들은 현장의 민주주의, 임금 인상과 노동조건 개선, 그리고 노동권의 제도적 보장을 요구했다. 그때부터 노동조합은 한국 사회에서 발언권을 얻었다.

1987년 이후 전국 각지에서 노동조합이 결성되자, 권위주의적 노동통제는 지속되기 어려웠다. 노동조합을 통해 노동자들이 목소리를 내기 시작했기 때문이다. 이때부터 기업들은 본격적인 노무관리를 시작한다. 자동차업종과 조선업종 등 일부 대기업을 중심으로 새로운 노동통제 방식이 진행되었다. 새로운 인사조직관리, 노무관리, 임금체계, 직급체계가 개발되었고, 노동자의 의식을 바꾸려는 기업문화운동도 시작되었다. 분임조를 만들고 개선안을 낸 노동자들에게 높은 인센티브를 도입하는 등 노동자가 기업의 일원이라는 인식을 높였다. 관리자들에게 더 많은 권한을 주고 관리자들이 작업자들의 경조사까지 챙기도록 했다. 대기업들이 주로 이런 방식을 택했다. 그러나 여전히 노조에 대해서는 적대적이었다.

이 시기에 정부는 말로만 '노사자율'을 외쳤다. 억압만으로는 노동자들의 불만을 잠재울 수 없었기 때문에 최저임금제 적용, 국민연금제, 근로기준법, 산업재해보험, 주택금융, 사내복지기금 확대 등 다양한 제도를 통해서 노동자들의 만족도를 높이려고 했다. 그렇지만 노동자들이 투쟁을 하려고 하면, 노사자율이라는 명분이 무색하게 노동자들의 파업을 무너뜨렸다. 정부는 '무노동 무임금'이라는 논리를 내세워 노동자들을 경제적으로 압박했고, 노동자들이 파업을 할 경우 공권력 투입도 서슴지 않았다. 노동자들의 자발적인 동의를 끌어내면서도 그것에 저항하는 노동자들은 강하게 탄압하는 이중 전략을 취한 것이다.

1997년 경제위기 이후에는 상황이 많이 달라졌다. 정리해고제와 근로자파견제가 도입되었다. 구조조정이 시작되고 노동자들이 대거 해고되었다. 노동자에게 잘못이 없어도 경제위기가 오면 언제라도 해고될 수 있다는 두려움으로 노동자들은 각자 살 길을 모색할 수밖에 없었다. 기업은 노동자들을 해고한 자리에 비정규직을 채용하기 시작했다. 정규직의 임금과 노동조건을 지켜주는 대신 비정규직 노동자들에게는 저임금과 불안정노동을 강요했다. 비정규직 노동자들은 언제라도 해고될 수 있기 때문에 기업의 눈치를 볼 수밖에 없다.

노동자들은 정규직과 비정규직으로 갈라졌다. 기업은 비정규직 노동자를 눈에 보이게 차별한다. 그러면 정규직들은 허구적인 우월감을 갖게 되고, 더 낮은 위치로 떨어지지 않기 위해 회사에 충성한다. 비정규직 노동자들은 권리를 찾으려고 할 경우 해고될 위험이 높기 때문에 나서지 못한다. 그러면서 점점 무기력해진다. 기업은 이제 노동자들을 더 세밀하게 나눈다. 직무에 따라 나누고, 나이에 따라 나누고, 성별에 따라 나눈다. 차별이 지속되면 고용형태는 신분이 되고 기업은 손쉽게 노동자들을 통제할 수 있게 된다. 2000년대 이후 기업은 노동자를 갈라서 위계화하는 방식으로 노동통제를 행한다.

지금은 과거처럼 정부가 직접 경찰병력을 동원해 노동조합을 파괴하지는 않는다. 쌍용자동차 노동자들의 정리해고 투쟁에 경찰병력을 동원한 것은 어찌 보면 예외적인 상황이다. 그렇다고 해서 정부가 노동조합 활동을 인정하고 독려하는 것은 아니다. 오히려 '법'으로 노동자들을 통제하는 경우도 많아진다. 노동조합의 투쟁은 법률로 보장되어 있지만, 보장을 받으려면 매우 복잡한 절차를 거치도록 해서 언제라도 '불법'으로 규정당할 수 있다. 투쟁이 불법으로 규정당하면 기업과 사법부는 '손해배상'으로 노동자들을 압박한다. 쌍용자동차 노동자들은 222억 원의 손해배상액을 청구당했고, 구미의 KEC는 161억 원, 울산 현대자동차 비정규직 노동자들은 192억 원, 유성기업 노동자들은 58억 원의 손해배상 청구를 당했다. 법과 돈으로 노동자들의 권리 행사를 가로막는 것이다.

3. 노동자는 일터에서 어떻게 통제되고 있나?

지금도 일터에서 폭력이 자행된다. 사회가 민주화되고 일터에서도 변화가 많아진 것 같지만 본질은 크게 달라지지 않았다. 창조컨설팅이라는 회사가 있다. 노무관리 전문업체로, 노동조합을 무너뜨리고 회사의 지배를 강화시켜주는 일을 하는 회사다. 창조컨설팅은 회사에게 다음과 같은 것을 주문한다. 우선 회사에서 마음대로 부릴 수 있는 사람들을 입사시키고, 그들이 현장에서 노조 조합원들에게 수시로 시비를 걸어 분쟁을 유도한 후, 고소·고발을 하도록 한다. 단체협약을 회피해서 노조가 투쟁하도록 유도하고, 노조가 파업을 하면 직장폐쇄를 한 뒤 용역깡패를 동원해 위협한다. 유성기업이라는 회사에서 2011년부터 10년간 이런 일이 벌어졌고, 2020년 말에야 유성기업은 노조를 인정했다. 그러나 이 과정에서 세 명의 노동자가 죽음에 이르렀고, 노동자들의 정신건강도 심각한 수준이 됐다. 유성기업의 회장과 창조컨설팅 대표가 노조파괴 혐의로 실형을 받기는 했지만, 이런 일이 벌어졌다는 것 자체가 기업이 이런 수단을 사용할 수 있을 정도로 현장의 권리가 무너졌다는 방증이다.

물론 지금은 폭력보다는 성과경쟁 방식이 더 많이 활용된다. 박근혜 정부는 공공 부문에 성과주의 임금체계를 완전히 도입하려고 했다. 지금은 많은 기업이 근속에 따라 임금이 올라가는 호봉제를 채택하고 있는데, 임금의 기준을 성과로 삼아서 성과에 따라 임금이 달라지는 체계를 만들면 노동자들이 더 열심히 일을 할 것이라고 보는 것이다. 그런데 성과는 계량되지 않는 경우가 많으므로 성과를 누가 측정하는가가 중요하다. 상급자들이 일방적으로 성과를 측정하면, 노동자들은 상급자들에게 잘 보여야 한다. 불만이 있어도 말할 수 없다. 그러면 상급자들은 노동자들을 자기 마음대로 부릴 수 있게 된다. 여기에 더해 성과가 계속 낮은 사람을 해고할 수 있는 저성과자 해고제도까지 도입되면 노동자들은 살아남기 위해 상급자와 기업에 순응하게 될 것이다. 문재인 정부가 들어서면서 저성과자 해고지침은 철회했지만 임금체계를 성과 중심으로 바꿔서 노동자들을 경쟁시키는 방안은 '직무성과급제'라는 형태로 계속 시도되고 있다.

노동자들을 갈라놓는 노동통제 방식도 계속된다. 대기업이나 공기업들은 신규 채용을 줄이고, 비정규직을 늘리고 있다. 정규직으로 가는 길은 점점 좁아진다. 시험을 통과해서 정규직이 된 이들은 자신의 높은 임금과 좋은 노동조건이 자신의 능력 때문이라고 믿게 된다. 그래서 시험을 보고 들어오지 않은 노동자들을 무시하거나 차별하며, 그 노동자들의 저임금을 정당화한다. 모두가 연결되어 하나의 일을 하는데도, 누구는 정규직, 누구는 무기계약직, 누구는 기간제, 누구는 파견직으로 노동자들의 고용형태를 나누고, 중요한 일과 중요하지 않은 일, 핵심적인 일과 그렇지 않은 일 등으로 직무를 나누어 노동자들을 차별하기도 한다. 이렇게 되면 노동자들은 단결할 힘을 잃어버린다.

레미콘 회사가 노동자들에게 일을 시키면 당연히 레미콘의 기름 값이나 보험료를 회사가 지불해야 한다. 그런데 노동자들에게 레미콘 차량을 강제로 팔아넘기고 위탁계약을 맺는 형식으로 위장한 이후 그 금액을 노동자들이 지출하게 됐다. 이 노동자들은 일을 하지 못할 때 수입이 없다. 그런데 차량 값과 보험료 등은 계속 지출되므로 절대로 쉴 수 없고 일감을 주는 회사에 매달리게 된다. 회사가 고정급을 주지 않고 일한 양에 따라 임금을 주게 되면 노동자들은 자발적으로 더 많은 일을 하게 된다. 생존과 연계되어 있기 때문이다. 일의 양이 변동하는 리스크를 회사가 지지 않고 노동자들에게 떠넘기는 것도 새로운 노동통제 방식 중 하나이다.

노동통제를 은폐하기도 한다. 판매노동자들은 폭언을 하거나 '갑질'을 하는 고객들 때문에 괴롭다. 하지만 판매노동자들에게 친절을 강요하고 그런 폭언이나 갑질에도 무조건 "죄송하다"라고 답하도록 매뉴얼을 만드는 것은 회사이며, 고객들에게는 당신들이 구매하는 상품에는 친절의 비용도 포함되어 있으니 노동자들에게 함부로 해도 된다고 속삭이는 것도 기업이다. 기업들은 노동자들의 친절을 더불어 판매해 이윤을 얻으면서도 마치 고객들의 갑질이 문제인 것처럼 자신의 책임을 떠넘긴다. 불합리한 상황에서도 왜 노동자들이 친절한 태도를 취해야 하는가를 고민해야 문제의 원인을 알 수 있다.

'관행'도 매우 강력한 노동통제 수단이다. 드라마를 만드는 방송 스태프는 20시간이 넘는 노동을 할 때가 많다. 이런 말도 안 되는 장시간 노동을 하면서도 '방송계는 어쩔 수 없다'고 생각한다. 장시간 노동은 드라마 업계의 관행이기 때문에 이것을 견디지 못하면 여기에서 일할 자격이 없는 것처럼 생각하도록 만드는 것이다. 하지만 사전제작이 일상이 되면 지금과 같은 장시간 노동의 필요성은 사라진다. 왜곡된 드라마 제작 구조를 바꾸지 않으려고 관행을 정당화해버린 것이다. 관행에 문제의식을 가져야 노동자들도 자기 권리를 찾을 수 있다.

기업은 소송을 활용한 노동통제도 한다. 기업은 노동자들에게 여러 '서면동의'를 받는데, 노동자가 이를 거부하기는 어렵다. 그래서 자신의 임금에 대해 외부에 말하지 않겠다는 동의서에 서명하고, 기업의 여러 현황에 대해 말하지 않겠다는 동의서에 서명한다. 그렇게 서명을 하게 되면 노동자들은 자기가 받은 임금이 부당해도, 기업의 잘못을 알아도 문제를 제기하기 어렵다. 문제 상황을 두고 동료끼리 이야기를 나누어야 집단적으로 문제를 해결할 수 있을 텐데, 문제점을 밖으로 내보내는 순간 소송의 대상이 되어버리니 노동자들은 침묵하게 된다. 기업들은 소송에서 이기든 지든 '소송을 하겠다'는 것만으로도 노동자들을 위축시킬 수 있으므로 소송을 활용한다.

1987년과 지금은 많이 다르다고 한다. 하지만 군대식으로 노동자들을 통제하든, 경쟁과 성과로 노동자들을 통제하든 노동자들이 기업의 요구에 순응하도록 만드는 방식이라는 점에서 본질은 하나도 달라지지 않았다.

4. 노동통제의 효과

기업의 노동통제는 노동자들을 갈라놓아서 단결하지 못하게 하고, 회사에 잘못된 일이 있어도 말하지 못하게 만든다. 이런 통제에 길들면 일터의 비민주성과 갑질을 당연한 것으로 인식하게 된다. 뭔가 잘못되었다고 생각해도, "회사생활이 원래 그렇지" 하고 자조적으로 이야기하고 만다. 노동통제에 길든 것이다. 그래서 회사는 점점 비민주적인 곳이 되어가고, 노동자들은 일터에서 미래를 보지 못하며, 즐겁지 못한 노동을 하느라 속으로 화가 쌓인다. 그리고 자신이 당한 것처럼 다른 약자들에게 분노를 터뜨리기도 한다.

폭력은 노동자들을 매우 무기력하게 만든다. 기업은 폭력이 노동자를 복종시키는 효과적인 수단이라는 걸 알고 있기 때문에 폭력을 구사하기도 하고 일터에서의 폭력을 묵인하기도 한다. 2018년 한국미래기술 양진호 회장이 회사를 그만둔 직원을 회사로 불러 폭행하는 장면이 언론에 보도되었다. 이 장면에 등장하는 그 회사의 직원들은 잔인한 폭력이 자행되는 중에도 모르는 척 자기 일에만 열중하고 있다. 이미 그런 상황에 길들어 자존감과 문제의식이 훼손된 채 잔인한 폭력을 수용한다. 지금 우리 일터의 모습이 이러한 것이 아닐까. 2018년 말에 '일터괴롭힘'을 규제하는 근로기준법 개정안이 국회를 통과했다. 실효는 거의 없지만 일터에서의 폭력이 범죄라는 사실을 분명히 했다는 점에서 의미가 있다.

아마도 일터에서 직접적인 폭력은 점차 없어지겠지만 성과주의 경쟁은 더욱 확대될 것이다. 지금 노동자들에게는 노력하면 지금보다 더 나은 삶을 살 수 있다는 믿음이 없다. 다른 이들과 더불어 살 수 있다는 인식도 별로 없다. '노오력'을 해야 간신히 생활을 유지할 수 있고, 만약 경쟁에서 패배하기라도 하면 삶이 완전히 파괴된다는 두려움이 있다. 그러니 노동자들은 각자도생을 하되, 경쟁에서 이겨야 살아남는다는 인식을 체화하게 되었다. '함께 살자'는 구호는 시대에 동떨어진 것이 되었고, 노동자들은 조금이라도 다른 이들을 짓밟고 올라가려고 노력한다. 그야말로 기업이 바라는 바다.

노동자는 자신의 우월감을 확인하고 싶어 한다. 기업은 이런 우월감을 유지하도록 노동자들의 복장을 차별하고, 이름표를 다르게 만들며, 식권의 색깔을 다르게 만든다. 끊임없이 '너희들은 다르다'라는 걸 인식시킨다. 기업의 일상적 차별 속에서 우월감을 가진 노동자들은 자신보다 낮은 위계에 놓인 노동자와의 비교를 통해서 만족감을 얻는다. 반면에 어떤 노동자들은 비정규직이라는 이유로 고용이 불안정할 뿐 아니라, 자신의 역량을 발휘할 수 있는 기회에서도 배제되고 차별에 시달린다. 그렇게 되면 자신이 하는 일에 자부심을 갖기 어려워진다. 기업은 이런 노동자들을 일회용품처럼 사용하고 버린다.

노동자들은 일을 하면서 자부심도 가져야 하고, 주도적으로 일을 할 수 있어야 하며, 함께 일하는 사람들과 힘을 합쳐 일을 완수하는 기쁨을 누려야 한다. 그런데 지금의 일터는 그와 거리가 멀다. 일은 고통이 되고, 동료들은 경쟁자가 되고, 같은 현장에 있는 이들도 고용형태에 따라 위계화된다. 관료적 체계에서 자율적으로 결정할 수 있는 일이 없다. 노동자들은 일터에서 숨이 막힌다. 가장 많은 시간을 보내는 일터에서 민주주의를 경험하지 못하면 노동자는 무기력해지고, 자신이 존중받을 권리가 있는 존재임을 잊게 된다. 노동자를 무기력하게 만드는 '노동통제'에서 벗어나 노동자가 자율적인 존재가 되어야 우리 사회의 민주주의도 제대로 이루어질 수 있다.

5. 노동통제에 저항하는 흐름

기업이 노동자들을 통제의 대상으로만 여기고 어떻게 순응하게 만들 것인지만 고민한다면 노동자들은 그에 맞서 싸울 수밖에 없다. 노동자는 사람이며, 자존감이 있고, 단결을 통해서 자신의 권리를 찾기 위해 노력하는 존재이기 때문이다. 이전의 병영적 통제에 저항해 1987년 노동자들은 "인간답게 살고 싶다"고 외쳤다. 경쟁과 위계에 피폐해진 지금 노동자들은 "모든 노동자들에게는 권리가 있다"고 외치며 싸운다. 노동자들을 갈라놓고 경쟁시키고 위계화하는 구조에 질문을 던지는 것이다.

이런 저항의 출발은 '말하기'이다. 내가 겪은 일터에서의 경험이 부당하다고 말하는 것에서 변화는 시작된다. 지금까지 일터에서 벌어지는 문제는 일터 내부의 문제이거나 개인의 잘못으로 치부되었다. 그런데 2016년 말부터 2017년 초까지 벌어진 촛불집회 이후 많은 노동자들은 밖을 향해 말하기 시작했다. 대표적인 것이 2017년에 만들어진 '직장갑질119'라는 오픈채팅방이었다. 이 오픈채팅방은 만들어진 지 1주일 만에 참여인원이 1,000명을 넘어섰고, 적극적으로 많은 이들이 자기 현장의 문제점을 고발했다. 임금체불이나 부당해고 등의 문제를 넘어서 성희롱과 선정적인 장기자랑, 폭력, 회사에서 문제를 제기한 사람들에 대한 집단적 괴롭힘, 일상적 차별 등 여러 문제들이 쏟아졌다. 그것이 기사화되고 많은 사람들이 공분하면서 '일터괴롭힘'을 규제하는 근로기준법 개정에까지 이르렀다. 이렇게 목소리를 내는 것이 변화의 시작이다.

그러나 개별적 구제나 여론화는 변화의 시작일 뿐, 그것이 곧바로 현장 내부에서 노동자들이 주체가 되는 것으로 이어지기는 어렵다. 그래서 노동조합을 만드는 것이 매우 중요하다. '선정적인 장기자랑'에 문제를 제기했던 한림대 성심병원 노동자들을 진짜 괴롭힌 것은 그 장기자랑이 아니라 화상회의를 통해 불필요한 일을 강요하는 분위기였다. 노동자들은 노동조합을 만들어 불필요한 업무지시를 없애고 위계적이고 권위적인 현장을 변화시켰다. 방송사 스태프도 '방송갑질119'라는 이름으로 모여 노동조합을 만들어 '방송계는 어쩔 수 없다'는 기존의 관행에 도전하면서 장시간 노동을 없애나가고 있다. 이렇게 많은 노동자들은 노동조합을 통해 노동통제에 대응한다.

노동조합이 힘을 가질 수 있는 이유는 개인이 아니라 집단이기 때문이다. 일터괴롭힘은 단지 성격 나쁜 직장 상사의 문제가 아니라 이를 통해 위계를 확인하고 문제를 제기하는 노동자들을 몰아내는 노동통제의 일환이다. 노동자들이 이 문제를 '개인'의 문제가 아니라, 노동통제로 인식하고, 노동자 모두의 문제로 인식하면 당연히 대응 방안도 달라진다. 성폭력이 구조적인 차별과 폭력으로 여성의 지위를 낮게 유지하려는 통제 전략이기에, 잘못을 저지른 한 사람을 처벌하는 것에 그치지 않고, 해당 조직문화가 변화하는 데까지 이어져야 하는 것처럼 말이다.

특히 지금의 노동통제가 노동자를 개별화해 경쟁시키는 방식이기 때문에 노동자들이 경쟁을 거부하고 '함께 살겠다'고 선언하면 노동통제는 쉽게 가동되기 어렵다. 공공 부문 노동자들이 박근혜 정부가 시도한 성과연봉제를 거부했던 것은 노동자들을 차별하고 경쟁시키는 구조에 대한 저항이었다. 2016년 성과연봉제 도입을 조건으로 공공기관들이 무려 1,600억 원의 인센티브를 받았던 바가 있다. 그런데 노동자들은 성과연봉제 도입을 막아낸 후, '공공상생연대기금'이라는 비영리기관을 만들어 이미 제공된 인센티브를 출연하고 그 기금을 비정규직과 청년 노동자들의 권리보장을 위한 기금으로 사용하고 있다. 이렇게 노동자들이 공동으로 대응하면 성과연봉제라는 경쟁구도는 힘을 잃는다.

2016년 구의역에서 스크린도어를 수리하던 19세의 비정규직 노동자가 사망한 이후, 서울시는 서울지하철과 도시철도공사에서 일하던 노동자들의 생명과 안전을 지키기 위해 비정규직 하청 노동자들을 무기계약직으로 전환했다. 그러나 정식으로 정규직화하지 않고 무기계약직이라는 별도의 직군을 만드는 방식이었기 때문에 노동자의 안전을 지키는 데에는 한계가 있었다. 노동자를 직군에 따라 갈라놓는 것이 위험을 가져온다는 노동자들과 시민단체의 목소리를 반영해 서울교통공사는 2018년에 무기계약직 노동자들을 정규직으로 전환했다. 그런데 그 과정에서 일부 정규직 노동자들은 '시험을 보지 않고 비정규직을 정규직으로 전환하는 것은 공정하지 않다'며 반대를 하기도 했다. 그 과정에서 정규직과 비정규직은 갈라지고 마음에 상처를 입게 되었다. 정규직 전환을 통해 서울교통공사라는 같은 조직에서 일하게 되었지만, 서로를 존중하지 않고 위계가 남아 있으니 노동자들의 통합은 쉽게 이루어질 수 없었던 것이다. 그래서 정규직 전환을 한 이후에도 노동자들이 통합을 위해 소통하고 공동의 과제를 해결하기 위한 노력을 기울여야 한다. 많은 공공기관에서 정규직과 비정규직의 갈등이 발생하고 있다. 하지만 노동자들의 통합을 이루기 위해 지난하게 노력하는 노동자들이 있기 때문에 노동자들을 위계화하는 현장통제를 이겨낼 가능성이 있다.

노동자들은 노동통제로 인해 어려움을 겪을 때 누가 책임자인가를 생각해왔다. 기업들이 콜센터 노동자들의 감정노동이 '진상 고객' 때문에 생기는 것이라고 할 때 노동자들은 '전화를 끊을 권리'가 더 중요하다고 말했다. 기업들은 '고객이 왕'이라고 하면서 콜센터 노동자들에게 무조건 친절을 강요하고 그것을 점수로 만들어 통제해왔다. 전화를 자유롭게 끊을 권리가 없기에 '진상 고객'에게 고통을 당해야 했던 것이다. 그래서 노동자들은 '진상 고객 해결'이 아니라 '전화를 끊을 권리'를 요구함으로써 이 문제의 해결 주체는 바로 기업이라는 점을 분명히 했다.

노동자들은 노동자들에게 자발성을 강요하는 구조에 대해서도 저항했다. 학습지 회사가 '당신들은 사장님'이라며 고용계약 대신 위탁계약을 맺고 임금도 성과급제로 만들어 노동자들을 통제하려고 할 때, 노동자들은 '우리는 사장님이 아니라 노동자'라고 이야기하며 노동조합을 만들고 투쟁했다. 이때 '사장님'이라는 호칭은 명백하게 노동통제를 은폐하는 도구다. 자신이 '사장님'이 아니라 '노동자'라는 것을 분명히 하기 위해서 학습지 노동자들, 화물 노동자들, 택배기사들을 스스로를 '노동자'로 호명하며 싸워왔다. 기업이 책임의 주체라는 것을 적극적으로 밝히기 위해서였다.

노동자들이 노동통제에 저항해온 과정은 민주주의를 일터에서 구현하는 과정이기도 했다. 노동자들을 더 쥐어짜기 위해 노동자를 갈라놓고 무기력하게 만들고 의식을 통제하는 기업의 노동통제에 맞서 노동자들이 자부심을 갖고 권리를 갖기 위해 싸웠다. 기업의 선의에 자신의 삶을 맡기는 대신 노동자들이 목소리를 내고 단결하여 함께 대응하고자 했다. 노동자들은 기계가 아니며 권리를 가진 주체이고 기업을 이루는 핵심적인 구성원이기 때문이다.

저공은 몇 개의 도토리를 빼앗아갔나

조삼모사라는 말이 있다. 《장자》의 〈제물론〉 편에 나오는 이야기이다. 춘추전국 시대에 저공이라는 사람이 원숭이들을 키우고 있었는데 저공이 원숭이들에게 하루에 8개 주던 도토리를 7개로 줄이려고 했다. 그래서 원숭이들에게 도토리를 아침에 3개, 저녁에 4개 주겠다고 제안하자 원숭이들이 화를 내며 거부했다. 이에 저공이 아침에 4개, 저녁에 3개를 주겠다고 다시 제안했더니 원숭이들이 기뻐하며 박수를 쳤다고 한다.

　우리는 흔히 이 고사성어를 원숭이들의 어리석음으로 이해한다. 어차피 7개로 줄어드는 건 동일한데, 아침에 3개를 준다니 반대하고 저녁에 3개 주는 것에는 찬성하니 말이다. 그런데 이것이 꼭 어리석은 일일까? 원숭이들이 자신의 힘으로 하루 8개의 도토리를 유지할 수 있다면 좋겠지만, 그게 힘든 상황에서 집단적 목소리로 자신들의 의사를 반영했다는 점에서는 의미가 있지 않을까. 7개로 줄었다는 점에서는 차이가 없을지라도 이후에 저공이 일방적으로 도토리의 개수를 바꾸지는 못할 것이다.

　그런데 저공이 지금의 기업가라면 다른 수단을 생각했을 것이다. 높은 막대기를 하나 걸쳐놓고 이곳을 뛰어오르는 원숭이를 선착순으로 선발하여 10개를 주고, 못 오르는 원숭이들은 4개를 준다고 말하는 것이다. 그러면 원숭이들은 열심히 뛰어오르기 위해 노력할 것이고, 그 결과 10개를 먹는 원숭이들은 이것이 자신의 노력의 대가라고 여기게 될 것이다. 그러면 저공은 원숭이들의 저항에 부딪치지 않고 도토리의 개수를 줄일 수 있다.

원숭이들이 단결하여 경쟁을 거부하고 도토리를 제대로 내놓도록 요구해야 자신의 먹이를 제대로 지킬 수 있다. 이런 경쟁으로 저공이 몇 개의 도토리를 원숭이들에게서 빼앗아갔는지를 질문해야 한다. 경쟁에서의 승리가 중요한 것이 아니라 누가 왜 이런 규칙을 만들었는지, 그 과정에서 노동자 전체는 과연 자신의 몫을 제대로 지키고 있는지를 헤아릴 수 있어야 한다.

일터 민주주의:

존엄한 존재로 관계 맺기

엄진령

1. 일터이자 삶터인 기업

그곳은 빌딩의 사무실일 수도 있고, 벽으로 둘러쳐진 공장일 수도 있다. 수많은 사람들이 드나드는 백화점이나 마트일 수도 있고, 민원인이 드나드는 주민센터일 수도, 또 방송 프로그램을 만들어내는 방송국이나 제작사일 수도 있다. 출퇴근을 위해 타고 지나는 버스와 전철, 도로 역시 대중교통을 운행하는 노동자들의 일터이고, 도로를 청소하는 노동자들의 일터이다. 주택가라고 다르지 않다. 배달을 위해 가정을 방문하는 택배 노동자, 우편 노동자의 일터는 물류센터와 우체국에 국한되지 않고, 그들이 다니는 길로 연결된다. 생활폐기물을 수거하는 노동자들의 일터 역시 폐기물 처리장만이 아니라 동네의 골목골목이기도 하다. 이처럼 일터는 곧 우리 사회이고, 우리가 지나는 곳은 모두 누군가의 일터이다.

노동자는 누군가에게 고용되기 때문에, 그 계약에 따라 해야 하는 업무가 주어지고, 그 업무를 수행할 때 지켜야 하는 책무들이 주어진다. 업무를 제대로 완수하기 위해 정해진 시간 동안 노동해야 하거나, 맡겨진 실적을 채워야 한다. 그리고 그 시간을 지키지 못하고 실적을 달성하지 못하면 그에 책임이 따르기도 한다. 이렇게 계약으로 이어지는 고용관계는 당사자인 노동자와 사용자인 기업 사이에 사회가 개입할 수 없다고 느끼게도 만든다. 고용관계는 계약의 내용에 지배될 뿐, 그 계약에 제3자가 쉽게 끼어들 수 없다고 생각하고 마는 것이다.

그러나 노동자의 일터는 사회와 그물처럼 연결되어 있다. 일터도 사람이 살아가고 있는 이 사회의 한 부분이며, 내가 살아가는 곳곳에서 나의 삶과 그들의 노동이 마주친다. 그 마주침 가운데 고용관계의 내용은 곧 다른 이의 삶이나 노동과 연계되며, 우리 사회의 한 부분으로서 그 계약의 내용이 사회에 영향을 주기도 한다. 노동자는 고용을 통해 사회와 연결되는 하나의 중요한 맥락을 갖게 되고, 기업은 사회의 일부로서 그 고용에 대한 사회적 역할과 책임을 안게 된다.

일터에서 이루어지는 직업생활이란 또 어떤 것인가. 누군가에겐 평생직장일 수도 있고, 누군가에겐 경력을 쌓아 더 좋은 직장으로 가기 위한 과정일 수도 있다. 또 안정된 직장에 들어가지 못해 스쳐 지나가는 곳이라 생각할 수도 있다. 무엇을 위한 것이든, 분명한 사실은 노동자는 인생의 긴 시간을 일터에서 보낸다는 점이다. 하루에 8시간을 일한다면 노동자는 생활의 3분의 1을 일터에서 보내게 된다. 게다가 고용형태는 더 복잡해지고 유연해지고 있다. 텔레워크, 재택근무 등의 형태로 일하는 시간이 노동자의 생활시간에 침투한다. 노동자가 일터에서 보내는 시간, 일과 연관되어 보내는 시간은 그만큼 길어질 수밖에 없다.

또 일터라는 공간은 어떠한가. 일터는 일만 하는 공간이 아니다. 일터에서 동료를 만나고, 상사를 만나고, 거래처 사람을 만나고, 고객을 만난다. 영업을 위해 모르는 이와 얼굴을 마주하기도 한다. 직장 내에서는 일뿐만 아니라 소모임을 통해 관계를 넓히기도 하고, 때론 노동조합이라는 형태로 동료 조합원들을 만나기도 한다. 그 모두가 일터에서 맺는 관계들이다. 일터에서도 노동자의 생활은 이어진다.

그렇다면 우리 사회에 만연한, 상식처럼 퍼져 있는 '일터'와 '고용된 노동'에 대한 생각들을 되새겨볼 필요가 있다. 예를 들어, 직장 상사에게는 무조건 복종해야 한다거나, 조직에서는 개인의 목소리를 내면 안 된다거나, 사회생활은 원래 참으면서 익히는 것이기 때문에 괴롭거나 힘든 일도 잘 참아내야 한다는 이야기 같은 것들 말이다. 인격체로서 노동자는 생활과 일을 구분해 다른 자아를 갖는 것이 아닌데도, 현실에서는 다른 자아를 구성할 것을 강요받는다. 본디 모습이 어떠하든 기업에서는 기업 질서에 따라 노동자가 자신을 숙이고 감추어 그 질서의 하나가 되기를 요구받는데, 이는 온당한 일인가. 또 기업은 기업주의 뜻에 따라 운영되는 것이며 정부권력이라 하더라도 민간의 기업운영에 개입해서는 안 된다거나, 민간 기업은 개인의 재산이기 때문에 개인의 소유이고 사장 마음대로 할 수 있다는 자본주의 사회의 익숙한 통념에 대해서도 의문을 던져보자. 그 소유권을 근거로 노동자의 행동을 통제하고, 이윤을 위해 노동자를 부품으로 여기는 것은 또한 온당한가. 과연 우리 사회의 일터는 어떤 모습이어야 하는 것일까.

2. 민주주의, 사회에서 일터로

먼 과거에서부터 지금까지 한국의 민중들은 부패한 권력을 몰아내고 사회를 바로 세우기 위해, 필요할 때마다 응집했고 목소리를 높였다. 이승만 정권의 독재에 맞서 전국의 시민들과 학생들이 일어섰던 1960년의 4·19혁명, 전두환과 노태우를 중심으로 한 신군부의 집권에 맞선 1980년 5·18광주민주화운동, 전두환 군사정권에 맞선 1987년 6월항쟁과 이로부터 이어진 1987년 노동자대투쟁이 있었다. 그리고 1996년 노동법 개악에 맞서 노동자들의 전국적 총파업이 벌어지기도 했고, 2008년에는 미국 소고기 수입에 반대하며 수많은 시민들이 서울 도심을 가득 메우고 목소리를 냈다. 2016년에도 많은 이들이 촛불을 들었다. 부정한 권력에 의해 직접적인 피해를 당한 이들만이 아니라 그 실체를 확인한 모든 이들이 한목소리로 민주주의의 회복을 외쳤다. 늘 성공하는 것은 아니었다. 군사정권하에서는 총칼에 짓밟히기도 했고, 가까운 과거에는 공권력의 물대포에 폭력적으로 해산당하기도 했다. 그러나 우리는 민중의 의견을 사회적으로 발언하는 역사와 경험을 공유하고 있다.

그렇게 매 시기마다 우리가 살아가는 세상을 좀더 민주적인 사회로 만들어나가기 위해 움직였지만, 1987년 노동자대투쟁을 제외하고는 일터를 바꾸기 위한 움직임은 많지 않았다. 1987년의 노동자들은 저마다 자신의 일터에서 노동조합을 세웠다. 노동조합이 없는 곳에서는 노동조합을 만들었고, 어용 노조가 있던 일터에는 자주적인 노동조합을 세웠다. 이렇게 1987년 7월부터 9월 사이 150만 명에 이르는 노동자들이 투쟁에 참가했고, 1,361개 사업장에서 노동조합이 설립되었다. 그리고 노동자들은 현장 민주화를 주되게 요구했다. 당연히 임금 인상을 요구하는 목소리가 높았지만, 노동자를 군대식으로 통제하지 말고 인간답게 대우하라는 요구가 노동자대투쟁의 분위기를 이끌어간 주된 동인이었다.*

그러나 1990년대에 접어들면서 다시 일터는 침체되고 경쟁이 강화되기 시작했다. 1987년 노동자대투쟁 이후 노동자의 단결을 약화시키기 위한 정부와 기업의 전략이 있었기 때문이다. 비정규직도 늘렸다. 1998년 '파견근로자 보호 등에 관한 법률(파견법)'이 제정되면서 비정규직 노동자가 기하급수적으로 늘어나기 시작했고, 2006년 '기간제 및 단시간 근로자 보호 등의 법률(기간제법)'이 제정되면서 기간제와 파견 등 비정규직 고용이 제도적으로 안착되었다. 일터에서 민주주의를 외쳤던 목소리도 잠시, 노동조합을 약화시키려는 전략이 힘을 발휘하면서 일터는 다시 정규직과 비정규직으로 갈리고, 노동자의 목소리보다 경영자의 권한이 우월한 힘을 발휘하는 상태가 되었다.

---

* 전국노동조합협의회 백서 발간위원회, 《기나긴 어둠을 찢어버리고: 1987년 ~1988년》 전노협 백서 제1권, 책동무논장, 2003 참조.

일터의 문은 잠시 사회로 열리는 듯 했지만, 다시 굳게 닫혔다. 2008년 미국산 소고기 수입 반대를 위한 촛불투쟁에서 기륭전자 노동자들은 비정규직 고용형태를 '일터의 광우병'으로 지칭했다. 그들은 비정규직이 노동자의 권리를 억압하는 철폐되어야 할 고용형태라는 것을 알렸지만 제도 자체를 바꿔내지 못했다. 일터는 여전히 닫힌 공간으로 남았고, 일터 밖에서는 민주주의를 외쳤지만, 일터로 돌아가면 다시 고용관계의 권력 앞에 주눅 들어야 하는 현실이 눈앞에 놓였다. 일터 역시 민주주의가 실현되는 공간이어야 하지만, 우리의 일터는 아직 위계의 쳇바퀴를 따라 움직이고, 그 위계는 노동자를 명령에 따라야만 하는 자리에 머물게 하고 있다.

때로는 비정규직이라는 이름으로 차별받고, 때로는 여성 노동자라는 이유로 유리천장 아래 머물러야 하며, 청소년이라는 이유로 폭언을 당하고, 고령 노동자라는 이유 때문에 비정규직으로 내몰린다. 힘을 모을 노동조합이 없는 개별 노동자로 기업의 횡포에 그대로 노출되기도 한다. 자본이 짜놓은 정규직과 비정규직이라는 차별 구조, 연령이나 성별과 같은 노동자 개인의 속성을 이유로 일어나는 차별에 맞서기 위한 목소리는 일터에서 아직 제대로 울리지 못했다. 이를 뒤집어 바꿀 노동조합의 힘도 약하고, 그 힘을 키울 수 있는 제도적 조건도 여전히 미약하다.

'직장 갑질'이라는 말이 이러한 현실을 오롯이 드러낸다. 누군가를 지배하고 억누르려는 태도, 그것을 일터에서의 위계와 권력을 이용해 행하는 것, 타인의 존엄을 인정하지 않고 지위를 이용해 괴롭히는 행위를 직장 갑질이라고 부른다. 노동자를 괴롭혀서 굴복시키거나 기업에서 내모는 행태가 일터에 나타나기 시작한 지는 좀더 오래되었지만, 이것이 노동자를 길들이는 전략으로 자리 잡게 되자 우리의 일터는 순식간에 전쟁터처럼 변해버렸다. 약자라고 낙인찍히는 순간, 괴롭힘의 대상이 되고 만다. 약자는 노동조합의 조합원일 수도 있고, 일이 서투른 직원일 수도 있고, 대인관계가 원활하지 못한 사람일 수도 있다. 일을 잘하던 사람도 상사에게 찍히면 갑자기 무능력자로 낙인찍혀 동료들에게 따돌림을 당하고 정신적 고통을 겪기도 한다. 노동조합을 기피하는 기업 문화는 기업 내에서 노동조합원을 괴롭혀도 되는 대상으로 만들고, 노동자를 훈련시키거나 교육하지는 않고 무조건 실적만 강요하는 기업은 일이 서툰 사람을 쉽게 배제하게 만든다.

그런 가운데 '사회생활이 원래 그런 것' '참으면서 배우는 것'이라는 말은 많은 고통을 가리고 잠재운다. 괴롭힘을 노동자 관리의 도구로 삼으려는 기업과 이에 동원되는 오랜 사회적 통념은 무조건적 복종을 기업의 가치로 만들어낸다. 이것이야말로 우리가 거리에서 외쳤던 민주주의의 모습과는 상반된 것이 아닌가.

이런 일들은 일터에서 벌어진다는 이유로 밖으로 내보이면 안 된다거나, 외부에서 개입할 수 없다고 여겨지기 일쑤다. 하지만 사회의 개입이 불가능한 것은 아니다. 삼성전자 반도체 사업장에서 노동자들이 연이어 희귀질환으로 사망하자, 이에 맞서 '반올림(반도체 노동자의 건강과 인권지킴이)'이라는 단체가 구성되어 10여 년의 투쟁 끝에 삼성전자로부터 사과와 보상을 받아내기에 이르렀다. 2016년 10월에는 tvN 드라마 〈혼술남녀〉의 조연출이었던 이한빛 PD의 죽음이 있었다. 유족과 'tvN 혼술남녀 신입조연출 사망사건 대책위원회'는 이 죽음이 개인의 문제가 아니라 노동자를 소외시키는 방송산업의 시스템, 노동을 존중하지 않는 방송제작 환경 자체가 문제라며 싸웠다. 결국 CJ E&M의 사과를 받아냈고, 고^{故} 이한빛 PD를 기리기 위한 기금을 조성하는 데 후원을 받기로 했다. 이 기금으로 세워진 '한빛미디어노동인권센터'는 미디어 산업에 종사하는 노동자의 권리를 위한 법률 지원, 제도 개선, 방송제작 환경 감시에 이르는 폭넓은 활동을 만들고 있다.[*] 감춰진 문제를 계속해서 드러낸다면, 일터 곳곳에 사회의 시선이 닿을 수 있도록 문을 여는 것도 불가능한 일이 아니다.

일터를 닫힌 공간으로 두고 누구도 들여다볼 수 없도록 만들면 고인 물처럼 썩을 수밖에 없다. 기업이 썩는다는 의미는 비리의 문제일 수도 있고, 노동자들의 목소리를 억압하는 것일 수도 있고, 사회에 피해를 끼친다는 것일 수도 있다. 언론에 종종 나오는 민간 위탁기업 비리 사건을 생각해보자. 공적 서비스를 민간 기업에 위탁운영하면서 제대로 된 사회적 감시가 이

---

[*]　한빛미디어노동인권센터 홈페이지(https://hanbit.center/) 참조.

루어지지 않으니 민간 위탁기업이 비리를 일삼거나, 저임금을 비롯한 열악한 노동환경을 만들어 이윤을 챙긴다. 노동자들이 기업의 문제를 사회에 고발하거나 권리를 위해 목소리를 내는 것을 막기 위해 불법적으로 노동조합을 깨트리고 부당한 해고를 일삼기도 한다. 이뿐 아니라 환경문제를 일으켜 지역 사회 전체를 위험하게 만들기도 하고, 거래를 맺고 있는 하청업체나 작은 기업들을 대상으로 불공정한 거래를 일삼기도 한다.

기업이야말로 사회와 활발히 소통하고, 사회로 공유되고, 사회에 의해 견제되어야 할 공간이다. 일터 역시 모든 사람이 주체로서 서로의 삶을 공유하고 공감하며 살아가는 시간과 공간의 집합이다. 기업이 최우선으로 생각해야 하는 가치가 이윤이 되고, 그를 위해 노동자를 고용해 마음껏 부려도 되는 곳이라고 인정해버리는 순간, 우리 삶의 많은 부분을 차지하는 시간과 공간이 나의 것이 아닌 채로 기업에 복속된다. 우리가 일터에서 민주주의를 이야기해야 하는 이유다.

3. 일터에서 민주주의 고민하기

그렇다면 기업은 어떻게 운영되어야 민주적이라고 할 수 있을까. 민주주의란 무엇이고, 일터의 민주주의는 무엇일까. 일터의 민주주의를 실현해야 한다고 말하기에 앞서 민주주의가 무엇인지 생각해볼 필요가 있다. 거리에서 외친 민주주의는 대통령 탄핵으로까지 나아갔고, 선거를 통해 새로운 정권이 출범했다. 그리고 민중의 이름으로 권력구도를 바꿀 수 있을 만큼 큰 힘을 발휘할 수 있다는 걸 알게 되었다. 그런데 거리에서 외친 우리의 다양한 목소리가 선거라는 절차를 통해 모두 수렴될 수 있었을까? 그렇다면 일터에서도 사장을 우리 손으로 뽑는다면 기업이 달라질 수 있을 것이라는 결론을 쉽게 도출할 수 있을 텐데, 과연 그럴까? 민주주의는 그렇게 쉽게 손에 쥐어지지 않는다.

민주주의는 국민이 국가의 주인이 되는, 즉 주권이 국민에게 존재하는 정치제도라는 의미로 여겨질 때가 많다. 하지만 정치제도를 설명하는 말에 그치는 것이 아니라 가치체계로서 쓰이기도 하고, '경제 민주화' 같은 말에 쓰이기도 한다. 국민이나 시민이 그 사회의 지배권을 보유한다는 점에서 다중에게 권력이 존재하는 정치제도 혹은 사회의 운영원리로 설명하는 것이 민주주의를 설명하는 가장 보편적인 방법일 수 있다. 하지만 '국민'이나 '시민'이라는 개념 역시 근대 국가와 시민사회와 함께 형성된 개념이다. 또 그 가운데에도 배제되는 이늘이 존재했다는 점을 기억해야 한다. 왕정이나 귀족정을 극복한 후에도 남성, 백인 중심의 사회에서 오랜 투쟁을 거친 후에야 우리 모두가 평등한 시민으로서의 존재를 드러냈다. 성별의 구분 없이, 인종의 차별 없이 모두가 존엄한 존재로서 동등한 권리를 가져야 한다는 원칙은 그냥 얻어진 것이 아니다.

지금도 마찬가지다. 선거제도가 모두의 대표를 선출하는

민주적 과정으로 여겨지지만 만 18세 미만 청소년의 투표권은 여전히 인정되지 않고, 이주노동자와 같은 이방인을 같은 사회의 구성원으로 여기는 시각은 극히 드물다. 여전히 배제가 존재하는 사회에서 '주권이 국민에게 있다'는 말만으로 민주주의를 이야기하기에는 너무 부족하다. 그런 점에서 민주주의의 척도는 권력을 갖지 못한 이들이 사회를 향해 얼마나 발언할 수 있는가에 달려 있다고도 볼 수 있다. 그 발언의 크기가 역사적으로 변동해온 것처럼, 민주주의를 계속해서 변화해가는, 더 평등한 권력으로 진보해가는 역동적 과정으로 이해해보는 것이 더 좋을 것 같다.

이러한 원리를 일터에 대입해보자. 기업을 운영하는 주체는 기업주 혹은 주주들이라고 생각하는 것이 일반적이고, 아직까지 우리 사회에서는 기업이 경영자 혹은 기업가의 소유라고 생각하는 경향이 강하다. 그래서 노동자들이 기업의 경영에 목소리를 낼 수 있다고 쉽게 상상하지 못한다. 게다가 노동자들이 노동조합을 통해 기업 경영에 관련된 사항에 입장을 내고 파업과 같은 쟁의행위를 하면 오히려 불법으로 몰아붙인다. 그러나 기업을 운영할 때 주주나 기업가 개인의 이해만을 기준으로 모든 것을 결정하게 된다면 어떻게 될까. 만약 그 기업이 공적 성격을 가진 기업이라서 그 기업을 어떻게 운영할 것인지가 사회·전체에 영향을 미칠 수 있다면 어떻게 될까. 기업이 노동자와 지역 사회, 환경을 고려하지 않고 이윤만을 추구하게 되지는 않을까. 공기업이 이윤을 내기 위해서 비정규직을 양산하고, 노동자들을 위험에 빠뜨리고, 결과적으로 시민들의 안전도 위협하는 결과를 낳지는 않을까.

이미 우리가 수도 없이 목격해온 모습이다. 불산이 누출되어 노동자와 지역주민들의 건강을 위협한 사례, 외주화로 인해 원·하청간 소통이 원활하지 못해 선로 정비 중에 기차에 치어 비정규직이 사망한 여러 번의 사건들, 구의역에서 스크린도어를 혼자 수리하다 전동열차에 치어 사망한 김모 군, 화력발전소에서 안전이 보장되지 않은 상태에서 홀로 위험하게 일을 하다 사망에 이른 김용균 등 청년 비정규직 노동자들의 죽음. 무분별하게 비정규직을 확대하고, 이윤을 위해 안전을 외면한 결정이 과연 그 기업과 사회 전체를 위해 올바른 것이었을까. 노동자가 기업의 한 주체로서 기업 운영에 참여하고 노동조합이 기업의 결정을 견제할 수 있었다면 조금 다른 모습이지 않았을까.

노동자가 경영에 참여할 수 있도록 제도적으로 보장하기도 한다. 노동자가 주주로서의 권리를 행사할 수 있도록 하거나, 노동이사제를 도입하는 등의 방식이다.* 그러나 노동자에게도 한 표 행사할 권리를 준다는 의미, 그를 위한 제도의 설정만으로 민주주의에 가까이 가고 있다고 보기는 역시나 힘들다.

---

* 노동이사제는 노동자 대표가 기업의 이사회에 들어가 발언권과 의결권을 행사하는 제도로, 우리나라에서는 아직 일반적이지 않은 제도이다. 노동자가 직접 참여하기도 하고, 노동자가 추천하는 위원이 이사회에 참가하기도 한다.

동등한 한 표보다 주체로서 발언할 수 있느냐가 민주주의의 더 중요한 지표이기 때문이며, 노동자의 단결력으로 발언의 실질적인 힘을 확보하는 것이 기업 내 민주주의의 토대가 되기 때문이다.

노동조합의 발언을 막으면서 노동이사 자리를 하나 주는 것보다 노동조합의 단체행동을 보장하고 그 의견을 존중하고 합의에 이르려는 기업의 노력이 있다면 어떨까. 노동조합으로 뭉쳐 행동할 때 기업의 소유권을 휘둘러 억압하는 것이 아니라 협력과 합의를 기반으로 노동관계를 재구성하고자 하는 기업 운영의 변화가 있다면 어떨까. 주식이 없더라도, 이사가 아니더라도 당연히 일터의 구성원인 노동자는 그 기업의 운영에 대해 발언하고 개입할 수 있어야 하지 않을까.

4. 노동자, 존엄한 존재로서 관계 맺기

노동자가 의견을 낼 수는 있지만, 기업의 중요한 의사결정을 어떻게 노동자들이 할 수 있냐고 물을 수도 있다. 기업의 결정이 매우 전문적이고 복잡한 것이라는 생각이 이런 물음을 낳는다. 그런데 실제로 기업이 결정하는 사항 중 노동자에게 지대한 영향을 미치는 결정의 실상을 보면 이런 물음조차 허구적이라는 사실을 알 수 있다. 의외로 법원의 판결문을 보면 이를 단적으로 알 수 있다. 수많은 노동자를 한꺼번에 해고한 기업에 대한 법원의 몇몇 판결을 보자.

쌍용자동차 정리해고에 대한 판결에서 대법원은 경영위기를 극복하기 위한 정리해고의 필요성을 인정하면서 "기업 운영에 필요한 인력의 규모가 어느 정도인지, 잉여인력은 몇 명인지 등은 상당한 합리성이 인정되는 한 경영판단의 문제에 속하는 것이므로 특별한 사정이 없다면 경영자의 판단을 존중"해야 한다고 밝히고 있다.* 또 콜텍 노동자들에 대한 정리해고 사건에서는 현재 기업이 긴박한 경영상의 위기에 처해 있지 않다고 하더라도, 장래에 "올 수도 있는" 위기에 대처하기 위해 인원삭감을 할 수 있다고 인정했다.** 이런 판결들은 기업의 구성원으로서의 노동자를 무시하고, '경영'을 오로지 경영자만이 결정할 수 있는 영역으로 간주하며 경영자에게 절대적 권한을 부여한다. 노동자의 삶을 한순간에 빼앗아가는 구조조정과 대량해고에 대해서 기업주에 의한 '고도의 경영상의 결정'이기에 노동자들은 그 고통을 받아들여야 한다고 말한다.

그러나 기업이 어렵다거나, 앞으로 어려워질 수 있기 때문에 노동자를 해고해서 인건비를 줄인다는 것은 고도의 결정이 아니라 가장 손쉬운 방법이다. 약자를 희생시켜서 강자가 살아남는 것. 그런 결정을 기업가 마음대로 하려고 노동자의 목소리를 막고, 기업 경영을 결정하는 데 고도의 전문성이 필요한

---

* 대법원 2014. 11. 13. 선고 2014다20875, 20882 판결.

** 대법원 2012. 2. 23. 선고 2010다3735 판결.

것처럼 포장한다. 물론 실제로 전문적 결정이 필요한 일도 있을 것이다. 그렇다고 해서 모든 일상적 기업 경영에서 노동자가 배제되어야 할 필요는 없다. 오히려 중요한 결정일수록 노동자에게 미치는 영향이 크기에 더더욱 노동자들이 의견을 내고 개입해야 할 필요가 있다.

그러면 노동자들의 의견은 어떻게 발현될 수 있을까. 고용된 노동자들이 기업의 위계 속에서 개별적으로 목소리를 내는 것은 현실적으로 어려울 뿐만 아니라, 노동자 개개인은 힘을 갖기 어렵다. 예를 들어 임금의 결정을 생각해보자. 노동자는 임금이 더 인상되기를 바라지만, 기업주가 스스로 노동자의 임금을 올리는 일은 거의 없다. 그래서 노동자들은 목소리를 모아 집단적으로 의견을 표출한다. 노동조합의 이름으로 권리를 요구하고 파업을 한다. 이 단결과 파업이야말로 노동자들이 가장 확실하게 자신의 목소리를 내는 방법이다. 파업으로 기업주의 의사결정을 바꾸도록 강제하기도 하고, 더 나은 노동조건을 확보하기도 한다.

이러한 노동조합의 활동이 경제적 이익만을 위한 것이라며 비난하는 시선도 있다. 그러나 노동조합을 만들거나 파업을 하는 것은 노동자로서 기업에, 그리고 사회에 그들의 목소리를 내는 것이다. 노동조합의 요구를 임금 등 경제적인 이해에만 국한시키는 것은 바로 노동법 제도다. 한국의 노동법은 노동자들의 집단적 권리 행사를 다만 임금이나 노동조건과 관련된 사항에만 국한한다. 그리고 노동자가 기업의 경영과 관련된 사항을 요구하거나, 노동법 제도의 개선을 요구하며 파업에 나서면 불법으로 규정하고 처벌한다. 기업의 경영을 견제하고 사회 전체에 도움이 되는 방향으로 기업을 이끌어가는 노동조합의 역할을 사전에 차단하는 것이다. 그래서는 민주적 사회라고 할 수 없으며, 제도적 경계에 갇혀 노동자들에게 경영에 관한 결정 능력이 없다고 보는 것은 오히려 무지한 일이다.

반대로 노동조합이 목소리를 내는 것을 두고 기업주를 약자라고 보아 대항력을 갖도록 해야 한다는 경영계의 목소리도 있다. 노동자와 사용자가 대등해야 하는데, 노동조합이 파업을 남발하면 기업이 제대로 운영되기 어렵기 때문에 노동조합의 활동이 보장되는 만큼 기업주가 노동조합의 요구를 거절하거나 회피해도 위법이 되지 않도록 하자는 주장이다. 그러나 고용관계에서 노동자와 사용자가 대등할 수 있다는 것은 추상적인 언명일 뿐이다. 고용과 해고의 권한을 쥔 사용자를 상대로 개별 노동자가 대등하게 노동조건을 교섭하고 요구하는 것은 불가능하다. 근로계약서를 작성하면서 노동자가 임금 수준을 제시하고, 원하는 시간만큼을 일하고, 정규직 고용을 요구하는 것이 현실에서 불가능한 것처럼 말이다. 노사관계에서 '대등'이란, 노동조합이라는 집단적 권리가 보장된 이후에야 실현 가능성이 열리는 것이다.

더 근본적으로는 '존엄한 존재'로서의 노동자를 이야기해야 한다. 노동자라는 지위가 부여되는 순간 고용관계에 매인 존재라고 인식하는 경우가 다반사지만, 일터에서도 우리는 '인간으로서' 살아간다. 고용된, 즉 사용자가 근로계약을 통해 노동력을 사용하기로 약정한 그 이면에는 '인간'으로서의 노동자가 존재한다. 고용된다는 사실은 인격 자체를 사용자에게 지불한다는 의미가 아니다. 노동자는 일터에서도 존엄한 인격체로서 존재한다는 사실을 기억해야 한다. '노동자는 기계가 아니다' '우리는 일회용품이 아니다'라는 노동자들의 외침은 자연스럽고 당연한 요구다. 기업이란 생산을 위한 시설과 노동력의 결합이기도 하지만, 결국은 인권을 보유한 존재들의 결합이기도 하다. 그 결합이 서로의 존엄을 보장하고 존중하는 것이어야 노동자에게 신체적으로도, 정서적으로도 안전한 일터가 될 수 있다. 그래서 결국 노동조합이란 끊임없이 노동자를 기계의 부품으로 만들고자 하는 자본의 욕구에 맞서 이 존엄을 지키기 위한 귀결이기도 하다.

5. 일터 민주주의 실현을 위한 과제들

어떤 것이든 조직체는 일사불란하게 정해진 규칙대로 흘러가는 것을 가장 바람직한 상태로 여기기 쉽다. 기업은 특히 더 그렇다. 경쟁적 환경 속에서 살아남아야 하는 기업으로서는 내부의 혼란을 기피하고 좀더 안정적인 외부환경을 원한다. 기업가의 자유로운 결정으로 더 유연하게 환경에 대처할 수 있기를 바라고, 그를 위해 내부를 체계적으로 정비하고자 한다. 그로 인해 대부분의 조직체가 수직적인 위계구조를 갖추고 명령에 복종하는 것을 최선의 행동양식으로 바라보기도 한다. 그렇기에 일면 기업의 질서 밖에 존재하는 노동조합의 존재나 파업에 부정적으로 반응하는 경향이 강하다. 튀는 개인을 기피하고 보통에 묻혀 존재를 드러내지 않는 것을 직장인의 긍정적 성향이라고 보기도 한다.

그러나 기업은 사람이 구성한다. 인간이란 복종하고 머리 숙이는 존재가 아니라 자존감을 지키며 스스로의 자율성을 발현하고자 하는 존재다. 따라서 기업이란 노동자를 통제하고 더 많은 이윤을 얻고자 하는 자본의 움직임과 그에 맞서 이윤을 통제하며 좀더 자율적인 삶과 노동을 구성하기를 바라는 노동자들이 끊임없이 충돌하는 장소일 수밖에 없다.

이런 일터에서 민주주의를 이야기한다는 것은 그저 구성원의 의견을 잘 들어주거나, 다수의 견해에 부합하도록 운영방식을 수정하는 것 정도에 그치지 않는다. 노동자가 경영의 대상으로만 여겨지는 한 친절한 기업가의 행동은 일시적일 뿐이기 때문이다. 끊임없는 노동과 자본의 긴장속에서 당연하게 발생하는 크고 작은 분쟁의 상태들을 비정상으로 보지 않는 것이 일터 민주주의를 말하는 시작이다.

게다가 현실의 기업은 권력을 가진 기업가에 의해 다수의 견해조차도 부정되기 일쑤인 곳이다. 결국 일터 '민주주의'를 실현해가는 것은 민주주의를 쟁취하기 위한 역사가 그러했듯이, 실상 권력을 가진 자로부터 만인에게로 그 권력을 되돌리는 치열한 투쟁을 동반하는 지속적인 과정이 될 수밖에 없다.

그런데 현재 한국의 노동법 제도는 노동자들의 자율적 움직임을 통제하는 데만 치중되어 있다. 노동3권을 헌법에서 보장하고 있지만, 단체행동을 불법시하는 수많은 장치는 노동자들의 집단행동에 끊임없이 단서를 붙이고 요건을 달아 움직이기 어렵게 만든다. 일터 민주주의를 실현하기 위해 가장 먼저 노동3권이 충분히 보장될 수 있는 법제도의 개선을 이야기할 수밖에 없는 이유다.

또 기업을 경영하는 데 노동자들의 발언이 보장되어야 한다. 노동조건과 직결되지 않더라도 기업의 중요한 결정에 노동자들이 집단적으로 의견을 개진하고 반대의사를 파업이라는 방식으로 제기할 수 있어야 할 것이며, 그 외에도 기업의 의사결정에 참가할 수 있는 다양한 제도적 방식이 강구되어야 한다.

노동자를 통제하기 위한 흔한 방편이 된 직장 내 괴롭힘에 대한 사회적 대응과 제도의 마련 또한 필요하다. 2019년 7월 16일부터 근로기준법에 직장 내 괴롭힘을 금지하는 내용이 포함되었지만, 여전히 제도로 규율되지 않는 많은 괴롭힘이 양산되고 있다. 무리한 업무를 부여하거나, 일을 빼앗고 벌을 세우거나, 업무지시를 빙자해 노동자를 괴롭히는 행위가 일터에서 벌어지고 있다. 이러한 행태들은 노동자의 존엄을 훼손하고 병들게 한다. 본보기를 보여 노동자들이 집단화되는 것을 막고, 서로를 경쟁자로 여기게 하고, 일터의 관계들로부터 지지받고 연대하는 것을 방해한다. 결국 인간으로서의 존엄을 상실하게 하여 기업의 한 부분이 되도록 만들거나, 이탈을 강요하는 행위다.

마지막으로 노동자 스스로 일터에서의 관계들을 새롭게 정립해나가는 것도 필요하다. 기업체계는 노동자들을 서로 경쟁하게 만들고, 일부만 살아남는 구조를 통해 노동자의 단결을 가로막는다. 그러나 전체적으로 기업은 사람과 사람의 협업을 통해서 유지되는 조직이다. 기업가는 혼자서 기업을 유지할 수 없으며, 노동자들의 노동을 통해서만 기업을 운영할 수 있다는 사실을 기억해야 한다. 노동자들 역시 기업이라는 조직 속에서 서로의 연대와 협력을 통해 업무를 익히고 성장한다. 기업조직이 경쟁만을 강요하고 노동자들의 연계를 단절시키려 한다면 그에 맞서는 용기가 필요하다. 그렇게 일터의 관계들을 연대로 재구성해나갈 때, 거리로 나가 다른 일터에서 일하는 또 다른 노동자를 나를 위해 서비스를 제공해야 하는 '을'이 아닌 동등한 존재로서 바라보는 데 좀더 익숙해질 수 있을 것이다.

기업이기 때문에

사립유치원 비리는 2018년 국정감사의 최대 이슈 중 하나였다. 사립유치원을 운영하는 쪽에서는 정부의 지원을 받지만 유치원이 애초에 개인의 재산에서 출발했기 때문에 정부의 감사나 부모들의 개입은 불합리하다고 주장했고, 반대쪽에서는 그래도 국고의 지원을 받고 있고, 교육의 영역이기 때문에 개입이 필요하다고 주장했다. 사회 구성원 대다수는 유치원이라는 교육의 영역 앞에서는 '사유재산이기 때문에 마음대로'라는 논리가 멈추어야 한다는 데 동의한다.

삼성전자는 2018년 11월 23일 '삼성전자 사업장의 백혈병 등 직업병 문제 해결을 위한 조정위원회'(이하 조정위원회)의 권고를 받아들여 직업병 피해자들과 가족들에게 고개를 숙였고, 보상 범위와 액수 등을 조정위원회의 중재에 따르기로 했다. 삼성전자에서 일하다 백혈병을 얻어 2007년 사망한 고故 황유미 씨를 시작으로 2019년 9월 30일까지 반도체 등 전자산업에서 일하다 질병을 얻어 산재를 신청한 노동자들은 151명에 이른다. 이들만이 아니라 아직 드러나지 못한 수많은 재해 노동자들이 존재할 것이다. 이 문제를 기업에서 밖으로 끌어내 안전의 문제를 제기하며 2007년부터 활동해온 '반올림'은 삼성전자라는 대기업을 상대로 그 작업환경이 노동자들을 병들게 했다는 걸 주장하며, 노동자들이 병들지 않는 일터를 만들기 위한 활동을 지속해왔다. 결국 기업의 사과를 받아냈고, 이 한 번의 합의에 그치지 않고 중재안을 이행하기 위해 지원보상위원회를 운영하는 것과 전자산업안전보건센터의 마련 및 운영도 약속받았다. 반올림은 또 그 이후를 위해 움직일 것이다. 기업의 활동이 사람의 생명과 안전을 침범할 수 없다는 당연한 사실이 드디어 작은 변화로 나타난 것이다.

이 두 사례를 특별하다고 여길 수도 있다. 그러나 이것이 특별한 사례가 되어서는 안 된다. 기업에도 외부 감시가 필요하다. 기업도 사회의 인권 기준에 부합하는지 감시받을 필요가 있다. 바로 기업의 성격 때문이다. 기업은 수많은 의사결정이 이루어지는 곳이고, 그 결정은 해당 기업의 구성원뿐만 아니라 그 기업과 연계된 다른 기업, 해당 기업의 소비자, 기업의 생산시설이 위치하는 지역의 주민 등 많은 이에게 영향을 미치게 된다. 사회 윤리에 맞는 기업의 경영을 요구하고, 기업에 사회적 책임과 인권 존중의 책임을 묻는 것이 지금의 시대적 흐름이다. 이에 대한 국제기구의 논의 또한 긴 역사를 가지고 있다. 다국적 기업에 의한 비윤리적이고 인권침해적인 문제들이 국제사회에 보고되고 공유되면서 1970년대부터 이미 경제협력개발기구 Organization for Economic Cooperation and Development, OECD 나 국제노동기구 International Labour Organization, ILO 등의 국제기구에서는 관련 가이드라인 등이 제출되기 시작했고, 국제 NGO도 기업이 사회적 책임을 다하고 있는지 살펴볼 수 있는 지표를 개발하고 이를 적용해 발표하기도 한다.

그러나 이런 지표나 국제 기준은 한국에서 통용되지 않는다. 오히려 형식적으로 그 지표를 충족했다는 이유로 노동자를 탄압하는 기업이 '인권기업'을 자처하기도 하고, 국제 기준이 국내법과 같은 효력을 지닌다는 법 이론에도 불구하고 현실에서는 고려되지 않는 것이 다반사다. 무엇보다 우리 사회는 기업이 이윤을 내는 것을 목적으로 하는 곳이고, 그를 위해 다른 것을 조금 등한시해도 된다고 생각하는 경향이 강하다. 그래서 기업이 노동자의 권리를 억압하거나 환경을 해치더라도 잘못에 대한 책임을 묻기보다는 기업 활동을 위축시킬 것을 우려해서 노동자들의 투쟁을 비난하거나, 기업에 부담을 지우는 것을 지극히 경계한다.

그러나 그 책임을 제대로 묻지 않게 되는 순간 피해는 우리 사회가 함께 지게 된다. 어떤 기업이 많은 이윤을 달성했다고 선전할 때, 하청업체에게 돌아갈 몫을 과하게 취해서 그런 것은 아닌지, 노동자의 임금을 낮게 주어서 그런 것은 아닌지 함께 돌아보아야 하는 이유이기도 하다.

기업의 이면에는 우리의 노동과 삶, 사람이 있다. 그 사람의 생명과 안전, 나아가 우리가 함께 살아가는 사회의 안전은 기업의 어떠한 기밀보다 앞서야 하지 않을까. 기업의 영업기밀이라는 말로 기업의 정보를 꽁꽁 숨길 수 있도록 해주는 것이 아니라, 사회가 기업을 들여다보고 감시할 수 있도록 충분한 정보를 공개하고 외부의 시선이 닿을 수 있도록 해야 하지 않을까. '기업이니까'라는 말로 면죄부를 주는 것이 아니라, '기업이기 때문에' 져야 되는 바로 그 사회적 책임을 제대로 묻기 위해서 말이다.

사회적 투쟁:

노동문제는 왜 사회적 문제인가

김혜진

1. 노동문제와 시민들의 삶은 연결되어 있다

한국 사회는 노동문제를 노동자만의 문제라고 생각하는
경향이 있다. 회사에 나가 월급을 받아 생활하는 노동자이면서
도 자신이 노동자라고 생각하지 않고, 설령 노동자라는 인식이
있더라도 회사에서 벗어나면 일상생활에서 벌어지는 많은 문
제는 노동과 무관하다고 생각하는 이들도 많다. 그러나 노동문
제는 사회 전체의 문제이고 삶의 모든 영역이 노동과 연결되어
있다.

2006년 용역회사 소속이었던 KTX 승무원들이 '정규직
전환'을 요구하며 파업을 시작했을 때 그것을 '노동문제'라고
생각한 사람들이 많았다. 그런데 한국 사회에 사는 이상 언젠
가는 KTX를 타게 마련이다. 승무원은 위급한 때에 승객의 생
명과 안전을 지키는 역할을 담당하므로 KTX가 개통된 초기에
승무원들은 안전훈련을 많이 했다. 그런데 코레일이 승무원을
정규직으로 전환하겠다는 약속을 지키지 않아 노동자들이 파
업을 하자, 코레일은 승무원들은 안전 업무를 하지 않고 안내
업무만 하기 때문에 정규직 전환을 할 필요가 없다고 주장했
다. 그러면서 승무원들에게 안전교육도 시키지도 않고 매뉴얼
에 따른 훈련도 시키지 않았다. 안전장비인 광역 무전기도 지
급하지 않았다. 2018년 11월 20일에 발생한 오송역 단전 사태
때 승객들이 "승무원이 상황을 제대로 전달하지 않았다"라고
항의했는데, 이는 장비가 미비해서 KTX 승무원들이 실시간

상황을 파악하기 어려웠기 때문이다. 노동문제와 시민의 생명, 안전이 분리될 수 없다는 걸 보여준 사안이다.

2017년 조선업종에 위기가 닥쳤다. 노동자들을 하청으로 고용해서 큰 이익을 보던 대형 조선소들은 위기가 닥치자 하청노동자들을 우선 해고했다. 거제에서만 1만 명이 넘는 비정규직 노동자가 해고되었다. 그런데 이것이 노동자만의 문제였을까? 비정규직 노동자들이 일자리를 잃으면서 거제시 전체에 영향을 미쳤다. 일자리를 잃은 이들은 집세를 내지 못하고 소비를 할 수 없다. 외식업이나 숙박업을 하던 자영업자들도 위태로워졌다. 새로운 일자리를 찾아 다른 도시로 이주하는 사람이 많아지면서 학생 수도 줄었고, 교육환경에도 변화가 생겼다. 거제시 조선소의 구조조정은 조선소 노동자만의 문제가 아니라 거제시 전체의 문제가 되었다. 노동문제는 그것을 감당해야 하는 가족, 그리고 지역 사회의 문제로 확장된다.

1998년 이후 비정규직 노동자가 급격하게 늘어났다. 정리해고제와 근로자파견제가 시행되었기 때문이다. 그때부터 노동자들은 일자리에서 살아남기 위해 경쟁을 해야 했고, 회사에 다닐 때 한 푼이라도 더 벌고자 했다. 노동시간은 늘어났고 노동자의 안정적인 일자리는 점차 줄어들었다. 경쟁논리가 강화되었다. 고용이 불안정하니 미래의 자신의 삶을 설계할 수 없었다. 학생들은 공적 업무를 담당하기 위해서가 아니라 안정적인 삶을 위해 공무원이 되려 한다. 경쟁논리가 지배하는 사회에서는 연대를 하고 공동체를 구성하기가 힘들다. 노동문제는 사회의 가치를 바꿔버린다.

거꾸로 사회의 여러 문제가 노동자의 삶에 영향을 미치기도 한다. 노동자들은 정치가 자신의 노동에 얼마나 영향을 미치는지 잘 파악하기 어렵다. 그렇지만 정치는 한 나라의 산업정책에 영향을 미치고, 그 산업정책은 노동자들의 삶을 좌우한다. 예를 들어 대기업 중심의 산업육성 정책을 시행하면, 대기업에 모든 자원이 편중되고 하청업체인 중소기업에서 일하는 노동자들은 제대로 보호받기 어려워진다. 정부가 보육이나 노인 돌봄 등의 사회서비스를 확대하는 정책을 편다고 해보자. 그럴 경우 한편으로는 여성이 사회에서 일할 수 있는 조건이 만들어지지만, 만약 정부가 그 사회서비스를 영리기업에 맡긴다면, 돌봄 노동을 담당하는 노동자들은 질 낮은 단시간 일자리만 얻게 된다.

한 사회의 인권과 민주주의의 수준도 노동자의 권리에 많은 영향을 미친다. 민주주의가 발전한 사회는 헌법에서 보장하는 노동3권을 노동자의 당연한 권리로 여긴다. 이런 사회에서는 노동자들의 파업을 긍정적으로 수용한다. 하지만 시민의 권리가 존중되지 않는 사회에서는 집회와 시위의 자유가 제대로 보장되지 않고, 파업도 부정적으로 비춰진다. 한국 사회를 보자. 언론에서는 노동조합을 향해 부정적인 목소리를 쏟아내고, 학교에서는 노동권을 가르치지 않는다. 그러니 시민들은 노동자의 권리를 이해하기 어렵고, 노동자의 권리가 침해되어도 문제라고 느끼지 못한다.

한국의 노동조합은 1987년 이후에 급격하게 발전했다. 사회의 급격한 변화가 있었기 때문이다. 군부 통치 시절, 노조는 불온한 것으로 여겨졌고 탄압의 대상이었다. 권위적인 군사독재 정권의 실체가 드러나고, 1987년 6월항쟁으로 민주주의를 향한 열망이 강해지면서 시민들은 거리에서 민주주의를 외쳤다. 이 경험이 노동현장으로 이어지면서 노동자들은 일터의 민주주의를 외치게 되었고, 그것이 노조 건설로 이어졌다.

노동조합이 커지고 힘을 갖게 되면 사회 발전에도 긍정적인 영향을 미친다. 언론 노동자들은 정론직필을 고민하고, 교사들은 참교육을 고민하며, 병원 노동자들은 병원의 돈벌이가 아닌 환자의 생명을 생각하게 된다. 대기업 노동자들은 기업의 사회적 책임을 중요하게 고려하고, 작은 사업장의 노동자들은 원·하청 불공정거래 등 잘못된 산업구조를 바꾸어야 한다고 생각하게 된다. 이렇게 노동자가 일터의 민주화와 사회적 역할을 고민하고 실천하면 사회의 민주주의와 인권 수준이 높아진다.

그래서 노동자들은 자신의 노동조건을 개선하는 것뿐 아니라, 사회를 민주적으로 발전시키기 위한 노력하기도 한다. 사회를 발전시키려면 힘이 필요하기에 노동자들이 '집단'을 이루는데, 그것이 바로 '노동조합'이다. 그래서 노동조합의 과제 중 하나가 '사회의 민주적 발전'인 것이다.

2. 한 사회의 인권 수준과 노동자의 권리

노동조합은 조합원들만의 이익을 지키는 조직이라고 생각하는 경우가 많다. 그런데 '전국민주노동조합총연맹(민주노총)'의 규약을 보면, '인간다운 삶을 유지할 수 있는 노동조건의 확보'만이 아니라, 노동자들이 단결하고 파업을 할 수 있는 노동 기본권 등 법적 문제를 개선하기 위한 활동, 노동현장의 비민주적인 요소를 척결하기 위한 활동, 사회의 민주적 개혁이나 국민 전체의 삶의 질을 개선하기 위한 활동, 사회의 민주주의나 평화·통일을 위한 활동 등을 명시하고 있다. 그것은 노동조합이 우리 사회에 속한 조직이며, 이 사회 전체의 민주주의나 인권의 수준을 높이고 평화를 지킬 때에야 노동자들의 권리도 지킬 수 있다고 생각하기 때문이다.

규약에만 명시하는 것이 아니라 실제로 규약에 맞는 활동을 하려고 노력한다. 서울대병원 노동자들은 병원을 돈벌이의 수단으로 삼는 영리병원에 반대하고, 병원이 6인 병실을 없애고 2인 병실을 늘려서 더 많은 돈벌이를 하려고 할 때, 그것을 막기 위해 노력하는 등 병원의 공공성을 지키려고 애써왔다. 업종에 관계없이 노동자를 조직하는 '희망연대노조'라는 이름의 노동조합은 지역 어린이 돌봄 사업을 지원하면서 미래의 노동자들에게 권리의식을 알려주기 위한 노력을 해왔다. 2014년 세월호 참사가 발생했을 때 '전국교직원노동조합(전교조)'은 세월호 참사의 진실을 밝히는 데 온 힘을 다했다. 화물연대는 광우병 쇠고기 파동이 있었을 때 "미국산 소 화물은 싣지 않겠다"라고 선언하기도 했다. 건설노동조합은 부실공사를 고발해 왔다. 공무원노조는 공직사회의 부정비리와 부패를 고발하고 잘못된 명령에 순응하지 않았다는 이유로 수많은 해직자를 남기면서도 투명한 공직사회를 만들려는 노력을 아끼지 않았다.

노동조합은 '조합원'만이 아니라 '모든 노동자들의 권리'를 지키는 제도 개선에도 힘썼다. 1996년 말 정부가 정리해고제와 근로자파견법을 만들어 노동자들을 해고하고 비정규직으로 사용하려고 했을 때 노동조합은 총파업으로 그것을 막고자 했다. 결국 정리해고제와 파견제는 시행되었지만 지금도 그 제도를 바꾸기 위해서 노력하고 있다. 또한 최저임금을 생활임금으로 올리기 위한 캠페인도 지속 중이다. 최저임금위원회에 노동자위원이 참여하기도 하지만, 많은 노동자의 목소리를 모으고 힘을 합해서 최저임금이 오를 수 있도록 하는 것이다. 산업안전보건법을 개정하고 중대재해처벌법을 제정해 더 많은 노동자가 건강하고 안전하게 일할 수 있도록 싸워오기도 했다.

노동조합은 우리 사회에서 소외되고 힘든 이들을 위해서도 연대한다. 2009년 용산 참사가 발생한 이후 종교단체와 시민들이 강제철거의 부담함을 알리고 세입자 권리를 요구하며 용산 참사 현장을 지켰을 때 노동조합도 그 자리에 있었다. 장애인들이 이동권을 위해 싸울 때, 성소수자들을 비롯한 소수자들이 차별금지법 제정을 위해 싸울 때에도 노동조합은 든든한 응원군이었다. 2014년 세월호 참사가 발생한 이후 전교조를 비롯한 많은 노동조합은 진실규명과 책임자 처벌을 위해 전국적인 서명운동에 나서는 등 힘을 다해 연대했다.

이러한 노동조합의 활동이 가능했던 건 '조직'의 힘이 뒷받침되었기 때문이다. 아직까지 한국 사회에서는 한 개인이 사회적 문제를 제기하거나 사회적 과제를 해결하기가 현실적으로 어렵다. 예를 들어 공직 사회의 부정부패, 혹은 기업 내부의 잘못된 관행이나 비리를 두고 문제를 제기하다가 해고된 내부고발자의 경우 사회적으로 보호받지 못하고 힘겹게 싸워야 하기 때문에 많은 이들이 용감하게 나서지 못한다. 그런데 노동조합으로 뭉쳐 있는 경우, 집단의 힘을 갖고 있고 고립된 상태로 싸우지 않아도 되므로 용기를 내기 훨씬 쉽다.

노동조합은 '민주주의의 학교'이기도 하다. 노동자들은 노동조합 안에서 사회의 여러 문제를 이해하고 거기에 함께 힘을 보태며 세상을 보는 시각을 넓히게 된다. 그 이후에는 노동조합이라는 틀을 넘어서 환경문제나 인권문제, 여러 소수자 문제에서 개인이 할 수 있는 여러 활동을 찾아나가고, 노동자이자 동시에 시민으로서 우리 사회를 변화시키는 일을 시작하게 된다. 사회변화를 위한 노동조합의 활동이 노동조합이라는 조직의 활동에 머무르지 않고, 조합원 개개인이 각자가 속한 가정이나 공동체를 민주적으로 변화시키고자 노력할 때 세상을 바꾸는 힘이 더 커질 것이다.

3. 누가 노조를 이기적인 조직으로 만드는가

　노동조합은 자신의 목적을 실현하려고 쟁의행위를 한다. 헌법에도 단결권, 단체교섭권만이 아니라 단체행동권이 보장되어 있다. 그런데 단체행동, 즉 쟁의행위의 방법과 절차는 매우 엄격하게 규정되어 있다. 노동조합 및 노동관계조정법(노조법) 제37조 제1항에는 "쟁의행위는 그 목적·방법 및 절차에 있어서 법령 기타 사회질서를 위반해서는 아니된다"라고 쓰여 있다. 쟁의행위의 목적이 정당해야 한다는 것인데, 고용노동부와 사법부는 쟁의행위의 목적이 '근로조건의 향상을 위한 노사 간의 자치적 교섭을 조성하는 데 있어야만' 합법적인 파업이라고 주장해왔다. 조합원들만이 아닌 노동자 전체, 사회의 민주화를 위한 쟁의행위는 불법이라는 것이다.

　2017년 9월 KBS와 MBC 양대 공영방송사 노동자들이 파업에 돌입했다. 노동자들은 "이명박·박근혜 정권 9년 동안의 언론적폐를 청산하고 언론개혁을 완수하기 위해 총력투쟁에 돌입한다"라고 밝혔다. 언론노조는 "총력투쟁의 목표는 1차적으로 공영방송 KBS, MBC의 정상화이고 궁극적으로는 대한민국 언론의 총체적 개혁"이라면서 "촛불시민이 외친 언론개혁 명령을 완수할 때까지 물러서지 않는 투쟁을 하겠다"라고 선언했다.* 이때 파업의 목적은 노동조건 개선이 아니다. 그렇기 때문에 몇몇 언론에서는 이 파업이 '불법파업'이라고 주장했다. 노동조합이 공영방송을 위해 하는 파업이 '불법'이라고 한다면 우리 사회는 노동조합의 사회적 역할을 매우 심각하게 제한하는 셈이다.

세월호 참사는 교육현장에 많은 반성을 남겼다. 전교조 교사들은 세월호 참사 1주기를 하루 앞둔 날, 이 사건을 기억하고 제대로 진상규명이 되도록 끝까지 함께하겠다는 내용으로 시국선언을 했다. 그런데 시국선언을 했던 교사 대다수가 징계를 당했다. 국가공무원법, 정당법, 정치자금법, 공직선거법이 '교육의 중립성 보장'이라는 이름으로 교사들의 정치활동을 가로막고 있기 때문이다. 세월호 참사는 우리 사회가 사람의 생명을 얼마나 함부로 여기는지 보여주는 사건이었고 그래서 많은 이들이 이를 애도하고 진실규명을 하는 데 함께하고자 노력했다. 그런데 그런 순간마저도 '교육의 중립성'이라는 이유로 행동을 하지 못하게 하는 것은 사회의 구성원인 교사가 그 책임을 다하지 못하도록 막는 셈이다.

노동조합을 단지 조합원들의 이해와 요구를 대변하는 조직으로 좁히고 노동조합이 사회적 책임을 다하려는 노력을 가로막으면 노조는 '이기적인 조직'이 된다. 조합원의 이익만 생각하면 자신이 속한 기업의 비리, 하청업체 수탈, 사회적 책임에도 눈감게 된다. 민주노총이 자신의 존재 목적을 "사회의 민

＊　제정남, 〈KBS·MBC 노동자들 5년 만에 동시 파업〉, 《매일노동뉴스》, 2017년 9월 4일 자. http://www.labortoday.co.kr/news/articleView.html?idxno=146634.

주적 개혁을 통해 전체 국민의 삶의 질을 개선함"이라고 선언한 것처럼, 스스로 사회적 책임을 다해야 좋은 노조이다.

한국의 노동조합은 사회적 역할을 다하기 위해서 노력하고 있을까? 그런 노조도 있지만 '조합원의 이익'이라는 주문에 갇혀 사회 전체에 이익이 되는 방향을 생각하지 못하는 노조도 있다. 조합원들이 동의하지 않는다는 이유만으로 비정규직 노동자들의 권리를 지키는 데 소극적이기도 하고, 정부의 잘못된 정책 때문에 누군가 고통을 당할 때 '중립성'을 내세우며 침묵하기도 한다. 그리고 앞장서서 사회적 역할을 하는 노조를 오히려 '정치적'이라고 비난하기도 한다. 정부가 정치파업을 '불법'이라고 규정하기 때문에 정치파업은 하지 말자고 요구하는 조합원들도 있다. 그러나 노동자의 삶은 사회와 떨어져 있지 않고, 사회의 변화가 노동자들의 삶에 영향을 미치고 있으므로 당장의 이익만이 아니라 사회 전체의 이익과 권리를 위해 싸워야 한다. 그래야 진짜 노동조합이다.

4. 사회적 연대로 힘을 얻는 노동자들

한국 사회에서 노동조합이 인정된 지 1987년 이래로 30여 년이 흘렀다. 그러나 노동조합의 활동은 여전히 순탄하지 않다. 1995년에 만들어진 민주노총이 합법성을 인정받은 것은 1999년의 일이다. 검찰과 법원은 여전히 노조 활동에 대한 손해배상과 가압류를 용인한다. 용역깡패를 동원한 노조 파괴도 저질러지지만 사법부는 기업에 관대하다. 기업이 힘이 강하다 보니 기업들은 노조의 목소리를 듣지 않으려고 한다. 특히 힘이 없는 비정규직 노동자들의 노조 활동은 더 어렵다. 그래서 고공농성을 하거나 단식을 하는 등 극한의 투쟁을 선택하게 된다. 그러다보니 권리가 없는 노동자들과 연대하려는 흐름도 생겼다.

기륭전자라는 구로공단의 작은 회사가 있다. 그곳에서 비정규직으로 일하던 노동자들은 노동조합을 만든 후 회사에서 쫓겨났다. 최저임금을 받으며 비정규직으로 일하다가 문자로 해고된 기막힌 현실이 전해지면서 많은 사람들이 농성장에 함께했다. 기륭전자 농성장은 많은 예술가들의 문화 연대로 풍성해졌다. 종교인들이 관심을 가지면서 농성장에서는 미사와 예배가 이어졌다. 학생들도 이런 문제를 자신의 문제로 여겼다. 기륭전자에서 시작된 연대의 마음은 여기에서 그치지 않고, 정리해고에 맞서 85호 크레인에서 농성하는 한진중공업 해고노동자와의 연대로, 정리해고된 동료들의 계속되는 죽음으로 고통스러워하던 쌍용자동차 노동자들과의 연대로 이어졌다. 지금도 힘든 조건에서 싸우는 노동자들에게 예술가와 시민, 종교들이 연대해 힘을 보탠다.

한국 사회의 노동자들은 어려움에 처했을 때 많은 시민들의 응원으로 조금씩 권리를 찾아왔다. 그리고 연대의 의미를 알게 된 노동자들은 다시 연대의 걸음에 함께했다. 기륭전자 노동자들이나 쌍용자동차 노동자들은 이후 용산에서 재개발 철거민들이 사망하는 일이 생겼을 때 누구보다 먼저 달려갔고, 제주 강정에서 해군기지가 만들어져 주민들이 고통을 받을 때에도 함께 연대했다. 자신과 직접 관련이 없는 것처럼 보여도 우리 사회는 모두 연결되어 있고, 노동자들도 그 일부로서 사회적 연대의 주체가 되어야 한다는 인식도 높아졌다. 그리고 자신의 문제를 해결할 뿐 아니라 사회적으로 권리를 갖지 못한 노동자들이 제도적 권리를 찾을 수 있도록 힘을 합해왔다.

2018년 12월 11일 태안화력발전소 비정규직 노동자였던 김용균 씨가 컨베이어에 빨려들어가 사망했을 때 시민들과 사회단체들은 단지 그를 애도하는 것에 그치지 않았다. '청년 비정규직 고^故 김용균 시민대책위원회'를 만들어 위험의 외주화를 중단하라고, 진짜 사장인 원청기업이 사용자로서 책임을 지도록 하라고, 산재 사망사고를 일으킨 기업을 처벌하라고 요구했다. 그 결과 산업안전보건법을 개정해 원청기업이 하청 기업의 산재 사망사고에 책임을 지도록 만들었다. 사회적 연대는 하나의 사안을 전체 노동자의 권리 향상으로 잇기 위한 지난한 노력이어야 한다.

노동자들을 향한 사회적 연대란 어려움에 처한 비정규직이나 해고노동자들과 함께하는 것만을 의미하지는 않는다. 노동조합이 사회적인 책임을 다하고자 할 때 거기에 힘을 싣는 것도 연대다. 공직사회의 부정부패 척결을 위해 공무원이 노력할 때, 참교육을 위해 교사들이 노력할 때, 공공기관의 공공성을 지키기 위해 노동조합이 노력할 때 노동자들은 여러 탄압이나 어려움에 봉착할 수 있다. 그럴 때 사회적 연대를 통해서 노동자들의 그 노력이 결실을 맺을 수 있도록 함께하는 것이다.

5. 노동자는 사회 속으로, 사회는 노동조합과 함께

우리는 대부분 노동자이거나 노동자가 될 것이다. 소수의 건물주나 재벌가 자녀를 제외하면, 대부분의 학생들은 노동자가 될 가능성이 높다. 그런데 우리는 직장에 다니는 노동자이면서, 시장과 상점에서 물건을 사는 소비자이기도 하고, 투표에 참여하거나 선거에 나가는 정치적 주체이며, 지역 사회의 일원이기도 하다. 이 모든 정체성은 분리될 수 없다.

그래서 노동자의 모임인 노동조합과 사회가 만나야 한다. 2012년 구미의 국가산업단지에 위치한 업체에서 인체에 치명적인 불산이 누출된 적이 있었다. 무려 23명의 사상자가 발생했다. 그런데 그 피해는 단지 그 공장에서 일하던 노동자에게만 미친 것이 아니다. 공장 일대의 주민들과 동식물들도 엄청난 피해를 입었다. 기업이 위험한 화학물질을 사용하는지 여부를 감시하는 것은 단지 노동조합만의 역할이 아니다. 지역 주민들 역시 자신들이 살고 있는 지역에서 사용되는 위험물질을 알아야 하고 제대로 기업을 감시할 수 있어야 한다. 그 이후 노동조합과 지역 주민들은 '유해화학물질 알권리 조례'를 제정하기 위해 함께 노력했고, 그 결과 여러 시·도에서 조례를 제정하게 되었다. 노동자와 사회가 만나야 모두가 안전한 사회를 만들 수 있다.

노동조합은 사회의 민주주의와 평등을 지키면서 일터에서의 민주주의와 평등을 지킨다. 장애인이 노동자로 일할 수 있으려면 이동권과 장애인이 일할 수 있는 노동환경이 보장되어야 한다. 성소수자가 일터에서 두려움 없이 일하려면 성적 지향을 이유로 한 차별이 없어져야 한다. 노인과 청소년에 대한 사회적 차별이 일터에서의 차별로 이어지지 않게 하려면 일터에서 평등한 조건을 확보하는 것도 중요하지만, 청소년과 노인이 존중받는 사회를 만드는 데도 힘써야 한다. 성별과 무관하게 평등하게 일하려면 우리 사회의 가부장적 구조가 없어져야 한다. 일터에서의 권리와 사회에서의 권리는 분리될 수 없다. 그래서 노동조합은 사회의 민주적 변화와 평등을 구현하기 위해 노력한다.

노동조합은 사회정치적 변화에도 앞장서야 한다. 노동자는 노동조합 활동을 통해 자기 스스로가 주체가 될 때 민주주의가 가능하다는 걸 배운다. 노동조합은 훌륭한 집행부가 이끌 때 힘이 있는 것이 아니라, 조합원 스스로가 주체가 되어서 목소리를 높일 때 힘을 가질 수 있기 때문이다. 그래서 노동조합에서는 총회와 집회, 파업처럼 모두가 모이는 공간이 중요하다. 마찬가지로 사회에서도 집회와 시위의 자유가 민주주의를 이루는 데 중요하다. 그런데 개별 시민들이 집회와 시위를 하기는 쉽지 않다. 많은 이들이 집회와 시위를 할 수 있도록 지원하고 시민들이 용기를 낼 수 있도록 경험을 제공하는 장이 노동조합이기도 하다. 그러니 모두가 노동조합의 조합원이 되자. 그리고 노동조합은 사회의 일원이 되자. 우리 사회가 더 평등하고 자유롭고 민주적이 될 수 있도록.

일터에서는 노동자이지만 지역 사회에서는 시민이고, 때로는 종교인이며, 누군가의 부모이거나 자녀인 이들이 일터에서 훈련한 민주주의를 자신의 삶에서 구현하고, 사회적 연대를 통해 다시 노동조합에 힘을 주면서 노동조합이 사회적 책임을 다하도록 격려할 때 우리 사회는 더 민주적이고, 더 사람답게 살 수 있는 곳이 될 것이다.

왜 성소수자들은 탄광 노동자들과 함께했을까?

"서로를 지지하고, 당신이 누구든, 어디에서 왔든, 어깨를 맞대고 손을 맞잡는 거예요." 내가 너무 힘들고 아플 때 누군가에게 이런 말을 들을 수 있다면, 그래서 나에게 어깨를 빌려주고 손을 맞잡아주는 이가 있다면 얼마나 힘이 날까? "당신 곁에 내가 있다"라고 말해주는 이들이 있을 때 함께 살아가는 사회를 만들 수 있다. 영화 〈런던 프라이드^{Pride}〉(2014)가 말하는 연대다.

　1984년 영국에서는 마거릿 대처^{Margaret Thatcher}의 집권 이후, 기업을 살리자는 기치 아래 탄광이 구조조정의 대상이 되었다. 구조조정은 대량해고로 이어지고, 석탄을 캐며 생계를 유지하던 노동자들은 해고로 인해 삶이 박탈될 처지에 놓였다. 탄광 노조는 파업 돌입을 선택했다. 그러나 정부는 탄광 노동자들보다 힘이 셌으며, 강경한 대응으로 맞선다. 파업 노동자들은 사회에서 낙인찍힌다. 언론은 생존을 위한 광부들의 파업을 비난한다. 영국 사회는 삶을 지키려는 탄광의 광부들을 벼랑 끝으로 내몰았다.

　이때 탄광 노동자들에게 손을 내미는 사람들이 있었다. 바로 성소수자들이었다. 성소수자 단체는 '사회적으로 유익한 행동을 통해 성소수자도 사회의 일원으로 인정받아야 한다'고 생각했고, 그 유익한 일이 무엇일까를 고민한다. 그들이 손을 내민 이들이 사회적으로 고립되어 있던 광부들이었다. 성소수자들이 처음 광부들이 사는 마을에 도착했을 때, 반기는 이는 없었고 어색하고 낯선 시선들이 오갔지만 곧 서로를 이해하게 된다. 이 영화는 이 과정에서 약자들이 왜 연대해야 하는지, 그것이 어떻게 희망이 되는지 보여준다. "전쟁 중에 있는 줄도 몰랐던 친구를 만난 기분이다"라는 영화의 대사를 보면, 서로에게 편견이 가득했던 이들이 서로의 존재를 대면하면서 어떻게 '친구'가 되는지 알 수 있다.

1980년대에 영국에서 탄광 노동자와 성소수자가 만났다면 2011년 한국에서도 성소수자와 해고당한 노동자들이 만났다. 한진중공업이라는 조선소가 노동자들을 정리해고했다. 그때 한진중공업의 한 여성 노동자가 85호 크레인에 올라 고공농성을 한다. 여성 용접사였고 해고 노동자인 김진숙이었다. 그를 응원하기 위해 2011년 전국에서 희망버스가 출발했다. 부산 영도의 한진중공업으로 향한 응원의 버스에는 성소수자들도 탑승했다. 김진숙 씨는 연대한 이들에게 감사 인사를 전하면서 성소수자들을 호명했다. 그 이후 길거리에서 싸우는 노동자들은 성소수자들의 싸움에 연대했다. 서로에 대한 응원과 연대 속에서 서로를 이해하고 힘이 될 수 있었다.

1980년대 영국에서 만난 성소수자와 광부처럼, 2011년 한국에서는 희망버스로 노동자와 성소수자가 만났다. 노동자들의 투쟁은 사회적으로 쉽게 비난받는다. 성소수자들도 혐오와 편견 때문에 고립되기도 한다. 그렇지만 자긍심을 잃지 않고 싸우는 이들이 존재를 인정하고 같이 만나 위로하는 것, 그 힘으로 각자의 위치에서 용기를 갖고 살아나가는 것이 우리 사회를 다양하고 힘 있게 만든다.

2부

임금:

임금은 권리다

엄진령

1. 임금은 어떻게 결정되나

임금은 일을 통해 노동자가 버는 소득이다. 하루하루 일을 해서 버는 일당, 매달 정기적으로 받는 월급, 시간당으로 책정되는 아르바이트 노동자의 시급, 일의 성과에 따라 매겨지는 성과급, 또 일의 결과를 약속하고 지급되는 도급금 등 임금의 형태는 다양하다. 어떤 형태든 일을 하고 버는 노동자의 소득은 모두 '임금'이라고 부른다.

그렇다고 모든 소득이 임금인 것은 아니다. 임금에는 '고용되어 일을 하고 그 대가로 지급받는 것'이라는 의미가 있다. 고용되어 일을 한다는 것은 노동자가 그 노동을 지시하는 사람, 즉 사용자의 사업에 속해서 사용자의 사업을 위해 시간과 노력을 투여하는 것을 뜻한다. 그러니 개인이 자기의 사업으로 벌어들인 소득이나, 금융투자를 해서 버는 소득 등은 임금이 아니다. 노동자가 다른 이의 사업에 종속되어 버는 소득, 즉 '종속'이라는 자본주의 노동관계의 핵심적인 요소가 그 소득이 임금인지 아닌지를 가르는 기준이다. 이때 '종속'이란 반드시 직접적인 구속이나 구체적 형태의 지시에 대한 복종을 의미하는 것은 아니다. 노동자가 다른 일을 할 수 있는 시간을 사용자의 사업을 위해 귀속시키고, 포괄적인 업무의 지휘를 받거나 정해진 매뉴얼을 따라 일하는 것이면 충분하다.

이렇게 일을 해서 받는 임금은 얼마여야 적정한 것일까? 노동자가 하루를 일하고, 다시 다음 노동일에 일을 할 수 있도록 노동력을 충전하기 위해서는 비용이 든다. 밥을 먹고, 휴식을 취하고, 안정된 주거에서 잠을 잘 수 있어야 한다. 임금은 최소한 이와 같은 생활을 안정적으로 유지할 수 있는 수준이 되어야 한다. 더 나아가 사회의 평균적인 문화 수준을 향유하고, 더 많은 휴식과 더 질 좋은 생활을 누리고자 할 수도 있으며, 그를 위해 사업주를 상대로 더 많은 임금을 요구할 수도 있다. 이는 노동자들의 권리이기도 하다. 노동자의 노동이 없이 기업이 원래 가지고 있는 돈이란 없으며, 기업이란 노동자의 노동이 있어야 돌아가는 조직이기 때문이다. 기업조직과 노동자의 노동이 결합되어야 기업은 생산을 하고 이윤을 만들어낼 수 있고 그 이윤으로 임금을 지급하고 투자도 한다. 이렇듯 임금은 기업주가 주는 것이 아니라 기업과 노동자가 함께 생산한 결과물 중 노동자의 몫을 가져오는 것이기에 노동자의 권리인 것이다.

그렇다면 임금의 수준을 기업과 노동자가 함께 결정해야 타당할 텐데 현실은 그렇지 않다. 임금은 노동자의 주요 생계수단이지만, 사업주가 이윤을 늘리는 가장 손쉬운 방법이 바로 노동자의 임금을 줄이는 것이기 때문이다. 그래서 노동자와 사용자 사이에는 임금을 둘러싼 대립이 자연스레 발생할 수밖에 없으며, 임금의 결정을 둘러싸고 치열한 투쟁이 벌어진다.

이때 노동자가 개별로 사업주와 맞서서 임금협상을 한다는 것은 불가능에 가깝다. 그래서 노동자들은 노동조합을 통해 임금을 교섭하고, 파업과 같은 단체행동을 통해 임금 인상을 이루고자 한다. 임금이 노동자들의 조직과 투쟁, 파업 등을 통해서 비로소 인상된다는 것은 지난 역사를 돌아보면 잘 알수 있다. 한국의 1970~1980년대는 생산이 비약적으로 발전한 시기였지만, 노동자들은 권리를 가진 노동자가 아닌 '산업역군'으로 불리면서 장시간 노동에 얽매여야 했다. 임금은 낮았고 장시간의 초과 잔업이 일상이었다. 노동조합이라고는 어용 노조뿐이었고 노동자들의 자주적인 노동조합이 없었다. 그래서 생산은 늘어나고 기업의 이윤도 늘어났지만 노동자들의 생활수준은 형편없었다. 그렇게 빼앗긴 노동자들의 몫은 1987년 노동자대투쟁 이후 민주노조가 일터에 세워지면서 조금씩 나아질 수 있었다.

반면 기업은 임금교섭을 통해 집단적으로 임금을 결정하는 것이 아니라, 성과나 직무와 같은 요소들로 임금을 결정하려고 한다. 그렇게 하면 기업이 정한 성과 기준이나 기업이 주도하는 평가제도로 노동자의 등급을 매기고 임금을 결정할 수있게 되므로, 노동조합이 교섭을 통해 임금 결정에 미칠 수 있는 영향은 최소화되거나 없어진다. 결국 노동자들은 회사의 눈치를 볼 수밖에 없고, 상내적으로 노동조합은 약화될 수밖에 없다.

임금은 이런 노동과 자본의 힘겨루기로 결정된다. 개별 기업 차원에서도 그렇지만, 사회적으로도 그렇다. 노동조합이 많아지고 힘이 강해지면, 노동조합이 없는 회사들의 노동조건도 개선되는 효과를 얻을 수 있다. 하지만 반대로 노동조합이 억압받고 그 힘이 약해지거나, 노동조합이 없는 회사가 많아지면 한 사회의 노동조건은 전체적으로 그 수준이 낮아질 수밖에 없다. 노동자가 힘을 발휘하지 못하면 임금은 줄어들고 기업의 규모나 노동자의 고용형태, 성별, 나이 등 모든 것이 임금차별을 만들어내는 요소가 된다. 반대로 노동자의 힘이 커지면 임금이 인상되고 그 수준도 차별 없이 더욱 평등하게 나아갈 수 있다. 그것이 임금이 가지는 정치적 성격이다.

2. 임금의 최저 기준으로서의 최저임금

우리나라 노동법은 임금이 얼마여야 한다는 수준을 정하고 있지 않지만 더 이상 하락해서는 안 되는 임금의 최저선을 정하고 있다. 그것이 바로 최저임금제도다. 노동자의 최소한의 생계를 보장하기 위한 제도로, 노동관계에서 자본이 지속적으로 임금을 하락시켜 노동자의 생활 자체를 위험하게 만들지 않도록 법으로 기준을 두는 것이다. 우리 헌법 제32조 제1항에서는 국가로 하여금 최저임금제를 시행하도록 의무를 부과하고 있고, 그에 따라 최저임금법이 마련되어 제도가 운용되고 있다. 1953년에 제정된 근로기준법에 최저임금제도 실시를 위한 근거를 두고 있었지만 규정만 있을 뿐 제도를 시행하지는 않다가, 이후 1986년 12월 31일에 최저임금법이 제정되어 1988년 1월 1일부터 시행되기 시작했다. 그러나 최저임금제도가 크게 의미를 가지게 된 것은 2000년대 이후다. 바로 비정규직의 증가와 민주노총의 합법화라는 사회적 변화 때문이다.

2000년대에 들어서면서 비정규직 노동자가 급격히 늘어났다. 고용이 불안정하고 노동조합으로 뭉치기 어려운 조건 때문에 비정규직 노동자들은 최저임금을 벗어나지 못하는 차별적인 저임금을 받을 수밖에 없었다. 일례로 2005년 구로공단에서 노동조합을 결성하고 불법파견에 맞서 정규직화를 요구하며 투쟁했던 기륭전자 노동자들의 경우 노조 설립 당시 월급이 최저임금보다 단 10원이 많은 64만 1,850원이었다. 최저임금이 곧 자신의 임금이 되는 노동자들이 늘어나면서 비정규직 노동자들에게는 최저임금 결정이 그만큼 중요해졌다. 그래서 이 시기부터 민주노총 등 비정규직 노동자를 조직하고 있던 노동조합들과 사회단체들이 최저임금 결정에 개입해 목소리를 내기 시작했다. 불법단체로 탄압을 받아왔던 민주노총이 1999년 합법적 지위를 가지게 되면서 최저임금위원회에 노동자위원으로 참가하기 시작했고, 사회단체들도 비정규직 투쟁에 함께하면서 최저임금 투쟁에 중요성을 더했다. 1988년부터 시행되었지만 사실상 유명무실했던 최저임금제도가 이런 과정을 통해 비로소 사회적으로 의미 있는 제도로 부각되기 시작했던 것이다.

그런데 막상 노동자들이 참가한 최저임금위원회의 결정은 그리 합리적이지 않았다. 최저임금위원회에는 생계비를 조사하는 생계비전문위원회, 임금 수준을 다루는 임금전문위원회, 필요할 때 전문적 사항을 보좌하는 연구위원회가 있지만,

다음해의 최저임금은 최종적으로 근로자위원, 사용자위원, 공익위원이 참가하는 전원회의의 협상에 의해 결정된다. 이 전원회의에서 노동자 측은 최저임금을 인상을 요구하고 사용자 측은 최저임금을 낮은 수준에 묶어두려 한다. 그러다보니 사실상 결정권은 공익위원들의 손에 쥐어졌다. 그리고 공익위원들은 한 번은 노동자 측에, 한 번은 사용자 측에 가깝게 결정하는 핑퐁을 반복했다. 그나마도 2008년 이후로는 사용자 측이 최저임금을 동결하자는 주장을 종종 들고 나왔고, 최저임금을 아예 삭감해야 한다는 주장도 했다.

노동자들의 '최저임금 1만 원' 요구는 그래서 시작되었다. 주 40시간을 기준으로 보면 월 노동시간이 209시간이 되므로, 사회적으로 한 달 월급이 200만 원 수준은 되어야 하지 않겠느냐는 노동자 입장에서의 간명한 요구였다. 이 요구를 가지고 최저임금위원회의 교섭을 넘어서는 최저임금 인상을 위한 노동자들의 투쟁을 만들어내고자 했다.

요구는 간명했지만, 최저임금에 생활수준이 좌우되는 노동자들이 많아진 만큼 사회적 반향도 컸다. 최저임금이 바닥임금이 아니라 노동자의 자존감을 지킬 수 있는 수준이 되어야 한다는 인식 변화도 있었다. 최저임금 1만 원에 대한 사회적 요구는 2017년 5월 대선 국면에서 거의 모든 대선 후보들이 (도달 시기의 차이는 있지만) 최저임금 1만 원을 달성하겠다는 공약을 제시할 정도로 영향력을 미쳤다. 그리고 문재인 대통령 당선 첫 해인 2017년에는 2018년에 적용될 최저임금을 16.4퍼센트 인상된 7,530원으로, 2018년에는 2019년 최저임금을 10.9 퍼센트 인상된 8,350원으로 정해 큰 폭의 인상이 이루어졌다.

그러나 최저임금이 인상되자 사용자들은 곧 '기업을 운영하기 어렵다' '영세사업자가 도산한다' '노동자들의 일자리가 줄어들 것이다'라는 등 최저임금의 급격한 인상을 비판했다. 최저임금이 지나치게 인상되어 최저임금을 지급하지 못하는 사업주들이 늘어날 것이고, 억울하게 위법의 굴레를 쓰게 된다는 하소연도 했다. 그리고 수년 만에 인상다운 인상을 이룬 최저임금은 곧 실질적인 후퇴를 맞았다. 경영계의 목소리가 높아지자 정부는 속도 조절이 필요하다는 입장을 내보이며 경영계의 요구를 수용해 2018년 5월 최저임금제도를 후퇴시키는 방식으로 최저임금법을 개악했다. 기존에는 최저임금 위반 여부를 판단하는 최저임금 산입범위에 포함되지 않았던 상여금, 식비 등이 최저임금에 산입되었고, 최저임금이 곧 자신의 임금이 되었던 비정규직 노동자들이나 노동조합이 없는 작은 사업장의 노동자들은 실질적인 임금 인상의 효과를 보기가 어려워졌다.

그리고 최저임금제도를 더 악화시키기 위한 여러 가지 방편이 계속해서 경영계에 의해 제기되고 있다. 지역이나 사업의 종류에 따라 최저임금을 다르게 정하자는 주장, 연령에 따라 최저임금을 삭감할 수 있도록 하자는 주장, 또 이주노동자들에게 1~2년에 이르는 장기간 동안 수습이라는 딱지를 붙여 최저임금을 삭감할 수 있도록 하자는 주장 등 최저임금에 예외를 만들려는 시도가 계속되고 있다.

지금까지 한국 사회는 최저임금의 적용을 받는 노동자의 범위를 점차 확대해왔다는 점에서 이러한 주장들은 최저임금 제도를 과거로 후퇴시키려는 시도다. 과거 최저임금은 여러 적용 배제 조항을 두고 있었지만, 이를 점차 축소해 적용의 범위를 넓혀왔다. 대표적으로 청소년에 대한 10퍼센트 감액 적용이 있었지만 이를 삭제해 2005년 9월부터 동등하게 적용하게 만들었다. 수습노동자에 대해서는 적용이 아예 제외되다가 2005년 9월부터 3개월 이내의 수습노동자에 대해 10퍼센트 감액하여 적용하고, 또 수습이라 할지라도 최저임금을 감액해서는 안 되는 경우들을 추가해왔다. 2012년 7월부터는 계약 기간이 1년 미만인 경우에 대해서, 2018년 3월부터는 단순노무직에 종사하는 경우에 대해서는 수습이라 할지라도 최저임금을 감액하지 못하도록 했다. 경비원과 같은 감시단속적 노동에 종사하는 노동자들도 적용이 제외되다가 2007년에는 30퍼센트 감액 적용으로 바꾸었고 감액률을 점차 완화해서 2015년부터는 최저임금이 100퍼센트 적용되고 있다. 이 과정은 최저임금의 적용 범위를 확대하고 예외를 줄여온 것이었고, 이는 최저임금 제도의 설정을 명한 헌법 제32조에 따른 국가의 책무 수행이기도 하다.

우리의 최저임금법은 그 목적 가운데 가장 첫 번째를 "임금의 최저수준을 보장하여 근로자의 생활안정"을 꾀하는 데 두고 있다. 임금의 최저수준이 보장되지 않아도 되는 노동자,

국가가 생활의 안정을 도모하는 데 예외가 될 수 있는 노동자가 존재할 수는 없다. 무엇보다 최저선을 정한다는 것은 그 이하의 수준이 사회적 기준에 미달한다는 것을 의미하기도 한다. 이런 사회를 용인한다는 것은 실로 부끄러운 일이다.

3. 임금 인상 억제를 중심에 둔 정부의 임금 정책

지금까지 임금이란 무엇인지, 그리고 임금을 결정하는 데 자본과 노동이 어떻게 대립하는지, 그리고 국가가 개입하는 최저임금제도란 무엇이며 어떤 기능을 하는지 살펴보았다. 그런데 정부의 역할은 여기에 그치지 않는다. 임금을 둘러싼 쟁투의 참전자는 자본과 노동만이 아니다. 정부도 이에 개입해서 임금 정책을 편다. 정부가 개별 기업의 임금문제에 개입한다는 것은 어찌 보면 이상할 수도 있지만, 성장과 공황을 반복하는 자본주의의 구조, 그리고 장기적인 불황이 이어지는 자본주의 경제의 흐름을 볼 때 국가적 차원에서도 '임금 성책'은 큰 과제다.

특히 한국 사회는 정부의 임금 정책이 오랫동안 큰 영향력을 행사해왔다. 과거 권위주의 군사정부 시절에는 국가가 경제 성장을 주도하면서 임금 인상을 억제했고, 이후 소위 민주정부 출범 이후에는 기업이 더 많은 이윤을 위해 자유롭게 활동할 수 있도록 노동조합을 억압하고 임금 인상을 압박하는 정책을 전개해왔다. 그 역사를 잠깐 되짚어보자.

한국 경제는 세계 자본주의의 성장 및 공황의 흐름에 영향을 받으면서 성장과 부침을 겪어왔는데, 성장의 결과물은 노동자에게 분배되지 않았고, 부침의 결과는 오히려 노동자들에게 지워졌다. 1980년대 초반 유가 급등으로 소비자 물가가 인상되자 당시 전두환 정권은 이를 노동자들의 임금 인상 탓으로 돌리면서 국가적 차원에서 임금 동결을 선언했다. 1980년대 중후반 이후 경기가 나아졌지만 노동자들의 처지는 개선되지 않았고, 1987년 노동자들의 투쟁을 통해서 이런 현실이 바뀌었다.

그러자 노태우 정권은 다시 이를 억제하고 노동조합을 약화시키기 위해 1990~1991년 한 자리 수 임금 인상이라는 임금억제 정책을 폈고, 1992년에는 총액임금제를 도입했다. 총액임금제(임금 가이드라인)는 정부가 노사 간의 임금협상 시 인상 상한을 정해 강제한 것으로, 이를 어길 경우 공권력을 행사해 제재하겠다는 긴장을 조성하기도 했다. 이때까지는 1987년 노동자대투쟁 이후 노동조합의 세력이 강했던 시기였기 때문에 노태우 정부가 의도했던 임금억제 정책이 제도적으로 안착되지는 못했다.

김영삼 정권 들어서도 4.7퍼센트 임금 가이드라인 등이 제시되었으나, 노동자들은 그의 폐지를 내걸고 투쟁했다. 노동조합을 약화시키기 위해 정리해고제, 파견제 도입 등 노동법 제도의 개악을 시도했지만 이 역시 1996년에서 1997년으로 이어진 노동자들의 총파업으로 막아냈다.

그러나 1997년 IMF 외환위기를 맞으면서 김대중 정부 시기에 노동악법이 한꺼번에 일터에 몰려들었다. 탄력적 근로시간제와 같이 장시간 일을 해도 정해진 기간을 평균해서 법정근로시간 이내가 되면 초과근로수당을 지급하지 않아도 되는 법이 만들어졌고, 정리해고와 파견근로도 법제화되었다. IMF 외환위기로 해고된 노동자들이 다시 일터에 취업할 때는 비정규직으로 고용되었고, 그만큼 저임금으로 일할 수밖에 없었다. 이후 경제지표는 개선되었지만 비정규직으로 전락한 노동자들의 처지는 개선되기 어려웠다.

노무현 정부에서는 비정규직이 전체 노동자의 절반을 넘어서자 비정규직 대책을 시행하기도 했지만, 비정규직 노동자의 저임금을 개선하지는 못했다. 오히려 비정규직 노동자가 정규직보다 책임이 낮은 일이나 중요하지 않은 일을 한다는 이유를 만들어 저임금이 타당한 것처럼 논리를 폈다.

이명박 정부에서는 공공기관에 취업하는 신입직원들의 초임을 삭감하는 정책을 폈는데, 이는 공공 부문의 임금을 깎아서 민간 기업까지 임금 수준을 낮추는 영향을 주기 위한 정책이었다. 일자리를 더 많이 만들어내겠다는 목표를 내세웠지만 결국 늘어난 것은 일부 인턴 일자리일 뿐이었고, 노동자들의 저항과 무리한 정책에 대한 비판이 이어져 결국 폐지되었다.

박근혜 정부에 들어서면서는 다시 과거와 같은 강압적 임금 정책이 추진되었는데, 당시 정부는 공공 부문에 임금피크제를 강제적으로 도입하려 했고, 이를 노동자들의 동의 없이도 가능하도록 지침을 만들어 강제했다. 현장에서 노동자와 사용자 간에 수많은 충돌이 있었지만 정부의 지침을 통해 강행되었고, 이 정책은 문재인 정부 들어서야 폐기되었다.

권위주의 정부 시절 폭압적으로 추진되던 정책이 형태만 바뀌었을 뿐 임금을 억제하고, 저임금을 기준 임금으로 두려는 태도 자체는 크게 달라지지 않았다. 그렇다면 지금의 상황은 좀 달라졌을까? 문재인 정부는 최저임금을 인상했지만 최저임금제도 자체를 후퇴시켜 인상 효과를 반감시켰다. 그리고 공공 부문 비정규직을 정규직화하는 과정에서는 직무별로 임금을 달리하는 직무급제 도입을 제시해 노동자들의 임금 인상 효과를 최소화하는 정책을 펴고 있다. 대표적으로 2017년 12월 행정안전부가 중앙부처 최초로 비정규직을 정규직으로 전환하면서, 노동자의 일을 단순한 것, 간단한 것, 경미한 일 등으로 나누어 가장 낮은 직무등급에 속하는 노동자들의 임금을 최저임금에 맞추었다.

직무의 가치에 따라 임금을 매기는 것이 합리적이고 그렇게 했을 때 임금불평등이 없어진다는 논리는 노동자들의 일에 대한 평가를 수반한다. 그런데 이 평가는 적정한 임금을 보장하기 위한 것보다는 직무의 차이를 부각시키고 그 차이에 따른 임금 격차를 합리화하는 것으로 작용한다. 직무에 따라 임금을 달리해야 한다고 하지만, 사실 각기 다른 내용의 노동을 같은 기준으로 평가하는 것은 불가능하다. 그러다보니 현재 얼마만큼의 임금을 받고 있는지에 따라 직무의 가치를 줄세울 수밖에 없게 되고, 위계상 가장 낮은 직무에는 최저임금 딱지가 붙을 뿐이다.

정부와 더불어 자본이 주장하는 성과주의나 능력주의 임금체계 역시 마찬가지다. 모든 일이 성과 측정이 가능한 업무가 아니며, 객관적인 성과 측정이 불가능한 업무가 오히려 더 많다. 또한 일의 성과란 개별 노동자의 능력에 국한된 것이 아니라 협업의 결과물이며, 노동자의 업무 수행은 기업의 구조나 경영환경 등에도 영향을 받는다. 그런 외부적 요소들을 무시하고 오롯이 노동자에게 책임을 돌려 묻겠다는 것이 성과급제, 성과연봉제 등의 이름으로 주장된다.

그리고 이런 변화를 추진하면서 기존에 한국에 가장 많았던 연공급제 방식의 임금체계가 문제라는 사회적 인식을 크게 부각시켰다. 연공급제가 나이가 들어 생산성이 떨어져도 임금이 계속 증가하는 불합리한 임금체계라는 인식을 유포하는 것이다. 그러나 연공급은 근속이 늘어남에 따라 노동자의 숙련 정도가 높아진다는 것과 함께 노동자의 생애에 따라 필요한 비용이 늘어나는 것을 염두에 둔 임금체계이다. 임금이 노동자가 내일의 노동력을 다시 생산하고 생활을 꾸려가는 재생산의 비용이라는 점을 고려하면 타당성을 잃은 것이라고 볼 수는 없다. 오히려 연공급제에서 젊은 노동자들, 즉 신입사원의 임금이 지나치게 낮게 책정되는 것은 비판받을 수 있겠지만, 연공급이 무조건적으로 합리성을 잃은 임금체계라고 볼 수는 없다.

자본주의 사회에서 정부 역시 노동자의 임금 인상에 결코 호의적이지 않다. 경제의 성장을 기업의 성장과 일치시키고 그를 위해 노동자의 임금을 관리해야 한다는 생각이 변하지 않는다면 정부의 임금 정책도 기업의 경영에 더 유리한 환경을 조성해주는 것에 그치고 만다. 임금을 둘러싼 쟁투는 노동-자본뿐만 아니라 노동-정부 사이에서도 치열하게 벌어질 수밖에 없다.

결국 임금의 총액이 정해져 있거나 처음부터 노동의 가치가 정해져 있는 것이 아니다. 임금은 노동과 자본, 노동과 정부의 역학 관계 속에서 노동자의 투쟁이 얼마나 힘을 얻는가에 달려 있다. 사회 전체의 가치가 기업의 이윤을 노동자의 권리보다 중요하게 여긴다면, 자본을 상대로 한 노동자의 단결과 투쟁, 노동조합의 활동이 제대로 보장되지 않는다면, 노동자들의 싸움은 계속 힘에 부칠 수밖에 없다.

4. 저임금과 차별에 맞서는 힘

노동자에게 임금의 인상만큼 중요한 것이 임금의 평등이다. 임금의 격차는 노동자 사이에 격차를 만들고, 임금 경쟁은 노동자의 단결력을 떨어트리기 때문이다. 그런데 이 임금격차는 여러 가지 논리에 숨어서 합리적인 것처럼 포장되곤 한다.

여성에 대한 오랜 임금차별을 생각해보자. 성별을 이유로

한 차별은 근로기준법에서 금지하고 있다. 하지만 여성이 버는 임금은 가계에 부차적인 벌이라고 여기는 가부장제에 기반을 둔 오랜 인식은 쉽게 사라지지 않는다. 그리고 이러한 인식은 '여성의 능력이 부족하다' '여성은 끈기가 없다'는 등의 온갖 비논리를 양산한다. 기업 내에서 승진의 기회가 제한되고 부차적이라고 여겨지는 직무에 여성을 배치해놓고서는 구조조정의 우선순위로 만들거나, 중요도가 떨어지는 직무이기 때문에 낮은 임금을 지급해도 된다는 논리를 재생산하기도 한다. 청소년, 고령 노동자에게도 유사한 논리가 투영된다. 이들의 노동은 생계가 아니라 아르바이트고 용돈벌이에 지나지 않기 때문에 저임금이어도 된다는 논리다. 이주노동자들에 대해서는 '언어적 소통이 서툴다' '생산성이 떨어진다' '국내와 자국의 통화 가치가 다르다'는 등의 이유를 둘러대며 저임금 지급을 정당화하려 한다.

근로기준법에 따르면 성별·국적·신앙 또는 사회적 신분을 이유로 노동조건을 차별할 수 없다. 노동자의 개별적 특성을 바탕으로 한 이런 논리들은 사실상 근로기준법에 의해 금지되는 행위다. 하지만 현실에서는 규제를 벗어나는 다양한 차별들이 가지를 뻗고, 차이는 차별의 근거가 되어 노동자들을 갈라놓는다.

2000년대부터는 비정규직 고용이 사회적으로 확산되면서 비정규직의 저임금과 차별이 문제로 제기되었다. 소수였지만 노동조합을 조직한 비정규직 노동자들은 고용의 불안정과 차별에 저항하며 권리를 주장했다. 그러나 비정규직 투쟁 초기에는 비정규직이 정규직과 입사 경로 자체가 다르다거나, 비정규직의 업무가 가치가 낮은 주변 업무 혹은 비핵심 업무라거나, 또는 비정규직이라서 업무에 대한 책임이 낮다는 등의 이유로 법적으로도 차별을 인정받기 어려웠고, 저임금을 정당화하는 이데올로기가 힘을 가졌다. 그러나 비정규직 노동자의 조직화가 이어지고 비정규직 차별을 규제해야 한다는 사회적 목소리가 높아지자 2007년 비정규직 차별을 금지하는 법제도가 생겨났다.

그러나 이 차별시정제도에 근거해 첫 번째로 차별시정을 요구했던 고령의 농협 축산물 공판장 노동자들은 재계약 과정에서 해고되는 참담한 일을 겪어야 했다. 돼지도축 업무를 수행하던 이 노동자들은 1년 단위로 계약을 갱신하며 일해온 비정규직 노동자들이었다. 차별시정제도가 만들어진 직후 2007년 7월 24일 차별시정을 신청했지만, 공판장 측은 업무 자체를 외주화하겠다며 오히려 노동자들을 해고했다. 지방노동위원회에서 차별을 인정받았지만, 해고의 위협 앞에서 대다수 노동자들은 차별시정 신청을 스스로 포기할 수밖에 없었다. 결국이들은 차별받은 임금의 전체를 보상받지도 못하고 일부 합의하는 것으로 화해할 수밖에 없었다.*

제도를 이용한다고 하더라도 차별 자체가 인정되지 못하는 경우는 더욱 많다. 중앙노동위원회가 2016년 2월 발행한 《차별시정 판정·판결례 분석집》을 보면 차별이 인정되는 비율은 매우 낮다. 차별시정 신청이 가장 많았던 2008년에는 초심인 지방노동위원회 기준으로 1,897건이 접수되었지만 인정된 건수는 고작 23건에 불과했고, 이후 신청 건수는 급격히 줄어 매년 100건 내외에 머물고 있을 뿐이다. 인정 비율도 여전히 낮아 2007년부터 2015년까지의 초심 신청 건수 대비 인정률은 6.7퍼센트 수준에 그칠 뿐이다.**

제도적 한계이기도 하지만 다양하게 발생하는 차별을 모두 법률로 규제하기 어려운 것도 사실이다. 법과 제도를 통한 규율은 필요한 것이고 더 보충되어야 하지만 그것으로는 충분하지 않다. 차별의 사유는 지속적으로 고안되고 개발되기 때문이다. 그 간극을 메꾸는 것은 법제도의 빈 지점에서 차별에 대응할 수 있는 노동조합의 활발한 활동이다. 자본이 임금을 차별적으로 지급하려는 이유는 바로 노동자들을 개별화하고 임금에 대한 자본의 권한을 강화하기 위한 것이며, 그렇게 임금을 개별화하면서 노동자에게 지급되는 임금총액을 낮추어 저임금을 유지하려는 것이다. 이에 맞서기 위해서는 무엇보다 노

---

* 성현석, 〈'비정규직 차별 시정' 신청에 '해고' 통지, 차별시정제 첫 신청자…시정 명령 나와도 복직 불가〉, 《프레시안》, 2007년 10월 2일 자(https://m.pressian.com/m/pages/articles/85763?no=85763&ref=kko); 여정민, 〈'보복성 해고'에 무릎 꿇은 차별시정 신청 비정규직, '차별시정' 대신 '고용' 선택…차별시정제도, 역시 무용지물?〉, 《프레시안》, 2007년 12월 26일 자(https://m.pressian.com/m/pages/articles/86834?no=86834&ref=kko/m).

** 중앙노동위원회, 《차별시정 판정·판결례 분석집》, 중앙노동위원회, 2016년 2월.

동자들 스스로가 차별의 감수성을 키우고, 민감하게 일터에서의 차별에 반응하며 저항을 형성해야 한다. 기계적으로 동일한 직무냐 아니냐, 법에 저촉되느냐 아니냐를 따지는 것보다 모든 노동이 정당한 대우를 받아야 한다는 존중의 태도가 중요하다. 모든 노동이 존중받는 일터와 사회를 만드는 노력이 노동자를 이러저리 갈라놓는 차별에 맞설 수 있는 힘이다.

5. 권리로서의 임금을 쟁취하기 위하여

'연봉이 수천만 원인 노동자들이 파업을 한다' '억대 연봉을 받아가면서 권리를 요구한다'는 식의 언론의 선동을 종종 보게 된다. 그러나 임금은 다른 권리와 대체되는 것이 아니다. 노동자가 보유한 다른 여타의 권리 또한 높은 임금을 받는다고 해서 축소될 수 있는 것이 아니다. 그러나 사회적으로 비정규직이 확대되고 고용의 불안정이 극에 달한 노동자들이 증가하면서, 또 실업률이 지속적으로 높아지면서 임금 인상을 요구하는 투쟁은 언론의 지탄을 받기 좋은 대상이 되어버렸다. 점점 더 열악한 것에 주목하는 사회는 연민에는 익숙하지만 권리를 주장하는 것은 낯설어 한다.

이러한 사회를 바꾸기 위해서는 노동조합의 역할이 더욱 중요하다. 노동조합이 실질적으로 사회적 평등을 위한 역할을 맡기 위해서는 스스로 조직을 확대하고 노동조합 없는 노동자,

비정규직 노동자와 함께하는 제도 개선과 사회 변화의 방향을 제시해야 한다. 무엇보다 임금을 개별화하고 차별하는 문제에서는, 차별이 낳는 효과를 인식하고 노동자 간의 동질성과 평등을 회복하는 방향을 지향해야 한다.

1987년 노동자대투쟁 당시 임금을 둘러싼 투쟁에서 노동조합이 해낸 가장 큰 역할은 비상식적으로 낮은 임금 수준을 올린 것뿐 아니라, 차별적인 임금을 바로잡은 것이었다. 기업이 마음대로 임금을 책정하고 온갖 차별적 요소들을 동원해 노동자들의 임금을 낮추고자 할 때, 노동자들은 동일임금을 쟁취하기 위해 싸웠다. 기업은 학력이나 성별, 업무의 종류 등을 이유로 노동자들의 임금을 다르게 책정해 같은 노동자라는 인식을 가로막았다. 하지만 노동조합은 차별의 부당함을 폭로하고 임금이 서로 다르게 결정되도록 하는 요소들을 없애고 교섭을 통해 임금이 집단적으로 결정되도록 만들었다. 임금교섭이란 다만 임금 수준을 높이자는 협상에 그치는 것이 아니다. 기업이 여러 기준들을 도입해 임금격차를 발생시키고 차별을 합리화하려는 것에 맞서서 노동자 전체의 임금 몫을 상향시키고, 노동자들 간에 차별 없이 평등한 임금체계를 확보하려는 노력이다.

노동조합의 조직형태가 기업을 넘어 지역으로, 산업으로 확장하는 것은 그렇게 평등을 확장하는 것이기도 하다. 산업별 협약을 통해서는 작은 사업장이나 아직 노동조합이 없는 사업장이더라도 해당 산업의 노동조합이 체결한 협약의 적용을 통해 노동조건의 개선을 이룰 수 있다. 물론 아직 한국의 산업별 교섭은 그에 미치지는 못하고 있지만, 산별협약에서 해당 산업의 최저임금을 법정 최저임금보다 높게 설정해 격차를 완화하고자 하는 시도는 계속되고 있다. 일례로 제조업 노동자들을 주로 조직하는 민주노총 전국금속노동조합(금속노조)은 지난 2020년 금속산업사용자협의회와의 산별협약에서 2021년 적용할 금속산업 최저임금을 법정 최저임금보다 80원 높은 8,800원으로 정했다. 노동조합원이 아니라 하더라도 해당 사용자단체가 구속력을 갖는 업체에서는 산별 최저임금이 적용된다.

임금을 둘러싼 자본과 노동의 싸움은 그래서 개별 기업만의 문제를 넘어선다. 기업은 계속해서 노동자들을 분할하고, 개별 기업 내에서 임금차별을 강화하려고 한다. 반면 노동조합은 임금문제를 계속 평등한 것으로, 또 기업의 울타리를 넘어 지역으로, 사회로 끌어내 사회적 격차를 완화하는 것으로까지 끌고가려고 한다.

그러나 한국 사회는 노동조합에 그리 친절하지 않다. 노동조합의 활동을 터부시하고 집단적 권리 주장을 이기주의로 매도하는 환경에서는 노동조합이 그 활동의 폭을 넓히기가 어렵다. 무엇보다 개별 기업의 벽을 넘어 산업 혹은 전 사회의 임금 기준을 높이기 위한 투쟁은 법에 가로막혀 있다. 그러나 법의 한계에 갇혀 개별 기업 단위의 임금 협상만 하면 오히려 노동자들 사이에 격차를 키우게 된다. 더 많은 임금을 지불할 수 있는 대기업에 입사한 사람이 중소 기업의 노동자보다 많은 임금을 받게 되는 현실을 바꿀 수 없기 때문이다. 대기업 정규직과 하청업체 비정규직의 격차가 당연한 것이 되면 임금은 노동자의 권리로서의 의미를 잃고 승리한 자의 전리품에 지나지 않게 된다.

그러니 노동조합은 기업의 벽도 뛰어넘고, 고용형태의 구분도 뛰어넘고, 인종이나 성별과 같은 차이도 뛰어넘어 더 넓게 단결하고 연대해야 한다. 그렇게 힘을 모아야 설사 지금의 법률이 불법이라 규정하더라도 일하는 모든 사람들의 권리를 위해 싸워나가며 권리로서의 임금을 정당하게 쟁취해올 수 있기 때문이다.

8

노동시간:
노동시간의 권리는 노동자에게 있다

안명희

1. 노동운동의 역사는 노동시간 단축의 역사

1996년 12월 김영삼 정부의 노동법 개악 날치기에 노동자들은 대규모 파업투쟁으로 맞섰다. 기업의 생산성 및 경영상의 이유로도 노동자들을 해고할 수 있으며(정리해고제), 기업의 필요에 따라 노동시간을 탄력적으로 운용할 수 있으며(변형근로시간제), 중간착취를 가능하게 하는 제도(파견근로제)를 노동자들은 도저히 받아들일 수 없었기 때문이다. 이처럼 노동시간의 문제는 고용의 문제만큼이나 노동자에겐 절박한 문제라는 것이 다시 한번 확인되었다.

흔히 노동운동의 역사는 노동시간 단축의 역사라고 한다. 노동시간을 줄여나가기 위해, 노동시간의 유연화에 맞서기 위해 노동자들은 투쟁해왔고, 그 투쟁의 결과로 노동시간에 대한 노동자들의 권리가 확대되어왔다는 것이다. 이는 노동시간의 단축은 자본가의 선의가 아닌 노동자의 투쟁으로 가능했다는 의미다.

산업혁명 시기 인간은 기계 부품과 다를 바 없었다. 하루 24시간 중 단 몇 시간을 제외하고 계속해서 일해야만 했다. 죽거나 다치는 사람들이 생겨나는 건 당연했다. 노동자들은 저항하기 시작했고, 자본가는 노동력이 고갈되어 공장이 멈춰버릴까 우려했다. 그때 고안된 것이 바로 공장 노동자의 노동환경을 규제하는 '공장법Factory Law'이었다.

1802년 영국에서 맨 처음 시행된 공장법은 우선 아동의 노동시간을 하루 12시간으로 제한했다. 1833년에는 아동의 야간노동이 금지되었으며, 1847년에 이르러서야 아동과 여성의 하루 노동시간이 10시간으로 제한되었다. 아동의 노동시간이 2시간 줄어드는 데 45년이라는 시간이 걸린 셈이다. 이렇게 유럽에서의 노동시간 단축은 공장법을 통해 제도화되었으나, 그럼에도 불구하고 산업혁명기의 대표적인 사상가 로버트 오언Robert Owen이 주창했던 "하루 8시간 일하고 8시간 놀고 8시간 쉬는" 생활은 여전히 꿈에 불과했다.

그렇다면 하루 8시간 노동은 어떻게 이뤄진 것일까? 1886년 5월 1일, 미국 시카고에서 노동자들이 하루 8시간 노동을 요구하며 총파업을 벌였다. 이에 경찰과 군대는 총으로 막아섰고, 그 총 끝에 노동자들이 숨졌다. 격분한 노동자들이 헤이마켓 광장으로 모여들었는데, 집회 도중 폭탄이 터졌고 또다시 많은 이들이 다치거나 목숨을 잃었다. 이 사건은 시위를 주도했던 노동자들이 사형 선고를 받으며 일단락되었다. 그러나 이후 각국의 노동자들은 이날의 투쟁을 기억하며 매년 5월 1일 국제적 시위를 벌여나갔다. 메이데이May Day(노동절)는 이렇게 하루 8시간 노동시간을 위해 투쟁한 노동자들로부터 시작된 것이다.

이렇게 노동자들의 투쟁으로부터 시작된 하루 8시간 노동이 세계적 보편 기준이 된 것은 1919년 ILO가 국제법적 효력을 갖는 ILO 협약 제1호로 하루 8시간, 주 48시간 노동제를 채택하면서부터였다. 이후 1935년에는 주 40시간 노동제가 제47

호 협약으로 채택되었다. 1919년 ILO 제1차 총회를 통해 제정된 협약 6개 중 3개가 노동시간과 관련된 것일 정도로, 노동시간에 대한 노동자들의 권리 찾기는 당시 세계 노동자들의 요구였다. 노동자들은 투쟁을 통해 한 걸음 한 걸음 그 성과를 만들어왔다.

노동시간을 둘러싼 노동자와 자본가 간 대립은 매우 첨예하다. 노동자의 건강과 자본의 이윤이 노동시간에 달려 있기 때문이다. 결국 노동시간은 누가 더 힘을 가질 것이냐의 문제다. 공장법이라든가 ILO 협약이 마치 자본가의 '양보'인 것처럼 보여도 그와 같은 법제도를 통해 노동시간 단축을 이뤄낸 것은 노동자들의 희생과 투쟁이었음을 기억해야 한다.

2. 우리는 너무 오래 일하고 있다

2018년 고용노동부 발간 자료에 따르면, 우리나라 임금노동자의 연간 노동시간은 2015년 2,071시간(2016년은 2,052시간)으로, OECD 28개국 중 멕시코에 이어 두 번째로 길다. OECD 평균인 1,692시간보다 379시간 더 일하고 있고, 노동시간이 가장 짧은 독일 노동자보다 770시간이나 더 일하고 있다.* OECD는 매년 국가별 연간 노동시간을 발표하고 있는데,

---

* 　고용노동부, 《통계로 보는 우리나라 노동시장의 모습》, 고용노동부, 2018.

한국은 늘 세 손가락 안에 꼽히는 장시간 노동 국가로 악명이 높다.

그러나 근로기준법이 정한 근로시간을 살펴보면 국제 기준과 다를 바가 없다. 1953년 제정된 근로기준법상 근로시간은 1일 8시간, 1주 48시간이었으며, 1989년에는 1일 8시간, 1주 44시간이었다. 그리고 2003년 근로기준법이 정한 근로시간은 1일 8시간, 1주 40시간이었다. 하루 8시간 노동을 기준으로 주 노동시간은 계속해서 단축되어왔다. 문제는 이것이 근로기준법상의 근로시간에 불과하며, 실제 노동현장에서는 이보다 더 많은 시간을 일하고 있다는 것이다.

근로기준법이 정한 1주 노동시간은 40시간이지만 우리는 주 40시간을 넘겨 일하는 것을 당연하게 받아들이는데, 이는 바로 '연장근로' 때문이다.

제50조(근로시간) ① 1주 간의 근로시간은 휴게시간을 제외하고 40시간을 초과할 수 없다.
제53조(연장근로의 제한) ① 당사자 간에 합의하면 1주 간에 12시간을 한도로 제50조의 근로시간을 연장할 수 있다.

이처럼 근로기준법은 당사자 간에 합의가 있다면, 1주 40시간 이상 노동이 가능하다고 정하고 있다. 그러나 현실에서는 노동자의 의사와 무관하게 연장근로가 이뤄진다. 연장근로가 허용되고 있는 한, 장시간 노동은 정당화된다.

2018년 근로기준법 개정 이전에 1주 최대 노동시간은 52시간이 아니라 68시간으로 계산되었다. '법정근로시간(40시간)+연장근로시간(12시간)+휴일근로시간(토요일 8시간+일요일 8시간)=총 68시간'이라는 것이다. 근로기준법은 주 40시간에 더해 12시간의 연장근로를 허용하는데, 그동안 고용노동부는 휴일근로를 연장근로에 포함하지 않는 방식으로 주 노동시간을 늘려왔기 때문이다.

1주일은 월, 화, 수, 목, 금, 토, 일, 이렇게 이뤄진다. 우리의 상식으로는 그러하다. 그러나 고용노동부는 상식을 넘어선 해석을 내놓았다. 1주일은 월요일부터 금요일까지 5일이라고. 이 때문에 2018년 근로기준법 이전까지 1주 최대 노동시간은 68시간이라는 해석이 가능했던 것이다. 그래서 주 52시간제를 실시하며 주 단위에 대한 해석의 혼돈을 없애겠다며 "1주는 휴일을 포함한 7일"이라고 근로기준법에 명시했다.

제2조(정의) 7. "1주"란 휴일을 포함한 7일을 말한다.

자, 이제 1주는 7일이라는 것이 분명해졌다. 그렇다면 노동시간은 단축된 것이 맞는가? 어쨌건 1주 최대 노동시간이 68시간에서 52시간으로 바뀌었으니 이것만 봐서는 단축된 것은 맞다. 다만 여기에 함정이 있다. 법정근로시간은 주 52시간이 아니라 주 40시간이라는 것이다.

근로기준법은 명확히 밝히고 있다. 1주 근로시간은 40시간이며, 연장근로를 하기 위해선 당사자 간 합의가 있어야 한다고. 하지만 정부와 기업과 언론은 연장근로를 당연하게 포함시켜 주 52시간이 법정근로시간인 것처럼 호도하고 있다. 이제는 연장근로를 빼고 주 노동시간을 말해야 한다. 2003년 근로기준법 개정 때부터 이미 1주 노동시간은 40시간이었음에도 주 68시간제에서 주 52시간제로 단축되었다고 말하는 것은 잘못이다. 노동자들의 동의 따위는 무시하겠다는 의도를 갖고 있지 않다면, 연장근로는 예외로 하고, 주 40시간이 법정근로시간임을 확실히 해야 한다.

또 이렇게 연장근로를 통해 장시간 노동을 정당화하는 것만큼 문제가 되는 것은 법과 제도가 노동시간의 제한을 받지 않는 노동자들을 많이 만들어내고 있다는 점이다. 근로기준법 제59조(근로시간 및 휴게시간의 특례)는 주 12시간을 초과한 연장근로를 허용하고 있다. 1961년에 도입된 근로시간 특례제도는 '공중의 편의와 업무 특성상 필요한 경우'에 법정근로시간을 적용받지 않는다고 명시했지만, 그 대상은 불명확하고 너무도 광범위했다. 2018년 근로기준법 개정으로 '근로시간 특례업종'이 26개에서 5개(육상운송업, 수상운송업, 항공운송업, 기타운송서비스업, 보건업)로 줄어들긴 했지만, 버스 운전기사들의 과로로 인한 사고와 집배원들의 죽음으로 그 심각성이 확인되는 이 조항이 여전히 유지되고 있다는 것은 문제다. '노동자 무제한 이용권'이라 할 수 있는 근로시간 특례제도는 특례업종을 줄이는 방향으로 갈 것이 아니라 제도 그 자체가 폐지되어야 함이 마땅하다.

그리고 5인 미만 사업장의 노동자들 역시 노동시간의 제한을 받지 못한다. 근로기준법의 한계로 지적되는 적용 대상의 문제가 노동시간의 문제에서도 어김없이 등장한다. 제아무리 노동시간이 1주 최대 52시간으로 단축되었다고는 하나, 전체 노동자의 4분의 1에 해당하는 노동자들이 작은 사업장에서 일한다는 이유로 노동시간의 제한 자체를 받지 않는다는 것이다.* 더 많이 보호받아야 할 노동자들인데도 법은 노동자가 아닌 사용자의 편을 들고 있는 것이다. 그뿐만 아니라 가사노동자들과 감시단속직 노동자들, 학습지 교사, 보험설계사, 레미콘 지입차주, 골프장 캐디 등과 같은 특수고용 노동자, 방송작가나 외주 출판 노동자와 같은 프리랜서, 예술 노동자들은 근로기준법의 적용을 받지 못하고, 노동자성을 인정받지 못하는 법제도적 한계로 인해 노동시간의 제한을 받지 못한다. 이렇게 따지고 들면 실제 노동시간의 제한을 받는 노동자들의 수는 현격히 줄어든다.

여전히 기업은 장시간 노동을 통해 경제적 효율을 가지려고 한다. 노동자를 고용하면 임금 외에도 여러 비용이 소요되고, 해고도 자유롭지 않기 때문에 가능하면 장시간 노동과 비

---

* 《2019년 기준 전국사업체조사 보고서》(통계청, 2021년)에 따르면, 1~4인 사업체 수는 332만 2,812개로 전체 79.6%를 차지하고, 종사자 수는 604만 1,327명으로 전체 26.6%를 차지한다.

정규 노동을 통해 이윤을 극대화하려는 것이다. 인력 증원과 인건비 증액 없이도 생산을 유지하는 데 장시간 노동만큼 유용한 게 없어서다. 한편으로 노동자들은 저임금 상태에 놓여 있어 생활임금을 확보하기 위해 잔업과 특근을 마다하지 않는다. 노동시간이 줄어든다는 것은 노동자에게는 임금이 줄어든다는 것을 의미하기 때문에 환영할 수만은 없는 형편이다. 이 때문에 마치 노동자가 노동시간 단축을 원하지 않는 것처럼 말하기도 하는데, 이는 '강요된 선택'이다. 기업은 책임져야 할 노동자를 고용하지 않고, 노동자들은 생활임금을 보존받기 위해 수당을 통해 더 일하는 것이다. 시간외근무가 조장되고 유인되는 것이다.

이렇게 장시간 노동은 법과 제도로 정당화되고 유지된다. 법은 기득권을 가진 이들의 해석에 따라 얼마든지 장시간 노동을 가능하게 만들고, 그렇지 않으면 법 적용이 제외되는 노동자들을 만들어 장시간 노동을 유지한다. 하루 8시간, 주 40시간을 노동시간의 기본처럼 말하고 있으나, 너무도 많은 노동자들이 이를 보장받지 못하고 있다. 장시간 노동으로 노동자들이 죽어가고 있다. 하지만 여전히 정부와 기업은 한쪽에선 노동시간을 단축하고 있는 양 하면서 또 다른 한쪽으로는 예외를 허용하는 방식으로 장시간 노동 체제를 유지하고 있다.

3. 노동자의 몸은 고무줄이 아니다

2018년 근로기준법 개정으로 1주 최대 노동시간이 68시간에서 52시간으로 줄어들면서 노동시간 단축은 거스를 수 없는 시대적 과제가 되었다. 이에 기업은 탄력적 근로시간제 단위기간 확대를 강력하게 요구하기 시작했다. 근로기준법 제51조에 근거를 둔 탄력적 근로시간제는 일이 많고 적음에 따라 노동시간을 조절하는 제도다.

탄력적 시간근로제를 실시했을 때의 노동시간을 살펴보면, 단위기간이 2주일 경우 일이 많은 첫 주에는 주 58시간을 일하고, 그다음 주에는 46시간을 일해 평균 노동시간을 주 52시간으로 맞추면 된다. 단위기간이 3개월로 늘어나면 어떨까? 6주 동안 한 주에 40시간 일했다면, 남은 6주 동안은 한 주에 64시간 일해야 한다. 여기서 3개월을 더 실시하게 되면 어떻게 될까? 6주(40시간) → 6주(64시간) → 6주(64시간) → 6주(40시간)이 되어 노동자는 12주간 연속해서 64시간 일하는 것이 가능해진다. 이 때문에 기업은 성수기가 있거나 특정 기간에 일이 몰리는 업종의 특성을 고려해 탄력적 근로시간제 단위기간을 3개월에서 6개월 또는 1년으로까지 늘려달라고 줄기차게 요구해왔던 것이다. 결국 20대 국회에서는 노동자들의 거센 반대로 실패하였으나, 21대 국회에서 탄력적 시간근로제 단위기간을 6개월로 확대하는 근로기준법 개정안이 통과되어 2021년 4월 6일부터 시행됐다.

얼핏 들으면 탄력적 시간근로제는 환영할 만한 제도인 것도 같다. 일이 많을 때 일하고 일이 적을 때 쉬는 것이니 얼마나 합리적인가. 그러나 노동자의 몸은 기계가 아니다. 고무줄도 늘였다 줄이기를 반복하면 탄력성이 떨어지는데, 하물며 사람의 몸은 또 어떨까? 하루를 꼬박 일하고 다음 날 꼬박 쉰다고 해서 사람의 몸이 금방 회복되는 건 아니다. 이번 주에는 몇 시간 일했으니 다음 주에는 몇 시간 쉬면 된다는 식의 산술적 발상은 인간의 몸을 기계처럼 보는 것이다. 기계도 오래 사용하면 닳게 마련이다.

이 제도의 가장 큰 문제는 장시간 노동을 유지시킨다는 데 있다. 주 52시간제가 무색해진다는 것이다. 3개월 내내 하루 11~12시간씩 일해도 법적으론 아무 문제가 없다는 것이다. 정부가 과로사로 인정하는 노동시간 기준은 발병 전 4주 동안 1주 평균 64시간 이상 일했을 때인데, 탄력적 시간근로제는 죽을 만큼 일을 시켜도 괜찮다는 사인을 기업에 보내는 것에 다름 아니다.

게다가 탄력적 시간근로제는 장시간 노동을 합법적으로 사용하면서도 추가 노동에 대한 책임은 지지 않는다. 연장근로에 대한 수당을 지급하지 않아도 되니 노동자들은 더 많이 일하고도 더 적은 임금을 받게 된다는 것이다.

이처럼 노동시간을 변형해 유연하게 사용하는 것이 가능한 '유연근로시간제'로는 탄력적 근로시간제 외에도 선택적 근로시간제, 사업장 밖 간주근로시간제, 재량근로시간제 등이 있다. 기업의 입맛에 맞게 다양하게 골라 쓸 수 있는 제도가 적지 않다. 이는 노동시간을 유연하게 활용한다는 명분을 내세우고 있지만, 실은 기업의 필요에 따라 노동시간을 변경하는 것이 제도적으로 정당성을 갖게 되는 것이고, 장시간 노동을 사용해도 잘못이 아닌 게 되는 것이다. 결과적으로 노동자는 안전하고 건강하게 일할 권리를 박탈당하는 것이다. 노동자를 불안정하게 만드는 유연시간근로제가 허용되어선 안 된다는 이유가 바로 여기에 있다.

4. 노동시간이 짧다고 권리가 짧아도 되나요?

장시간 노동이 문제이니, 그럼 단시간 노동은 괜찮을까? 안타깝게도 단시간 노동 역시 우리의 기대를 배반한다. 단시간 노동은 실질적인 노동시간 단축이 아니며, 또 다른 비정규직 노동형태임이 확인되었기 때문이다.

2010년 이명박 정부는 '국가고용전략 2020'을 통해 공정하고 역동적인 노동시장을 구축하기 위한 방안 중 하나로 근로시간 유연화(탄력적근로시간제 단위기간 확대, 근로시간저축휴가제 도입)를 제시하면서, 장시간 노동을 해소하고 여성과 청년의 일자리 창출을 위해 시간제 일자리를 만들겠다고 덧붙였다. 2013년 박근혜 정부 역시 고용률 70퍼센트 달성을 위해 '시간선택제' 일자리를 창출하겠다고 했다. 고용문제를 해결하기 위해 단시간 노동과 시간제 노동을 확대하겠다는 것이었다.

문제는 이 시간제 일자리가 정부의 홍보와는 달리 좋은 일자리가 아니었다는 데 있다. 정부는 노동시간 단축, 일·가정 양립, 일자리 창출 등을 위해서는 시간제 일자리가 필요하다고 강조하면서, 이 일자리는 단지 노동시간만 짧을 뿐 고용이 보장될 것이며 임금과 노동조건도 정규직과 차별이 없을 것이라고 했다. 그러나 사실상 시간제 일자리는 비정규직 일자리에 불과했다. 전일제 일자리와 시간제 일자리가 대비되면서, 노동자들은 시간제 일자리를 정규직으로 가기 위한 임시 일자리로 여겼으며, 시간제 일자리가 저임금이다보니 생계를 위해서는 여러 일자리를 전전할 수밖에 없었기에 결과적으로 장시간 노동의 해소에는 실효성이 없었다.

문재인 정부 들어서도 마찬가지였다. 2020년 1월 15일 관계부처 합동 '2019년 고용동향 및 향후 정책방향' 브리핑에서 정부는 청년층의 고용률이 2006년 이후 가장 높은 수준을 보였으며, 여성의 고용률 역시 최고치를 기록했다고 자화자찬했다. 그러나 청년과 여성의 일자리가 시간제를 중심으로 늘어나고 있다는 것은 가려졌다.*

시간제 일자리의 문제는 시간제 노동자들이 법제도적으

---

* 2018년 8월 기준 여성 시간제 노동자는 197만 1,000명으로 전년 대비 6만 9,000명이 증가한 것으로 여성 비정규직 노동자 중 53.6%를 차지했다. 통계청·여성가족부, 〈2019 통계로 보는 여성의 삶〉, 통계청·여성가족부, 2019년 7월 1일.

로 온전히 노동권을 보장받지 못하는 데 있다. 근로기준법 제 18조(단시간근로자의 근로조건)는 단시간 노동자의 노동조건은 노동시간을 기준으로 산정하며, 1주 15시간 미만을 일하는 초단시간 노동자에 대해서는 유급휴일과 연차 유급휴가를 적용하지 않는다고 명시하고 있다. 또한 초단시간 노동자는 산재보험을 제외한 4대보험 의무가입 대상이 아니다. 단지 노동시간이 짧다는 이유로 임금, 노동조건, 사회보장제도 적용에서 차별받고 있는 것이다.

이는 분명 정당하지 않다. 인간의 존엄과 노동자의 권리가 어떻게 일하는 시간에 비례할 수 있는가? 얼마만큼의 시간을 일하든 노동권은 보장받아야 한다. 그러나 우리는 흔히 '나인 투 식스(9 to 6)'로 일하는 것이 '정상' 노동이고 그 외는 '비정상' 노동인 듯 여기기 십상이다. 노동시간이 짧으니 임금과 복지에서의 차별이 당연하다고 여긴다는 것이다. 이를 활용해 공공기관과 기업은 단시간 노동자에게 권리를 주지 않기 위해 15시간 미만으로 계약을 하면서도 15시간 이상의 초과노동을 시키고 있다.

결국 지금의 시간제 노동은 여성의 돌봄 노동을 전제로 일·가정 양립을 포장하는 것, 청년이 정규직으로 시작할 수 없게 만드는 것, 직무를 중심으로 비정규직 일자리를 더 많이 생산하고 있는 것에 불과하다. 시간제 노동이 온전한 시간'선택'적 일자리가 되려면, 그 선택권이 기업이 아니라 노동자에게 주어져야 한다.

5. 이제는 노동시간에 대한 권리를 말해야 할 때

산업구조의 변화와 산업기술의 발달로 노동시간과 관련한 새로운 문제들이 나타나기 시작했다. 시간과 공간의 종속성이 약하다는 이유로 많은 노동자들이 자신의 노동자성을 박탈당하고 있다. 대표적인 예가 플랫폼을 기반으로 한 배달 노동자들이다. 노동시간이 분 단위로 쪼개지며, 콜별·건별로 임금을 받기 때문에 항상 대기 상태에서 더 많이 일해야만 하는 것이다. 이에 대해 플랫폼 기업은 어떠한 책임도 지지 않은 채 노동의 결과만 취할 뿐이다. 플랫폼 노동 같은 노동형태의 등장이 우려스러운 것은 노동시간과 휴식시간의 경계가 없어지고, 인정되지 않는 노동시간이 많아지며, 노동자들이 더더욱 불안정해지는 반면 기존 노동법과 사회보장체계의 보호는 받지 못하기 때문이다. 자본은 노동자의 시간과 공간을 지배하기 위해 다양한 방식을 고안해내고 있다. 이제 우리는 지금까지와는 다른 방식으로 대응해야 할 과제가 생겼다.

이제 우리는 노동시간의 길이를 줄이는 것에 더해 노동시간의 배치 역시도 노동자의 몸과 삶을 기준으로 삼아야 한다. ILO가 제시한 '좋은 노동시간'의 기준에 따르는 노동시간의 배치란 "건강해야 하고, 가족 친화적이어야 하며, 성별 평등을 증진시키는 것이어야 하고, 기업의 생산성을 높이는 한편, 노동자가 스스로 노동시간을 선택하고 영향력을 가질 수 있어야 한다".* 노동시간을 노동자가 선택할 수 있어야 한다. 자본의 필요가 아니라 노동자의 필요에 의해서 노동의 길이도, 배치도 선택되어야 한다는 것이다.

인간이라면 반드시 누려야 할 보편적인 권리를 담은 세계인권선언 제24조는 "모든 사람은 합리적인 노동시간을 제안할 권리와 정기 유급휴가를 누릴 권리가 있다"라고 밝히고 있다. 노동시간이 중요한 이유는 인간의 삶과 밀접한 관계가 있어서다. 노동시간이 다양화되고 유연화되면서 노동자의 노동자성이 거세되고 노동자의 집합적 정체성이 사라지고 있다. 노동시간의 권리는 노동자가 가져야 한다. 노동의 시간도, 노동 외 시간도 노동자가 주체가 되어 활용할 수 있어야 한다.

노동시간에 대한 새로운 상상을 해나가야 한다. 노동자의 삶에 절대적인 영향을 끼치는 노동시간에 대한 재구성이 필요하다는 것이다. 그리고 이것을 가능하게 만드는 힘은 조직화된 노동자에게서 나온다. 노사 간 합의라는 허구에 속지 말아야 한다. 제아무리 정교하게 법제도를 운용한다고 하더라도 기울어진 운동장 위에서 노동자는 강요된 선택을 당할 뿐이다. 노동자들의 현장 통제력이 노동시간의 길이와 배치를 결정하는 데 아주 중요한 요인이라는 것을 잊지 말아야 한다.

---

* 　노동시간센터 외, 《우리는 왜 이런 시간을 견디고 있는가》, 코난북스, 2015, 172쪽.

노동안전:

건강하게 일할 권리를 위해

이미숙

1. 모든 노동자는 건강하게 일할 권리가 있다

많은 사람은 노동을 하며 살아간다. 노동을 통해 임금을 받고, 그 임금으로 자신의 생계와 경제활동을 이어간다. 그러한 노동은 인간의 육체적·정신적 노력으로 이뤄진다. 노동할 수 있는 몸과 마음의 건강이 보장되지 않는다면 안정된 생계활동도 보장되기 어렵다. 그래서 일터의 안전을 확보하고, 노동자가 건강하게 일할 수 있는 조건을 보장받는 일은 무엇보다 중요한 문제이다. 노동 과정에서 발생할 수 있는 사고와 직업병을 예방하고, 몸과 마음을 병들게 하는 작업환경을 개선하며, 일하다가 다치거나 병이 들었을 때 제대로 된 치료와 사회로의 완전한 복귀를 가능하게 하는 일 등이 바로 그것이다.

UN 산하 경제적·사회적·문화적 권리위원회Committee on Economic, Social and Cultural Rights, CESCR는 경제적·사회적 및 문화적 권리에 관한 국제 규약* 제12조에서 "체약국은 누구에게나 성취할 수 있는 최고 수준의 신체적 및 정신적 건강을 누릴 권리가 있음을 인정한다"라고 규정했다. 건강할 권리는 특정 누구에게만 주어진 권리가 아닌, 모든 이들이 보편적으로 누려야 할 권리라는 것이다. 1995년 세계보건기구World Health Organization, WHO도 1986년 캐나다 보건성과 공동으로 개최한 건

---

* International Covenant on Economic, Social and Cultural Rights, ICESCR. 사회권 규약 또는 A규약이라고도 한다.

강증진국제회의에서 발표한 오타와헌장을 통해 작업장을 국민의 "건강 증진을 위한 중요한 설정 중의 하나"로 보고, "노동자 건강 지원 환경은 반드시 조성되어야 하는 하나의 영역"으로 간주했다.* 결국, 노동자의 건강을 보호하는 일이 모든 사람의 건강을 보호하는 중요한 설정 중 하나이며, 노동자의 건강이 보장되지 않는 사회라면 사회 구성원 전체의 건강도 온전히 보장되지 않는 사회라는 것이다.

그러나 한국 사회에서 노동자의 건강권은 온전히 권리로 보장되기보다는 선언적 권리에 가까운 게 현실이다. 많은 기업은 노동자의 안전을 보장하는 일에 큰 노력을 들이지 않는다. 노동자 스스로가 조심해야 한다는 말로 자신들의 책임을 미루거나, 개인의 부주의와 과실을 강조하기도 한다. 노동재해의 원인이 노동자의 부주의 때문일까? 노동자가 스스로 조심하면 사고는 발생하지 않는 것일까? 한국은 OECD 국가 중 산재 사망 1위라는 불명예를 안고 있다. 2019년 한 해 동안 10만 9,242명이 일하다 다치거나 질병에 걸렸고 2,020명이 죽었다.** 누구도 사고와 직업병에서 벗어나 있지 않다는 이야기다. 노동자 스스로가 아무리 조심해도 안전을 위한 환경과 조건이 갖춰지지 않는다면 위험은 늘 뒤따를 수밖에 없다. 재해와 직업병

---

* 박주형, 〈건강한 작업장에 대한 인식 체계의 전환〉, 《월간 산업보건》 349호, 대한산업보건협회, 2017.

** 고용노동부, 〈2019년 산업재해 발생현황〉, 고용노동부, 2019.

의 원인을 노동자의 안전 불감증에서 찾고, 산재 예방 노력을 노동자에게 내맡긴 채 기업의 책임을 다하지 않는다면 산재 사망 1위의 불명예에서 벗어나기는 어렵다. 일하는 사람의 안전을 위한 일이 기업의 기본 운영 원칙이 되고, 사회적 보호 장치가 제대로 작동할 때 노동자의 건강권은 온전히 보장될 수 있을 것이다.

노동자의 건강하게 일할 권리를 위한 최소한의 법률적 보호 장치로는 산업안전보건법이 있다. 문제는 이러한 법제도의 강제력이 크지 않다는 것이다. 예를 들어 산업안전보건법은 산업재해가 발생하면 발생 사실을 기록·보존하고, 고용노동부에 보고하는 것을 사업주의 의무로 규정하고 있다. 그러나 이를 보고하지 않는 사업장이 해마다 1,000건 이상 적발된다. 적발된 건수가 1,000건이라는 것은 훨씬 더 많은 산업재해가 숨겨지고 있다는 이야기다. 노동자에게 공상 처리를 요구하거나,*** 개인 치료를 받도록 압박하는 방식으로 산재를 감추기도 한다. 산업안전보건법 위반에 따른 처벌 규정은 생각보다 가볍다. 재해 보고를 하지 않은 사업주는 1년 이하의 징역 또는 1천만 원 이하의 벌금형에 처해진다는 규정이 있지만 대부분 경고에 그친다.**** 그러다보니 기업들은 '들키면 과태료 내고

*** 공상이란 '공무(公務)로 인하여 입은 상처'를 의미한다. 보통 사용자와 노동자가 합의하여 노동자가 산재법상의 보상을 받지 않고 사용자가 직접 보상 또는 치료비를 지급하는 것을 말한다.
**** 산업안전보건법 제170조.

말지'라고 판단하게 된다. 여기에는 비용의 문제도 따른다. 재해 발생 신고를 하면 고용노동부로부터 작업환경 개선 명령을 받게 되는데, 작업환경을 개선하려면 돈이 들어가고 산재보험료도 올라간다. 이처럼 처벌이 약하고, 작업환경 개선 등에 드는 비용을 아끼려다보니 안전을 위한 일을 등한시하게 된다.

　　건강하게 일할 권리를 위해서는 노동자의 생명과 안전이 기업의 이윤 창출보다 중요하다는 인식이 형성되어야 한다. 안타깝게도 많은 기업은 사고와 직업병을 예방하기 위한 투자나 환경을 개선하는 데 드는 비용이 이윤을 창출하지 않는 비용이라는 이유로 부차적인 비용, 안 들여도 될 비용으로 치부한다. 안전보건에 들이는 비용이 재해 예방에 미치는 영향에 관한 한 연구결과에 따르면, 2017년과 2018년에 제조업 사업장에서 산재 예방을 위해 지출한 안전보건 비용은 100인 미만 기업은 500만 원~1,000만 원 미만, 300인 미만 기업은 1,000만 원~3,000만 원 미만, 300인 이상은 1억 원~5억 원 미만인 것으로 분석됐다. 이 연구는 이들 기업 중 안전 비용을 많이 투자한 기업이 상대적으로 사고율도 줄어들었다는 당연하고도 중요한 결론을 내렸다.* 안전은 투자하는 만큼 예방의 효과를 낸다. 이 말은 곧 예방할 수 있는 사고와 직업병을 비용 때문에 방치한

---

*　　김용진·박선영·이창훈·안유정·김영민·조교영, 〈산업안전보건 실태조사로 본 산업재해 예방투자 및 산재로 인한 지출비용의 효과성 분석〉,《한국데이터정보과학회지》제30권 제6호,한국데이터정보과학회, 2019.

다는 뜻이기도 하다. OCED 산재 사망률 1위를 놓치지 않는 나라, 한해 2,000명이 넘는 사람이 죽어가는 일터를 바꾸는 첫걸음은 기업의 이윤보다 노동자의 몸과 마음의 건강이 더 중요한 일임을 잊지 않는 것이다.

2. 건강하게 일할 권리를 위한 법과 제도, 그리고 한계

노동자는 일터의 위험 요소로부터 자신을 보호할 권리가 있고, 사업주는 노동자의 안전을 보장해야 할 책임과 의무가 있으며, 국가는 이를 법과 제도로 보장해야 한다. 그것을 규정하고 있는 법이 바로 산업안전보건법이다. 이 법은 "산업 안전 및 보건에 관한 기준을 확립하고 그 책임의 소재를 명확하게 하여 산업재해를 예방하고 쾌적한 작업환경을 조성함으로써 노무를 제공하는 사람의 안전 및 보건을 유지·증진함을 목적으로"하며, 1981년 제정되었다.**

산업안전보건법은 노동자의 안전과 건강을 유시·증진시키고, 산업재해를 예방하기 위한 일을 사업주의 의무로 규정한다. 이를 위해 노동자의 신체적, 정신적 스트레스 등을 줄일 수 있는 쾌적한 작업환경을 조성하도록 하고, 해당 사업장의 안전과 보건에 관한 정보를 노동자에게 제공하며, 산재 예방을 위

** 산업안전보건법 제1조.

한 법 기준을 준수해야 한다고 명시한다. 동시에 정부는 이러한 사업주의 재해 예방 조치에 대한 지원과 교육, 감독, 운영 등을 수행해야 한다.

　산업안전보건법은 노동자의 권리도 담고 있다. 그중 가장 중요한 것은 작업장의 안전과 보건 관리가 제대로 되고 있는지, 유해물질에 자신이 얼마나 노출되고 있는지, 작업에 쓰이는 물질이 무엇이고 내 몸에 어떠한 영향을 미치는지 등을 제대로 알 수 있는 '알 권리'의 보장이다.* 2014년과 2016년 삼성 등에 휴대폰 부품을 납품하는 하청업체에서 일하던 노동자 7명이 메탄올에 중독되어 실명하는 사건이 발생했다. 이들은 자신이 취급하는 물질이 메탄올이라는 사실도 몰랐고, 또 얼마나 위험한지조차 고지받지 못했다. 이처럼 알 권리는 노동자가 사업장의 위험 소지를 미리 알고 대처할 수 있게 하는 중요한 권리다.

　두 번째는 위험한 상황에서 작업을 '거부할 권리'다. 산업안전보건법 제52조(근로자의 작업 중지)는 제한적이지만 위험한 상황에서 작업 중지와 대피, 업무거부, 회피에 대한 노동자의 권리를 보장한다. 다만, 작업의 중지는 산업재해가 발생할

---

* 　산업안전보건법 제34조(법령 요지 등의 게시 등)는 "사업주는 안전보건관리규정을 각 사업장의 근로자가 쉽게 볼 수 있는 장소에 게시하거나 갖추어 두어 근로자에게 널리 알려야 한다"라고 명시하고 있다. 이에 따라 안전보건관리규정 사항, 물질안전보건자료, 작업환경측정에 관한 사항, 안전보건진단 결과, 안전보건개선계획의 수립 및 시행 내용 등을 사업장에 게시해야 한다.

'급박한 위험'이 있다고 판단될 때 가능하고, 작업을 중지하거나 대피할 만한 '합리적 이유'가 있어야 한다. 여기서 '급박한 위험'과 '합리적 이유'는 주관적이고 상대적이어서 논란의 여지가 있다.

그리고 노동자는 기업의 노동안전보건 활동에 '참여할 권리'가 있다.** 사용자는 노동자의 관점에서 현장의 위험을 파악하는 데 한계가 있다. 따라서 회사 내 각종 노동안전보건 활동에 노동자의 참여를 보장함으로써 노동자의 눈으로 안전과 건강을 위협하는 요소를 직접 발견하고 개선해나갈 때 비로소 제대로 된 안전 대책이 마련될 수 있다.

그렇다면 산업안전보건법은 잘 지켜지고 있을까? 안타깝게도 그렇지 않다. 2014년 안전보건공단 연구보고서에 따르면 80퍼센트 이상의 기업이 산업안전보건법을 위반하고 있다.*** 대부분의 기업이 산업안전보건법을 지키지 않는다는 뜻이다. 법을 지켜서 얻는 이익보다 법을 어겨서 얻는 이익이 크다는 인식 때문이다.

산업안전보건법은 사업주의 안전보건조치 위반으로 노동

** 노동자는 작업장의 안전점검, 위험성 평가, 건강검진, 교육, 산재예방계획, 근골격계 유해요인조사, 사고조사와 재발방지, 산업안전보건위원회, 명예산업안전감독관 등 사업장 내 노동안전보건 활동에 참여할 권리가 있다(산업안전보건법 제24조).

*** 이경용, 《산업안전보건 지도감독체계 전환에 따른 효과 분석에 관한 연구》, 안전보건공단 산업안전보건연구원, 2014.

자가 사망한 경우 사업주를 최고 7년 이하의 징역 또는 1억 원 이하의 벌금으로 처벌할 수 있다. 그러나 실제 사업주의 처벌로 이어지는 경우는 드물다. 한국비교형사법학회가 2013년부터 2017년까지 산업안전보건법 위반 사례를 분석한 결과를 보면, 불구속 구약식 청구가 산업안전보건법 위반사범의 형사처분의 대부분을 차지하고 있다. 2017년에 산업안전보건법 위반에 따른 사업주 등 책임자 구속은 단 1건이었다. 전체 사건의 80퍼센트 이상이 평균 400여 만 원의 벌금형에 그쳤고, 산업안전보건법 위반 재범률은 97퍼센트에 달했다. 말 그대로 솜방망이 처벌이다.*

2008년 경기도 이천에서 냉동창고 공사현장에서 불이 나무려 40명의 건설노동자가 사망하고 9명이 다쳤다. 그러나 해당 기업에 내려진 처벌은 고작 2,000만 원의 벌금이었다. 똑같은 사고는 2020년 4월에도 일어났다. 한익스프레스 이천 물류센터 신축공사현장에서 불이나 38명의 노동자가 목숨을 잃었다. 처벌이 제대로 이뤄지지 않으니 안전 시스템도 제대로 돌아가지 않는다.

그래서 노동계에서는 2006년부터 '중대재해 기업처벌법' 제정을 요구해왔다. 기업이 산업안전보건법을 위반해서 발생한 노동자의 죽음은 조직적이고 구조적인 문제에서 비롯된 기

---

* 김성룡·이진국·김도우·김흠학·김기영(한국비교형사법학회), 《산업안전보건법 위반사건 판결 분석 연구》, 고용노동부, 2018년 12월.

업의 범죄이며, 따라서 그에 따른 경영책임자의 처벌을 무겁게 부여해야 한다는 것이다. 이미 영국에선 2007년 '기업살인법Corporate Manslaughter and Corporate Homicide Act'을 적용해 처벌하고 있다. 노동자·시민의 사망사고에 대한 기업 법인의 처벌과 정부 최고책임자에 대한 처벌을 강화한 것이다. 기업살인법이 제정된 이후 영국은 세계에서 가장 낮은 산재 발생 비율 국가가 됐다. 한국에서도 수년간 이어진 법 제정 요구와 10만 명의 노동자·시민의 입법동의청원으로 2021년 1월 '중대재해 처벌 등에 관한 법률(중대재해처벌법)'이 제정되었다. 이 법의 제정을 통해 안전·보건 조치 의무 위반으로 중대재해가 발생한 경우 그 경영책임자를 처벌할 수 있는 근거를 일부 마련했다. 그러나 아쉽게도 국회 논의 과정에서 5인 미만 사업장은 처벌 대상에서 제외되었고, 책임 범위에서도 발주처가 제외되었으며, 부실한 관리감독에 대한 공무원 처벌 도입도 무산되었다. 새로 제정된 중대재해처벌법은 처벌 대상이 줄고 처벌 수위가 낮춰지는 등 여러 한계가 있는 것이 사실이다. 하지만 그럼에도 불구하고, 모든 노동자 시민의 생명과 안전이 존중받는 일터를 만들기 위한 초석을 다졌다는 점에서 의의가 있다.

산업안전보건법이 재해 예방을 중심으로 구성되어 있다면, 이미 발생한 사고나 직업병에 대한 치료와 재활을 위해 만들어진 법이 바로 산업재해보상보험법이다. 무과실책임주의로 업무상 재해라는 것이 입증만 되면 해당 노동자의 과실을 따지지 않는다.** 산재보험은 1인 이상의 노동자를 고용하고 있으면 의무적으로 가입해야 한다. 그런데 사업주의 자진신고를 통해 보험료를 부과하고 있어서 사업주가 신고를 하지 않으면 그만이다. 물론 사업주가 신고를 하지 않았더라도 노동자가 직접 근로복지공단을 통해 산재 신청을 하는 것은 가능하다. 그러나 많은 노동자가 본인이 산재보험을 적용을 받을 수 있다는 사실을 모르거나, 사업주가 거부하면 산재 신청 자체를 할 수 없는 것으로 오해하기도 한다.

'마산창원산재추방운동연합' 등으로 구성된 '지역현장단체 노동안전보건활동가모임'이 2019년 5월부터 8월까지 산재요양 신청*** 노동자를 대상으로 진행한 설문조사 결과를 보면, 재해 발생 후 요양 신청까지는 평균 2개월 이상(61.8일)이 걸렸고, 150일 이상 걸렸다는 답변도 17명이나 됐다. 산재 요양 신청을 머뭇거리는 이유에 대해서는 주변 사람들의 만류(50.95%), 산재 가능 여부에 대한 두려움(79.75%), 절차상 까다로움(82.58%), 신청 방법을 몰라서(56.02%) 등으로 조사됐다.**** 산재보험은 엄연한 사회보장제도로, 사업주의 승인이

** 산재보험에서 무과실책임주의(liability without fault)란, 업무와 상당인과관계가 있다고 인정되는 재해에 대해서 사용자나 노동자의 과실 여부와 관계없이 피해에 대해 보상을 한다는 의미이다.
*** 산업재해를 입은 노동자가 업무상재해 임을 인정받기 위해서는 관할 근로복지공단에 '요양급여 및 휴업급여신청서'를 제출해야 한다. 이를 통상 '산재요양 신청'이라 부른다.
**** 김병훈, 《업무상 질병 요양업무 처리기간과 업무과정에 따른 문제에 대한 연구》(국회토론회 자료집), 마산창원거제산재추방운동연합, 2019.

필요하지 않다. 그런데도 여전히 많은 노동자는 사업주의 눈치를 보고, 근로복지공단의 높은 문턱 앞에서 주저한다.

또 하나의 문제는 산재의 입증 책임이 피해 노동자에게 있다는 것이다. 직접 경험한 당사자가 입증이 쉽다는 것이 그 이유다. 그러나 증거자료 대부분은 기업과 정부가 가지고 있고, 기업은 영업비밀을 이유로 해당 정보 제공을 거부하기 일쑤다. 삼성반도체에서는 작업공정에 사용된 유해화학물질로 인해 596명의 직업병 피해 제보가 있었고 180명의 사망자가 발생했다. 다행히도 이를 직업병으로 인정하는 법원의 판결이 계속되면서, 산재 승인도 늘고 있다. 그러나 산재 피해 노동자들은 수년간, 자신의 병이 업무와 연관성이 있다는 것을 증명해야 하는 험난한 과정을 거쳐야 했다. 무슨 물질이 사용되었고, 얼마큼 노출되었으며, 어떠한 상태로 작업했는지를 알기 위해서는 작업과 관련된 자료가 필요했지만, 삼성반도체는 번번이 '영업비밀'이라는 이유로 공개를 거절했다. 산업안전보건법상 작업장에 상시로 게시되고 비치되어야 할 물질안전보건자료조차도 영업비밀률이 70퍼센트에 가깝다.***** 증거를 갖지 못한 재해 노동자에게 자신의 병을 증명하라고 하는 불합리한 법과 제도 속에서 노동자는 '제대로 치료받을 권리'조차 부정당한다.

산업재해보상보험법 제1조(목적)는 "근로자의 업무상의 재해를 신속하고 공정하게 보상하며, 재해근로자의 재활 및 사회 복귀를 촉진하기 위하여 이에 필요한 보험시설을 설치·운영하고, 재해 예방과 그밖에 근로자의 복지 증진을 위한 사업을 시행하여 근로자 보호에 이바지하는 것"을 분명히 하고 있다. 그러나 이 법이 노동자의 재해를 '신속'하고 '공정'하게 보상하고 있는지는 따져봐야 할 문제이다. 누구나 쉽고 당연하게 누려야 할 산재 보상의 문턱은 너무도 높고, 신속하지도 않다. 노동자 보호에 이바지한다고는 하지만 노동자 스스로가 모든 과정을 온전히 감당해야 한다. 산재보험이 노동자의 재활과 사회 복귀를 촉진하기 위한 목적으로 만들어진 만큼 최소한의 사회적 안전망으로서 역할을 해야 한다.

3. 우울한 사회, 위기의 노동자, 감춰진 책임

신자유주의가 낳은 노동유연화 정책으로 '평생직장'이라는 개념이 사라졌다. 평생직장은커녕 당장 몇 개월 뒤도 알 수 없는 고용불안 속에서 스트레스와 불안장애는 일상이 되었다. 위기의식은 지금의 일자리를 위해 '건강하게 일할 권리'를 노

***** 물질안전보건자료(Material Safety Data Sheet, MSDS)란, 화학물질에 대한 안전상·보건상의 기초 자료를 정리하여 이에 따른 항목을 세분하여 노동자에게 제시함과 동시에 이를 활용하여 취급물질로 인한 재해가 발생하지 않도록 예방하는 데 목적을 두고 작성된 문서이다. 산업안전보건법 제41조(물질안전보건자료의 작성·비치 등)에 근거해 화학물질을 제조, 수입, 사용, 운반, 저장하고자 하는 사업주는 물질안전보건자료를 작성·비치하고, 화학물질이 담겨 있는 용기 또는 포장에 경고 표지를 부착하여 노동자에게 유해성을 알리며, 화학물질로부터 노동자의 안전과 건강을 보호해야 한다.

동자 스스로가 억누르게 하는 효과를 낳았다. 권리의 부재 속에서 책임도 사라졌다. 기업들은 더 많은 이윤을 위해 노동 강도를 높여가지만, 무분별한 외주화를 통해 자신들의 책임과 의무는 피해갔다. 장시간 노동으로 인한 과로사와 과로자살, 직장 내 괴롭힘으로 인한 스트레스와 우울증, 불안정한 고용형태로 인한 만성적 불안장애 등의 직업병도 점차 증가했다.

OECD 국가 중 한국은 가장 긴 시간을 일하는 나라 중 하나다. 한마디로 과로를 권장하는 사회다. 과로는 직장생활의 미덕이자 성실함의 증거가 됐고, 일터에서 살아남기 위한 수단이 되었다. 2000년대 이후 매년 300여 명의 노동자가 과로로 인해 사망했다. 2016년 게임개발업체인 넷마블에서 잇따라 3명의 노동자가 과로로 숨지면서 충격을 준 바 있다. 38세의 젊은 노동자는 게임개발로 밤샘 야근을 하다가 급성 심정지로 세상을 떠났고, 또 한 명의 노동자는 장시간 노동과 업무 압박 등으로 본사 사옥에서 투신했다. 과로로 사망한 28세의 노동자를 포함해 이들 모두 수시로 밤샘야근을 강요당했고, 36시간 이상의 연속근무를 하는 등 '초장시간 노동'을 해온 것으로 드러났다. 다른 게임개발자들도 마찬가지 상황이었다.

사건 이후 노동단체 등이 게임개발자를 대상으로 설문조사를 진행했는데, 장시간 노동으로 인한 우울증이 의심되는 사람이 39.4퍼센트, 실제 자살을 생각해본 적이 있다고 응답한 사람이 55.5퍼센트에 달했다.* 적절하고 안정된 노동시간과 충분한 수면, 충분한 휴식의 보장은 선택적 노동조건이 아니라 절대적 조건이어야 한다.

'과로자살'이 사회문제화되었던 일본에서는 과로사방지법이 2014년에 제정·시행되면서 과로사와 과로자살이 개인적인 문제가 아닌 사회가 해결해야 할 과제임을 분명히 했다. 그러나 한국의 현실은 그렇지 못하다. 보건복지부 발표에 따르면, 2016년 1년간 정신건강 문제를 경험한 사람이 470만 명에 이른 것으로 추산되었다.** 반면 이를 산재로 신청한 건수는 194건에 불과했고, 산재로 인정받은 건수는 절반에 그쳤다. 자살이나 정신질환 등을 개인의 문제, 마음이나 의지가 약한 사람의 문제로 치부하는 사회적 인식 때문이다. 2019년 1월 5일, 서울의 한 병원에서 일하던 6년차 간호사가 스스로 목숨을 끊었다. 해당 병원은 고인이 평소 우울증을 앓았다며 그의 죽음을 지극히 개인적인 문제로 몰고 갔다. 그러나 고인이 극단적 선택을 하게 된 배경에는 '과로'와 '직장 내 괴롭힘'***이 있었다. 연차휴가도 제대로 쓰지 못했고, 다른 동료들에 비해 2배가 넘는 야간근무와 괴롭힘까지 감당해야 했다. 이처럼 자살이나 정신질환의 문제는 개인의 문제가 아니다. 업무환경 내에 이를 악화시키는 요인이 분명 존재한다. 그래서 이를 예방하기 위해서는 노동조건은 물론이고, 직장문화 등 근본 원인을 찾아내

---

* 최민·최혜란·김영선·김환민·이성민,《게임산업 노동자 노동환경과 건강 연구보고서》, 구로구근로자복지센터, 2017.

** 홍진표 외,《2016년도 정신질환 실태조사》, 보건복지부·삼성서울병원, 2016.

개선해야 한다.

일상화된 고용불안도 노동자의 건강을 악화시키는 주요 원인이다. 2018년 임금노동자 1,000명을 대상으로 고용불안정성과 건강상태 사이의 상관관계를 분석한 한 연구에 따르면 고용불안을 느끼는 노동자는 그렇지 않은 노동자에 비해 우울증에 걸릴 확률이 3.37배가 높았다. 6개월 내 실직 가능성이 있는 경우에는 그렇지 않은 경우보다 불면증에 시달릴 확률이 4배가 높았고, 특히 비정규직의 경우는 일반 상용직보다 고혈압, 당뇨, 우울증, 근골격계질환, 불안장애 등의 질병을 앓을 확률이 4.09배가 높았다.**** 현대자동차 판매직원 560명의 건강 상태를 7년간 추적한 연구에서는, 일자리가 불안하다고 느끼는 사람들의 우울증 발병 위험은 그렇지 않은 사람들에 비해 3배 가까이 높은 것으로 나타났다.***** 일자리 불안은 그 자체만으로도 노동자들의 몸과 마음을 병들게 하고 있었다.

이처럼 일터의 위험은 제조업 중심의 사고성 재해를 넘

*** 직장 내 괴롭힘이란, 사용자 또는 근로자가 직장에서 지위 또는 관계의 우위를 이용하여 업무상 적정범위를 넘어 다른 근로자에게 신체적, 정신적 고통을 주거나 근무환경을 악화시키는 행위를 말한다. 2019년 7월 16일 직장 내 괴롭힘을 금지하는 근로기준법이 시행되었다.

**** 박선영, 《고용의 안정과 산업안전보건에 관한 심층연구》, 안전보건공단 산업안전보건연구원, 2018.

***** 최미랑, 〈고용 불안하면 우울증 우위험 높아져… "정규직도 예외 아냐"〉, 《경향신문》, 2017년 12월 13일 자. http://news.khan.co.kr/kh_news/khan_art_view.html?art_id=201712131642001.

어 다양한 형태로 노동자를 공격하고 있지만, 사용자의 책임은 점점 더 옅어지고 있다. 특수고용 노동이나 플랫폼 노동과 같은 형태로 노동자 자신에게 그 책임을 지우기도 하고, 외주 하청 시스템으로 외부에 전가하기도 한다. 2018년 12월 11일, 충남 태안 화력발전소에서 스물네 살의 외주하청 비정규직 노동자가 죽었다. 하청업체 계약직이었던 청년 노동자는 홀로 석탄 운송설비를 점검하던 중, 컨베이어벨트에 몸이 끼어 목숨을 잃은 것이다. 이 일은 원래 정규직이 하던 업무였고, 위험한 작업이어서 2인 1조 작업이 원칙이었다. 그런데 발전소가 구조조정을 하면서 외주 하청업체로 일이 넘겨졌고, 하청업체가 비용 절감과 인원 부족을 이유로 1인 작업을 하게 하면서 참변을 낳았다. 경영 효율화와 비용 절감 등을 내세워 유해하고 위험한 작업을 하청 기업에 떠넘기는 전형적인 '위험의 외주화'였다.

외주화의 핵심은 '책임 회피'다. 원청 대기업이 져야 할 책임을 하청업체에 전가하고, 하청업체는 다시 노동자에게 위험을 온전히 감당하게 한다. 이처럼 책임을 감추고, 언제든지 관계를 단절할 수 있는 유연한 작업 방식을 택하는 기업은 계속 늘고 있다. 한국고용정보원에 따르면 2019년 기준으로 특수형태근로 종사자는 221만 명, 플랫폼 노동자는 55만 명으로 추산되고 있다. 안정된 고용을 보장하는 정규직 채용도 늘지 않는다. 한 연구보고서에 따르면 '대기업에 다니는 노조가 있는 정규직 노동자'의 비율은 전체 임금노동자의 7.2퍼센트에 불과했다.* 나머지 대다수 노동자가 고용불안에 놓여 있다는 이야기다. 이러한 불안은 노동자의 건강하게 일할 권리의 요구를 약화한다. 따라서 기업의 책임을 더욱 확대하고 사회적 책임도 동시에 넓히는 것이 필요하다.

4. 건강하게 일할 권리를 위한 투쟁

1987년 노동자대투쟁을 거치면서 노동조합이 대거 결성되었다. 이 시기 노동운동도 활발해지면서 노동자들은 그간 잊고 있었던 산업재해와 직업병 문제에 관심을 두기 시작했다. 초기 노동자들은 주로 피해 노동자를 중심으로 생존권 확보 투쟁과 산재 문제를 해결하기 위한 집단적 투쟁을 진행했다. 이러한 흐름 속에서 결정적 계기를 형성한 것은 1988년 급성 수은중독에 걸려 사망한 15세 소년 문송면 사건과 원진레이온 집단 직업병 발병 사건이었다.

1987년 12월 영등포에 있는 협성계공에 입사한 문송면은 불과 2개월 만에 수은중독 증상을 보였지만, 적절한 치료를 받지 못한 채 6개월의 투병 끝에 사망했다. 문송면은 수은이 새어나와 온통 뿌옇고, 바닥에는 액체가 된 수은이 널려 있는 작업장에서 제대로 된 보호장비도 없이 하루 11시간씩 작업을 해야

---

* 김복순, 〈비정규직 고용과 근로조건〉, 《노동리뷰》 2018년 3월 호, 한국노동연구원, 2018.

했다. 이 사건은 산재직업병 문제의 심각성과 중요성을 세상에 알리면서 사회적으로 큰 반향을 일으켰다. 같은 시기, 경기도 구리시에 있는 원진레이온에서 일하던 노동자 943명이 이황화탄소에 중독되고, 그중 229명이 사망하는 세계 최대의 직업병 발병 사건이 발생했다. 원진레이온 노동자들은 이황화탄소, 황화수소, 황산 등 유기용제가 가득한 작업장에서 환기시설이나 보호구도 없다시피 작업을 했다. 원진레이온 노동자들은 이황화탄소 중독으로 사망한 김봉환의 죽음을 계기로 137일간 직업병 인정을 요구하는 투쟁을 했고, 결국 이황화탄소 중독에 대한 업무상 재해 인정 기준을 만들었다.

이후 여러 형태의 노동안전보건 단체들이 결성되었고, 노동조합의 투쟁도 증가했다. 1988년 신광기업 노동자들의 수은 작업장 환경 개선 투쟁, 남양금속 '허리환자예방대책위원회'의 산재 인정 투쟁, 1989년 대우조선 산재 노동자들의 신체증언대 투쟁,* 대우자동차 노동자들의 소음성난청과 근골격계 질환에 대한 정밀검진 시행 투쟁 등 주로 작업장에서 일어난 사고와 직업병에 대한 산재를 인정하라는 투쟁이 중심이었고, 이러한 투쟁들은 결국 1990년 산업안전보건법 개정에 영향을 미

---

* 신체증언대는 대우조선 산재노동자모임인 '산재보우회' 소속 노동자들(손가락이 하나도 없는 사람, 다리가 잘린 사람, 눈을 다쳐 의안을 한 사람, 상반신 화상을 입어 마주보기가 두려운 사람, 하반신 화상이 가장 심한 사람 등)이 노사협의회에 찾아가 항의한 사건이다.

치게 된다.**

1994년 민주노총이 출범하면서 노동자 건강권 운동은 새로운 국면을 맞이한다. 노동조합의 산업안전보건 활동이 활발해지면서 노동자의 건강권 문제가 중요한 과제로 설정되기 시작했다. 그러나 1997년 IMF 외환위기와 신자유주의로 인한 노동유연화가 확대되면서 각종 산업안전보건법상의 안전보건에 관한 규정이 완화되었다. 이는 노동자들의 건강을 심각하게 위협했고, 경제위기 속에서 노동자의 건강은 뒷전으로 밀려났다. 이러한 상황 속에서 기존의 형식과 내용으로는 급격하게 변화된 고용구조와 산업변화에 따른 산재문제를 해결하기 어렵다는 판단과 문제의식들이 생겼다.

2002년과 2003년 전국적으로 진행되었던 '근골격계 직업병 집단요양 투쟁'은 바로 이러한 맥락 속에서 진행되었다. 이 투쟁은 그 목표를 단순히 요양 승인에만 두지 않고, 현장의 노동조건을 개선하고 노동강도를 완화하는 것에 뒀다. 즉, 그때까지의 노동자 건강권 투쟁이 산재 인정에 집중되었다면, 근골격계 직업병 집단요양 투쟁을 통해 더욱 근본적 원인인 노동강도와 작업조건 등 현장을 바꿔내는 것이 무엇보다 중요한 일임을 깨닫기 시작했다. 당시 대우조선에서 시작된 이 투쟁은 대우조선을 넘어 전국적으로 확대되었고, 근골격계 유해요인 조

** 이은주, 〈노동보건운동의 역사와 과제〉,《마창거제산재추방운동연합 교육자료》(내부자료), 마창거제산재추방운동연합, 2005.

사를 포함한 사업주의 예방 의무를 법제화하는 성과를 만들어 냈다.

2007년에는 삼성전자 기흥공장에서 일하다 급성백혈병 진단을 받고 세상을 떠난 황유미를 계기로 '반올림'이 출범했다. 반올림에 제보된 직업병 피해자 수는 삼성과 SK하이닉스 등을 포함해 696명이고, 그중 사망한 노동자는 199명에 이르고 있다. 백혈병뿐만 아니라 림프종, 재생불량성빈혈, 유방암, 뇌종양, 난소암, 다발성신경병증, 폐암 등 증상도 다양했다. 반올림은 삼성을 상대로 산재 인정과 피해 보상, 재발 방지 약속을 받기 위해 투쟁을 진행했고 마침내 11년 만인 2018년 10월, '삼성전자 사업장의 백혈병 등 직업병 문제 해결을 위한 조정위원회'의 조정을 통해 투쟁은 일단락되었다. 그러나 지금도 발생하고 있는 반도체 노동자의 산재 인정과 건강권 쟁취 투쟁은 아직 끝나지 않았다.

2000년 들어 본격화된 '위험의 외주화'는 수많은 하청 비정규직 노동자의 목숨을 앗아갔다. 비용 절감을 위해 늘어난 비정규직은 저임금과 불안정한 고용 속에서 목숨마저 내걸고 일해야 하는 처지로 내몰렸다. 2018년 12월 11일, 충남 태안 화력발전소에서 외주하청 비정규직 노동자 김용균이 죽었다. 김용균의 죽음은 그동안 끊임없이 문제로 제기되어온 위험의 외주화와 비정규직의 문제를 수면 위로 드러냈다. 김용균 사고 직후 100여 개의 노동시민사회 단체를 중심으로 시민대책위원회가 구성되었고, 유가족과 함께 진상조사 및 책임자 처벌,

위험의 외주화 금지법 제정, 비정규직 직접고용 정규직 전환, 현장 안전설비 개선 등을 요구하며 투쟁을 진행했다. 이 투쟁은 결국, 28년 만에 산업안전보건법 전면 개정이라는 성과를 낳았다.

건강하게 일할 권리는 노동자의 투쟁과 함께 확대되어왔다. 문송면과 원진레이온 투쟁에서부터 반올림과 김용균 투쟁까지, 역사 속에서 멈추지 않고 이어져온 투쟁들이었다. 어쩌면 그 누구도 보장하지 않았을 노동자 건강권을 노동자 스스로가 지켜왔고 세상에 알려왔다. 그리고 그 투쟁의 원칙은 이윤보다 사람의 몸과 삶이 우선되어야 한다는 것이었다. 모든 노동자가 건강하게 일할 권리가 보장되는 사회를 만드는 일은 사회 구성원 전체의 안전이 온전히 보장되는 사회를 만드는 일과 이어진다는 것을 잊지 말아야 한다.

노동조합:

노동자는 단결할 권리가 있다

이미숙

1. 노동조합은 노동자들의 자주적 결사체

우리가 사는 사회는 자본주의 사회이다. 말 그대로 자본, 즉 돈이 중심인 사회이다. 권력은 자본가에게 집중되어 있고, 상대적으로 노동자의 권리는 약하다. 개별 사용자와 노동자 관계에서도 힘의 우위는 당연히 사용자에게 있다. 노동자 개인이 사용자를 상대로 노동조건 등의 문제를 해결하는 것은 불가능에 가깝다. 그래서 헌법 제33조는 단결권, 단체교섭권, 단체행동권을 보장함으로써 노동자들이 단결이라는 방식으로 자신들의 목소리를 낼 수 있도록 했다. 그 단결의 방식이 바로 노동조합이다.

일을 통해 임금을 받고, 그 임금으로 생활을 이어가는 사람들을 우리는 노동자라고 부르고, 이들 모두는 노동조합을 만들 수 있는 권리가 있다. 비행기를 조종하는 조종사, 학문을 연구하는 박사, 컴퓨터 프로그래머, 은행에서 일하는 은행원, 방송국에서 일하는 기자나 작가, 자동차 부품을 만드는 기술자, 건설현장에서 일하는 목수, 정부기관에서 일하는 공무원, 학교에서 일하는 교사나 행정 담당자, 대학의 교수, 환경미화원, 경비원, 편의점 아르바이트 직원 등 사회 곳곳에서 일하는 사람 모두가 이에 속한다. 정규직과 비정규직, 파견직과 계약직 등 노동형태를 구분하지 않고 나이, 학력, 종교, 인종, 성별, 직업 등도 상관없다.

노동조합은 노동자들의 자주적 결사체이다. 노동자 스스

로 조직을 만들고 선언하면 그 자체로 인정되어야 한다. 그것이 노동조합의 기본 취지이다. 그러나 기본 취지와는 다르게 한국 사회에서 노동조합을 결성하고 유지하는 것은 그리 쉬운 일이 아니다. 1989년 5월 28일 창립된 '전국교직원노동조합(전교조)'은 출범 이후 수년간 노동조합 지위를 인정받지 못했다. 당시 노태우 정권은 교원의 노조 결성은 불법임을 선언하고 수많은 교사를 해직하는 등 전교조를 탄압했다. 그러던 중 1999년 1월 6일 교원의 노동조합 설립 및 운영 등에 관한 법률이 국회를 통과하면서 잠시 합법화되었으나, 2013년 10월 24일 해직자를 조합원으로 인정하는 규약을 고치라는 고용노동부의 시정명령을 지키지 않았다는 이유로 다시 법외노조가 되었다.*

이처럼 노동자의 자유로운 결사체인 노동조합이 수난을 겪는 데에는 한국의 노동조합 설립신고제도의 잘못된 관행이 한몫하고 있다. 고용노동부는 노동조합 설립신고서가 접수되면 노동조합 및 노동관계조정법 제2조 제4호의 각 요건을 심사한다.** 문제는 이를 이용해 노동조합의 설립신고 절차를 마치 허가제처럼 운용하고 있다는 점이다. 이는 헌법이 보장하는 노동자의 단결권을 과도하게 침해하고 있다는 비판을 받는다.***

---

* 2020년 9월 3일, 대법원은 해직 교사 9명을 노조에 가입시킨 전교조에 '법외노조' 통보를 한 고용노동부의 처분은 위법하다고 최종 판단했다. 전교조는 6년 10개월간의 투쟁 끝에 사실상 합법노조로 다시 인정받을 수 있게 됐다.

독일이나 프랑스 등 해외 여러 나라는 노동조합을 법률로 정의하거나 규정하지 않고 있다. 심지어 노동조합의 설립에 관해 아무런 제한도 두지 않는다. 노동자라면 누구나 노동조합을 만들 수 있다는 단결의 자유를 온전히 보장하기 위해서다.

노동조합에 대한 인식도 상당히 왜곡되어 있다. 이는 일부 언론이나 보수 정치권에서 부추긴 감도 있다. 노동조합의 정당한 파업을 불법적 활동으로 매도하기도 하고, '강성 귀족노조의 떼쓰기'로 보도하기도 한다. 보수 정치인들은 기업 활동을 위축시키고, 노사 갈등의 일방적 원인 제공자로 노동조합을 지목하면서 부정적 이미지를 확대해왔다.

한국의 제도권 교육도 한몫한다. 한국의 일반계 고등학교 사회과 교과서에서 노동 관련 내용이 차지하는 비중은 2퍼센트에 불과하다.**** 용어의 선택도 문제가 있다. 대표적 용어가 바로 '노동자'와 '근로자'이다. '노동'의 사전적 의미는 '사람이

** 제2조 제4호에는 "다만, 다음 각목의 1에 해당하는 경우에는 노동조합으로 보지 아니한다"라고 하여, 다음과 같은 항목을 정해두었다.
가. 사용자 또는 항상 그의 이익을 대표하여 행동하는 자의 참가를 허용하는 경우 / 나. 경비의 주된 부분을 사용자로부터 원조받는 경우 / 다. 공제·수양 기타 복리사업만을 목적으로 하는 경우 / 라. 근로자가 아닌 자의 가입을 허용하는 경우 / 마. 주로 정치운동을 목적으로 하는 경우.

*** 박재성·김기선·김철희·심재진·최석환, 《노동조합 정의 규정 재검토 연구》, 한국노동연구원, 2011.

**** 김민경·엄지원, 〈주요 생존권인데…교과서 '노동자의 권리' 내용 2%뿐〉, 《한겨레》, 2015년 4월 2일 자. http://www.hani.co.kr/arti/society/schooling/687559.html#csidx650ab19eeccae57bf1ef42fb9482e54.

생활에 필요한 물자를 얻기 위해 육체적 노력이나 정신적 노력을 들이는 행위'이고, '근로'의 의미는 '부지런히 일함'이다. 즉, 노동자는 임금을 벌기 위해 사용자와 계약을 맺고 일하는 사람이라는 '독립적 의미'를 내포한 반면, 근로자는 기업을 위해 근면성실하게 일하는 사람이라는 '의존적 성격'을 띤다. 그래서 과거 정권에서는 노동이란 용어를 의도적으로 배제해왔다. 1960년 박정희 정권은 경제발전을 꾀한다는 명목으로 국가와 기업을 위해 근면성실하게 일하는 근로자가 필요했고, 이를 위해 대대적으로 '근로'라는 단어를 쓰기 시작했다. 1963년에는 5월 1일 노동절을 '근로자의 날'이라는 이름으로 바꾸기까지 했다. 이후 60여 년의 시간이 흘렀지만, 여전히 '노동'이라는 단어는 제자리를 찾지 못하고 있다. 반면 프랑스의 경우는 초등학교에서부터 노동할 권리를 배우고 교과서에는 노동권, 노동법, 노동운동, 노동조합 등 '노동'이라는 단어가 수없이 등장한다. 노동을 올바르게 이해하고 그 의미를 배우는 일은 자신의 권리를 위해서 매우 중요하기 때문이다.*

2. 노동조합의 탄생 배경과 한국 노동조합의 역사

최초의 노동조합은 자본주의가 먼저 발달한 영국에서 탄

---

* 하종강, 《그래도 희망은 노동운동》, 후마니타스, 2006 참조.

생했다. 자본주의가 막 생겨난 18세기 노동자들은 상상하기 어려울 정도의 처참한 상태에 내몰려 있었다. 7~8세의 어린이들까지 공장에서 일해야 했으며, 하루 16시간을 넘게 일하면서도 극도의 저임금과 열악한 노동조건을 벗어나기 힘들었다. 이는 노동자의 수명까지 단축했다. 1830년대 말 영국 노동자들의 평균수명은 40세를 넘기지 못했고, 특히 맨체스터나 리버풀 등 공업도시 노동자의 평균수명은 15~19세로 믿기 어려울 정도로 낮았다. 고용주의 탐욕과 횡포로 인해 공장에 갇힌 노예와 다름없었다.

이처럼 비참한 상황에서 노동자들은 생활고를 해결하기 위해 자신이 만든 물건을 집으로 가져오거나, 굶주림에 못 이겨 집단폭동을 일으켰다. 그러나 돌아오는 건 혹독한 처벌과 죽음뿐이었다. 집단폭동은 산업혁명이 진행되면서 광범한 기계파괴운동**으로 이어졌지만, 노동자들의 굶주림과 비인간적 처우를 해결하지는 못했다. 이러한 과정을 거치면서 노동자들은 기계가 아니라 자본가의 탐욕적 이윤 추구가 문제의 핵심이라는 사실을 깨닫게 된다. 훔치고 부수는 행동 대신 자본가에게 맞설 수 있는 조직적인 행동이 필요하다는 것을 느낀 노동자들은, 집단으로 일손을 놓아 자신들의 요구를 관철하기 시

** 러다이트(Luddite)운동은 19세기 초반(1811~1812년) 영국에서 일어난 대규모적인 기계파괴운동이다. 노동자들은 기계는 인간을 노동의 고통에서 해방시키는 것이 아니며 오히려 더욱 증대시킨다고 생각했고, 기계를 때려 부수는 행위는 기계를 소유한 자본가를 향한 증오를 나타내는 것이었다.

작했다. 즉, 파업을 시작했고 이 힘으로 노동조합을 만들고 교섭을 요구했다. 이후 수많은 노동자의 투쟁 끝에 1871년 노동조합법이 만들어지면서 노동조합 활동은 합법화되었다. 무려 100여 년에 걸친 치열한 투쟁의 결과였다.

한국에서 노동조합이 처음 생긴 것은 120여 년 전인 1898년 5월, 46명이 조직한 함경북도 성진의 본정부두노동조합이었다. 이후 1899년 2월 전북 군산에서 공동노동조합이 만들어지는 등 전국 각지에서 노동조합이 잇따라 결성되었다. 1929년에는 원산 지역 3,000여 명의 노동자가 진행한 최초의 지역 총파업이 일어났고, 1931년에는 평원 고무공장 노동자 강주룡이 회사 측의 임금 인하에 맞서 평양 을밀대 꼭대기에 올라가 고공농성을 벌였다. 그러나 이 시기에 1931년 만주를 시작으로 일제의 침략전쟁이 극에 달했고, 전시 체제라는 이름으로 노동조합에 대한 탄압도 거세졌다. 1931년부터 1935년까지 체포된 노동자만 무려 1,759명이었다.

1945년 해방이 되었다. 그해 11월에는 한국 최초의 전국적 산업별 노동조합 '조선노동조합전국평의회(전평)'가 결성된다. 총 1,194개 노조 57만 명이 가입된 당시로선 엄청난 규모였다. 그러나 미 군정은 전평의 활동을 보장하지 않았다. 수많은 노조 간부들과 조합원들이 구속되고 결국 불법단체로 내몰려 더는 활동을 할 수 없게 된다. 전평이 무너진 후 그 자리를 대신 차지한 것은 '대한노동조합총연맹(대한노총)'이었다. 대한노총은 이승만 정권이 반공 우익청년 단체를 끌어들여 만든 어용노조*였다. 이들은 반공 이데올로기를 앞세워 대한노총 이외의 모든 노동조합의 파업을 공산주의 활동으로 간주하고 금지했다. 노동조합 간부들은 대거 구속되거나 공장에서 쫓겨났다. 이후 이승만을 하야시킨 4·19혁명을 거치면서 조금씩 싹트던 민주노조 운동은 박정희 군사정권에 의해 또다시 좌절되었다. 노동자를 탄압하는 데 앞장서온 대한노총은 이후 '한국노동조합총연맹(한국노총)'이라는 이름으로 바꾼 채 그 역할을 지속한다.

1970년 11월 13일, 전태일 열사의 분신은 1960년대 내내 숨죽여왔던 한국 노동운동의 새로운 시작을 알리는 신호탄이었다. 평화시장 재단사였던 전태일은 하루에 14시간씩 일하고도 풀빵으로 허기를 채워야 했던 노동자들의 비참한 삶을 알리고자 자신의 몸에 불을 지른 채 "근로기준법을 준수하라!"라고 외치며 죽어갔다. 전태일의 죽음은 경제개발이라는 장밋빛 환상 속에 가려져 있던 노동자들의 처절한 현실을 세상에 알려냈다. 그 이후 1970년 11월 청계피복노조가 결성되었고, 1973년 신진자동차, YH무역, 콘트롤데이타, 반도상사 등에서 새로운 민주노조가 만들어졌다. 원풍모방과 동일방직에서는 어용노조에 맞서 노조 민주화 투쟁이 벌어졌고, 특히 YH무역 여성 노

---

* 어용(御用)이란 임금이 쓰는 물건을 뜻하는 말로, 오늘날에는 자신의 이익을 위하여 권력 기관에 영합하여 줏대 없이 행동하는 것을 낮잡아 이르는 말로 쓰인다. 노동자의 권익을 보호하기보다는 오히려 회사에 아첨만 하는 노조를 가리켜 어용노조라고 칭한다.

동자들의 신민당 당사 농성 투쟁은 이후 김영삼 의원 제명 파동, 부마민중항쟁, 10·26사태로 이어지면서 박정희 정권을 무너지게 하는 데 결정적 역할을 했다.*

1980년 5월 광주민중항쟁을 무자비하게 진압하면서 정권을 잡은 전두환은 민주노조운동마저도 철저하게 탄압했다. 1980년 8월 이른바 '노동계 정화조치'를 단행하면서 수많은 노동조합을 강제해산시켰고, 노조 간부들을 삼청교육대로 끌고 갔다. 하지만 노동자들의 투쟁은 멈추지 않았다. 1983년 강제해산된 청계피복노조 합법성 쟁취 투쟁, 1984년 5월 대구 택시 운전기사 파업 투쟁, 1985년 대우자동차 임금 인상 투쟁, 1985년 6월 구로노동자 동맹파업 등이 이어졌다.

1987년 '호헌 철폐, 직선제 쟁취'를 목표로 일어난 전 민중적 항쟁이었던 6월항쟁은 그해 9월까지 거대한 노동자대투쟁으로 이어졌다. 이 시기 노동조합은 폭발적으로 증가했고, 전국적으로 새로 만들어진 노조만 1,361개였다. 이러한 여세는

---

* 1979년 8월 9일 YH무역 여성노동자들이 회사 측의 일방적 폐업에 맞서 생존권 보장을 요구하며 당시 야당이었던 신민당 당사에서 농성을 진행했다. 8월 11일 경찰 1,000여 명이 신민당 당사에 난입해 농성하던 노동자들을 강제해산시켰고, 이 과정에서 YH무역에 근무하던 김경숙 씨가 추락해 사망한다. 170여 명의 노동자와 신민당 당원이 경찰에 잡혀갔고, 이를 핑계로 여당 의원들은 김영삼 신민당 총재의 의원직 제명안을 날치기로 통과시킨다. 이는 1979년 10월 16일 부마민중항쟁의 도화선이 된다. 4일간의 항쟁 기간 동안 부산에서 1,058명, 마산에서 505명이 연행됐고, 이들 가운데 125명이 군사재판에 회부됐다. 부마민주항쟁 진압 6일 후, 10·26사태가 발생했다. 유신독재의 종식이었다.

'전국노동조합협의회(전노협)' 창립으로 이어졌다. 당시 한국 노총으로 대변되던 노동조합은 정권과 기업에 의존한 채 노동 조합으로서의 제 역할을 철저하게 외면하고 있었다. 노동자들 은 전국 각지에서 만들어진 노동조합을 민주적으로 이끌어 갈 새로운 전국 중앙조직이 필요했다. 전노협은 전평 이후 한국 사회 최초로 노동자 스스로가 모여 만들어낸 전국적 연대 조직 으로서 큰 의미를 가진다. 그러나 전노협은 정권으로부터 수 많은 탄압을 받게 되는데, 1991년부터 1995년 해산되기까지 2,000여 명이 넘는 구속자와 5,000여 명이 넘는 해고자가 발생 했다.**

전노협의 활동은 이후 '전국민주노동조합총연맹(민주노 총)'의 건설로 이어졌다. 기업별 노동조합의 한계를 넘어 산업 별 노조로의 확장이라는 문제의식을 담아 전노협은 민주노총 건설을 결의하고 해산을 하게 된다. 그리고 1995년 11월, 전국 단위 노동조합인 민주노총이 출범한다. 민주노총 출범 초기 소속 노조의 대부분은 제조업 정규직이었다. 그러나 1997년 IMF 외환위기 이후 정리해고제와 파견법 시행을 겪으면서 비 정규직 고용이 노동시장에 대거 증가하기 시작했다. 이에 따라 2000년대 이후 제조업 정규직뿐만 아니라 비정규직과 특수고

** 노태우 정권은 당시 노동조합 및 노동관계조정법에 명시되어 있는 복수노조
금지, 제3자 개입 금지 조항을 이유로 전노협을 불법단체로 규정해 탄압했다.
이 조항은 1997년 해당 법률의 개정으로 삭제되었다.

용 노동자를 중심으로 다양한 형태의 노동조합을 담기 시작했다. 현재도 플랫폼 노동 등 고용의 불안정성이 심화하면서 자신의 권리를 찾기 위해 노동조합으로 뭉치는 노동자 수가 매년 증가하고 있다.

이 땅에 노동조합이 만들어진 지 120여 년의 시간이 흘렀다. 노동조합은 때론 불법으로 치부되면서 거친 탄압과 존재 자체를 부정당하기도 했지만, 분명한 건 한국 사회의 모순을 끊임없이 지적하고 대안을 제시하며 더 나은 사회로의 길을 만들어왔다는 것이다. 그 중심에는 노동조합으로 뭉쳐 투쟁해왔던 노동자들이 있었다.

3. 노동조합은 투쟁을 통해 평등한 세상을 만들어간다

노동자는 자본가(사용자)와 더불어 가장 중요한 사회 집단이다. 노동자가 일하지 않으면 사회경제는 제대로 돌아갈 수 없다. 그런데도 노동자는 사용자(자본가)에 비해 사회적 위치가 불리하다. 그래서 힘 있는 사용자와 국가를 상대로 경제적, 사회적 지위를 향상하기 위해 힘이 약한 개별 노동자들이 함께 모여 투쟁을 하는 것은 필연적이다. 생계를 꾸리는 데 기초가 되는 임금을 제대로 받기 위한 투쟁부터 노동조건의 개선을 위한 투쟁, 사회적 불평등과 노동 관련 법제도를 바꿔내는 투쟁 등 노동조합은 투쟁을 통해 자신의 목소리를 내고, 노동조건을 개선하고, 나아가 평등한 세상을 만들어가는 역할을 한다.

임금 등 노동자의 노동조건 개선은 사용자와의 교섭을 통해 이뤄진다. 교섭이 결렬되었을 때는 파업을 할 수 있고, 집회·시위 등의 단체행동도 할 수 있다. 그 결과물로 단체협약을 체결하는데, 이 협약은 취업규칙이나 근로계약에 우선하여 법적 효력을 가진다.

노동조합은 사용자를 상대로 한 투쟁뿐만 아니라 정부를 상대로 투쟁하기도 한다. 법제도를 개선하는 활동이 대표적이다. 노동자의 권리를 다루는 노동법은 때론 사용자를 위해 악법의 성격을 띠기도 한다. 불안정한 고용과 비정규직을 양산하는 각종 비정규직 관련 법*과 기업 마음대로 해고를 할 수 있는 정리해고제, 노조 할 권리를 배제하는 법 조항이 대표적인 사례들이다. 이러한 법제도를 바꿔내는 것은 개별 사용자를 상대로는 할 수 없다. 따라서 노동조합은 정부를 상대로 법제도 개선을 요구해나간다.

그 외에도 교육, 주거, 여성, 인권, 의료, 장애, 환경 등 여러 사회문제에 대해서도 목소리를 낸다. 노동자의 노동조건을 아무리 개선한다고 해도 전체 사회적 조건이 함께 바뀌지 않는다면, 결국 그 피해는 다시 노동자에게 되돌아오기 때문이다.

---

* '기간제 및 단시간근로자 보호 등에 관한 법률(기간제법)', '파견근로자 보호 등에 관한 법률(파견법)' 등은 '보호'라는 외피를 썼지만 비정규직을 보호하기는커녕 양산하는 법률이라는 비판을 받는다.

이처럼 노동조합은 소속된 조합원의 이해뿐만 아니라 전체 노동자의 권리를 끌어올리고, 우리가 사는 사회의 구조적 문제를 해소해 모두가 평등하게 사는 세상을 만드는 일을 중요한 활동 목표로 삼는다.

이러한 노동조합을 운영하는 데는 몇 가지 원칙이 있다. 첫 번째는 누구나 함께할 수 있는 '대중성'을 지녀야 한다. 노동 조합은 노동자라면 누구나 가입하고 활동할 수 있는 대중조직 이다. 학력, 종교, 나이, 성별, 업종, 지역, 국적, 고용형태 등은 상관이 없다. 대중의 폭이 넓을수록 노동조합은 자신의 역할을 더 잘할 수 있고, 최대한 많은 사람이 함께함으로써 큰 힘을 발 휘할 수 있다. 따라서 노동조합은 좀더 많은 노동자가 조합원 이 될 수 있도록 노력한다.

두 번째는 '민주성'이다. 노동조합에는 다양한 사람들이 모여 있어서 그 안에서 경쟁과 분열이 생기기도 한다. 따라서 노동조합의 민주적 운영원칙은 매우 중요하다. 민주적 운영이 란, 공개적이고, 참여를 제한하지 않고, 모두의 의견을 적극적 으로 수렴하는 것을 말한다.

그리고 노동조합은 독립적이고 자주적이어야 한다. 노동 조합의 '자주성'은 법률로 보장된다. 회사가 노동조합 활동에 개입하고 방해하는 것을 부당노동행위로 규정하여 금지하도 록 한 것이다.* 노동조합의 자주성은 힘 있는 사용자에 맞서 스 스로 힘으로 노동자의 권리와 요구를 실현하기 위해 중요한 원칙이다. 노조 결성, 임원 선출, 정책 방향, 재정 등 노동조합

을 운영하는 데 기업과 권력에 의존하지 않고 독립적으로 운영
한다.

노동조합은 이러한 운영의 원칙들을 바탕으로 '끊임없이
투쟁하는 조직'이다. 파업 등 투쟁을 통해 노동환경을 개선하
고, 전체 노동자의 인간다운 삶을 위한 조건을 만들어낸다. 그
러나 기업으로서는 노동자의 투쟁이 불편하다. 기업은 더 많은
이윤을 만들어내기 위해 노동자의 임금을 낮추려 하고, 노동
자가 요구하는 노동조건 개선을 어떻게 해서든 회피하려고 한
다. 노동조합의 파업을 막기 위해 끊임없이 노동조합 길들이기
를 시도하고, 고소·고발과 손해배상 청구의 방식으로 노동자
를 압박하기도 하고, 회사 측의 상황을 대변하는 친기업적 노
동조합을 지원하기도 한다. 이 과정에서 일부 노동조합은 투쟁
을 포기하고, 사측의 입장만을 대변하는 어용노조로 전락하기
도 한다. 정부는 적당한 타협과 합의를 종용하기도 하고, 법제
도를 기업에 유리하게 만들어냄으로써 기업이 이윤활동을 하
는 데 걸림돌이 되는 것은 최대한 제거해준다. 그것이 '국가 이
익'에 도움이 된다고 생각하기 때문이다.

이처럼 기업과 노동조합, 정부 사이의 이해 대립은 자본주
의 경제 체제에 내재하는 구조적인 갈등이며, 노동조합의 투쟁

＊ 사용자는 사회경제적 우월한 지위를 이용해 노동조합을 부당하게 압박하거
  나 처우할 가능성이 있기에 이를 부당노동행위로 규정해 '노동조합 및 노동관
  계조정법'으로 금지하고 있다.

을 필연적으로 발생시킨다. 이를 인정하지 않고 '투쟁만을 앞세운 노동조합이 경제를 망친다'는 비판은 갈등의 원인을 노동조합에 전가하려는 의도에서 비롯한다. 파업권은 노동3권 중 가장 핵심적이고 실질적인 노동자의 권리이다. 노동조합은 노동자 대중을 기반으로, 민주적이고 자주적인 운영을 통해 스스로 권리를 높여나가는 단결체로서 '투쟁하는 조직'임을 간과해서는 안 된다.

4. '노조 할 권리'는 모든 노동자의 권리

노동조합을 만들고 유지하고, 힘을 모으는 것은 모든 노동자의 권리이다. 그러나 한국 사회에서 '노조 할 권리'는 늘 탄압받고 억압받았다. 1980년 전두환 정권은 노동조합의 조직과 투쟁을 약화하기 위해 노동관계법을 개악했다. 노동조합 설립 요건을 대폭 강화해 노동자들이 쉽게 노동조합을 만들지 못하게 했고, 제3자 개입금지법을 통해 노조 설립을 돕거나 노동자들이 연대하는 것을 막았으며,* 기업별로만 노조를 만들 것을

---

* 구 노동조합법 제12조 1항에서는 "직접 근로관계를 맺고 있는 근로자나 당해 노동조합 또는 법령에 의해 정당한 권한을 가진 자를 제외하고는 노동조합의 설립과 해산, 노동조합 가입과 탈퇴, 사용자와의 단체교섭에 관해 관계 당사자를 조종·선동·방해하거나 기타 이에 영향을 미칠 목적으로 개입하는 행위를 해서는 안 된다"라고 규정했다.

강제하면서 산업별 노조를 금지했다.** 노동조합은 어떠한 형태를 취하든 노동자 당사자들이 자유로이 결정할 수 있어야 한다. 그러나 당시 정부는 노동조합의 형태마저도 법으로 강제하면서 노동자를 통제했고, 이러한 통제를 통해 노동자들이 단결하고 힘이 커지는 것을 막고자 했다. 1997년 노동법 개정을 통해 기존의 노동조합 활동을 규제하던 틀은 일부 해체되었지만, 여전히 그 잔재는 '노조 할 권리'의 발목을 잡고 있다.

2000년대 이후 한국 사회는 비정규직 등 불안정 노동이 광범위하게 확대되었고, 기존의 노동조합 단위로는 포괄하기 어려운 노동계층도 계속 증가하고 있다. 대표적인 경우가 특수고용 노동자이다. 택배기사, 퀵서비스, 재택집배원, 대리운전 기사, 화물운송 노동자, 보험설계사, 방과 후 교사, 건설기계 조종사, 컴퓨터 프로그래머, 방송작가, 학원 강사 등 그 규모만 221여 만 명으로 추산된다.*** 특수고용직은 기업들이 자신들의 책임을 회피하기 위해서 만들어낸 고용구조이다. 과거 기업

** 산업별 노동조합(labor union by industry)이란, 기업을 막론하고 특정한 산업에 종사하는 노동자들이 모두 소속된 노조이다. 사업장이 크든 작든 동일한 산업에 종사하는 노동자라면 누구나가 조합원으로 가입할 수 있다. 산별 노조는 기업별 노조로는 조직화가 어려운 중소영세사업장 노동자와 비정규직 노동자에 대한 조직화가 용이하다. 전갑생, 〈산별노조란 무엇인가?〉, 《거제타임즈》, 2003년 6월 27일 자. http://www.geojetimes.co.kr/news/articleView.html?idxno=363.

*** 정흥준, 〈특수형태근로종사자의 규모 추정에 대한 새로운 접근〉, 《고용·노동브리프》 제88호, 한국노동연구원, 2019년 3월 25일.

이 직접 고용해왔던 노동자들을 개인사업자 또는 자영업자로 내몰고, 근로계약서가 아닌 도급계약서나 위탁계약서를 쓰게 했다. 고용관계를 마치 '사용자 대 사용자'의 관계처럼 위장하여 노동법상 책임을 피하려는 목적이었다. 이는 노조 할 권리의 박탈로 이어졌다. 이들은 열악한 자신들의 조건을 바꿔보고자 노동조합을 만들었지만, 노동자가 아니라는 이유로 번번이 거부당했다. 현행 노동조합 및 노동관계조정법 제2조 제1호는 "근로자라 함은 직업의 종류를 불문하고 임금·급료 기타 이에 준하는 수입에 의하여 생활하는 자를 말한다"라고 정의하고 있다. 이 기준대로라면 개인사업자로서 기업과 위탁 계약을 맺는 대부분의 특수고용 노동자는 노동자에 포함되지 않는다. 노조 설립 요건의 결격 사유에도 "근로자가 아닌 자의 가입을 허용하는 경우"를 규정해놓고 있다.* 이 또한 노동자들의 '노조 할 권리'를 제약하는 대표적인 걸림돌이다.

근로기준법 사각지대에 놓인 작은 회사 노동자들의 처지도 그리 녹록하지 않다. 30인 미만 회사에 다니는 노동자의 노조 가입률은 0.1퍼센트에 불과하고,** 5인 미만 회사에 다니는 노동자의 노조 가입률은 통계조차 찾기 힘들다. 전체 산재 사망사고의 대부분이 50인 미만 회사에서 일어나고, 많은 노동자들이 최저임금에 의지한 채 살아간다.*** 저임금과 장시간

---

* 　노동조합 및 노동관계조정법 제2조(정의) 제4호 (라)목.
** 　고용노동부, 《2019년 전국 노동조합 조직현황》, 고용노동부, 2021.

노동, 위험한 노동환경과 불안정한 고용으로 누구보다 노동조합이 필요한 이들이지만 언감생심 꿈도 못 꾼다. 근로기준법조차 적용받지 못하는 처지에 해고가 두려워 권리를 말할 수도 없고, 불법행위가 있어도 신고조차 쉽지 않다. 노동계에서는 5인 미만 사업장에 근로기준법을 전면 적용해야 한다는 요구를 오랫동안 해왔지만, 정부와 기업은 회사의 지불 능력을 이유로 반대하고 있다. 일터의 크기에 따라 권리의 크기가 달라서는 안 된다. 작고 열악한 환경에서 일하는 노동자일수록 제대로 된 권리가 보장되어야 한다.

이러한 제약에도 불구하고 많은 노동자가 주체적 흐름을 계속해서 만들어가고 있다. 기업별 구조를 뛰어넘어 노동조합을 만들고, 노동자성을 부정당해도 자신을 노동자로 인정하며, 세대를 아우르는 노동조합이 속속 만들어지고 있는 것이다. 대학원생노동조합, 아르바이트노동조합, 특성화고등학생노동조합, 라이더유니온, 청년유니온, 노년유니온, 여성노동조합, 뮤지션유니온, 방과후강사노동조합, 예술인노동조합 등이다. 이들은 법적 규제를 넘어 스스로 노동자성을 확인하며 노동조합을 만들고 조합원들의 권리를 위해 다양한 활동을 펼치고 있다. 노동조합 가입률도 크게 늘었다. 2019년 기준 민주노총과

*** 노동건강연대에 따르면 2019년 제조업 산재 사망 사고 노동자 206명 중 164명(79.6%)이 50인 미만 사업장에서 근무하다 사망하였다. 남준규, 〈통계가 현실을 반영해야 하는 이유: 2019 산업재해 발생현황〉, 《노동과 건강》 제97호, 노동건강연대, 2020.

한국노총의 조합원 수를 합하면 200만 명이 넘는다.* 신규 가입자의 대부분은 비정규직, 여성, 청년 노동자이다. 가장 열악한 상황에서 처해 있던 노동자들이 노동조합으로 모여 힘을 모으고 있는 것이다.

노동조합은 모든 노동자의 권리이다. 힘없는 개인이 집단으로 뭉쳐 자신들의 권리를 찾아가는 일은 모든 노동자의 당연한 권리이다. ILO는 1948년 협약 제87호(결사의 자유 및 단결권 보호협약)를 통해 노동자가 "사전허가를 받지 않으며 어떠한 차별도 없이 스스로 선택한 단체를 설립하고 가입할 권리"가 있음을 명확히 했다. 정부에게는 "단결권을 자유롭게 행사할 수 있도록 필요하고 적절한 조치를 취하여야 할 의무"를 부여함으로써 결사의 자유를 보장하도록 했다. 세계인권선언도 제20조에서 "모든 사람은 평화적인 집회와 결사의 자유를 가진다"고 규정함으로써 노동자를 포함한 모든 사람의 집단적인 결사의 권리를 보장하고 있다. 또 제23조 제4항에서는 "자신의 이익 보호를 위하여 노동조합을 조직하거나 가입할 권리"를 명시하고 있다. '결사의 자유'는 보편적인 권리로서 모든 노동자에게 보장되어야 한다. 전통적인 근로계약관계에 기초하지 않은 노동자라 할지라도 조직 결성이나 단결권 자체를 누릴 수 있는 권리를 제한해서는 안 된다. 노동조합은 모든 노동자의 권리이기 때문이다.

＊　고용노동부, 《2019년 전국 노동조합 조직현황》, 고용노동부, 2021.

11

파업:

노동권 보장의 핵심

신순영

1. 파업과 파업권

헌법 제33조는 노동자의 "자주적인 단결권·단체교섭권 및 단체행동권", 즉 노동3권을 명시하고 있다. 단결권은 노동조합을 결성할 권리, 단체교섭권은 사용자와 단체협약을 맺을 권리, 단체행동권은 파업·태업 등의 쟁의행위를 할 수 있는 권리다. 파업罷業은 노동자들이 요구사항을 쟁취하기 위해 집단적으로 일손을 놓음으로써 사용자에게 타격을 주는 집단행동으로, 노동3권이 온전히 보장될 수 있도록 만드는 실질적이고 핵심적인 권리다.

오늘날 대다수 국가에서는 파업권을 헌법이 보장하는 노동자의 권리로 인정한다. 자본주의 체제에서 자신의 노동력을 팔아야만 생존이 가능한 노동자는 사용자와 개인 대 개인의 관계에서 대등한 권리를 행사할 수 없기 때문이다. 따라서 국가는 노동3권을 통해 노동자들이 사용자에 맞서 권리를 지킬 수 있도록 보장하는 것이다. 물론 이러한 권리는 자연적으로 생겨나지 않았다.

인류는 일찍부터 계급사회를 형성했고 소수의 권력 상층부 집단은 다수를 지배했다. 지배세력의 억압에 맞서는 집단적 저항은 생존을 위한 사회적 본능과 같은 것이었고, 이는 노동자라는 말도 파업이라는 말도 개념화되지 않았던 시대부터 존재했다. 현재와 같은 의미의 파업권이 구성되고 보장되기 시작한 것은 서구의 산업화 시기지만, 파업의 역사성은 그보다 훨

썬 더 오래되었다.

역사 속 인류 최초의 파업은 지금으로부터 3,000여 년 전인 기원전 12세기, 고대 이집트에서 일어났다. 국가에 고용되어 파라오의 무덤을 만들고 꾸미는 일을 했던 건축가, 금속세공사, 목수, 석공 등 장인들은 당시 '왕들의 계곡' 무덤 공사 중 18일이나 밀린 급여를 지급하라며 파업을 시작했다. 장인들은 감시탑을 지나 행진하고 엄격히 통제된 신전에서 연좌시위를 벌이며 수일에 걸쳐 급여를 내놓으라고 요구했고, 총리와 시장은 결국 이에 응답했다. 이탈리아 토리노의 이집트박물관이 소장하고 있는 〈토리노 파업 파피루스〉 기록으로 전해지는 내용이다.

오늘날과 같은 의미의 파업권은 1800년대를 경과하며 서구에서 최초로 인정되기 시작했다. 노동자의 결사와 투쟁에 관한 최초의 법제는 1791년 프랑스에서 제정된 르샤플리에법Loi de Le Chapelier과 1799년 영국에서 제정된 단결금지법Combination Acts으로, 노동자들의 단결을 규제하고 금지하는 내용이었다. 봉건제를 타파하고 근대로의 이행을 이끌어낸 시민혁명으로 부르주아 계급은 자유롭고 평등한 시민으로서의 권리를 획득했지만, 산업화와 공장제 기계공업의 확대로 더욱 열악한 조건에 놓인 노동자들은 저항의 권리를 인정받지 못한 것이다. 영국에서는 러다이트운동을 비롯한 더욱 격렬하고 다양한 투쟁이 지속되었고, 1824년 단결금지법이 폐지되었다. 이후 전국적이고 대대적인 노동운동으로 1871년 영국에서 세계 최초로 제정된 노동조합법을 통해 파업을 비롯한 노동자의 권리 쟁취 활동이 합법화되었다. 프랑스에서는 1864년 법에 의해 파업권이 먼저 인정되었고, 1884년 제3공화국의 입법에 의해 노동조합이 법제화되었다.

　1900년대를 전후해 서구에서는 노동자의 권리가 크게 신장되고 제도화되었다. 20세기에는 노동운동을 주력으로 한 사회주의가 비약적으로 진전되고, 제1·2차 세계대전을 관통하며 자본주의와의 체제 대결이 전 지구적으로 펼쳐졌다. 국제적으로 인권이 선언되고, 자본주의 국가의 체제 유지를 위한 노동자 권리 보호 역시 보편적으로 인정되기 시작했다. 특히 1919년 설립된 ILO는 현재까지도 파업권을 비롯해 노동권 보호를 위한 보편적인 국제 기준을 증진하는 역할을 하고 있다.

　오늘날 자본주의 국가에서 제도화된 파업권의 핵심적 내용은 노동자의 집단행동을 통한 처우 개선과 인간적 존엄의 보장이다. 그러나 파업은 역사적으로 제국주의적 국제 질서를 타파하기 위한 식민지 민중의 독립 투쟁에서도, 부조리한 현실을 변혁하기 위한 체제 혁명에서도 큰 역할을 해온 저항의 핵심이었다. 파업은 지금의 자본주의적 법과 제도 속에서 굳어진 협소한 의미로만 가둘 수 없는 것이며, 불법과 합법이라는 잣대 역시 사회적 힘의 관계에 따라 유동적으로 변화하는 것이다.

2. 한국의 파업 역사

우리나라 노동자 파업의 역사는 구한말인 1898년으로 거슬러 올라간다. 금광의 이권이 외국인에게 넘어간 것을 반대하며 광산 노동자들이 채굴을 거부했던 당현광산 파업과 근로조건의 개선을 요구한 목포항 부두 노동자들의 동맹파업이 최초의 파업으로 기록되어 있다. 한반도를 대륙 진출의 교두보로 삼으려 했던 일본제국이 건설·부두·운수 부문에서 먼저 기초시설과 토대를 마련하고자 했기 때문이다. 이후 강제점령을 시작한 일본제국은 1920년대부터 본격적인 공업화에 나섰고, 이에 대대적으로 공장 노동자들이 출현하고 양적으로 성장하면서 노동운동과 파업투쟁 역시 활발해지기 시작했다.

이 시기 조선의 노동자들은 인간의 한계를 시험하는 장시간 노동에 시달렸고, '기아임금'이라고 할 만큼 낮은 급여를 받았다. 지독한 착취만큼 투쟁 역시 급속히 성장하며 조직적으로 변모하자 일본제국은 1925년 치안유지법을 만들어 이를 억압했다. 그럼에도 투쟁은 격화되어 1920년대 말에는 최초의 총파업인 영흥총파업, 가장 대규모 투쟁이었던 원산총파업 등 지역별·직종별 동맹파업이 잇따라 벌어졌고 무자비한 탄압을 받았다. 당시의 파업은 혹독한 노동조건과 비인간적인 처우에도 기인했지만, 일본인 현장관리자들의 멸시와 차별 및 폭력이 도화선이 되어 발생하고 급속히 확산되는 경향을 보였다.

1930년대 본격적인 전시 체제와 병참기지화에 돌입한 일본제국은, 산업합리화 정책을 내세워 노동강도를 높이고 임금은 낮추며 수탈을 더욱 강화했다. 1929년 원산총파업 이후 노동운동 조직들은 지하조직 중심으로 활동을 전환했지만, 생존의 위협에 직면한 노동자들의 투쟁은 오히려 늘어나고 치열해졌다. 노동자들은 파업은 물론 시위와 공장 습격 등으로 격렬히 저항했고 일본제국은 군대까지 동원하는 무차별 탄압을 벌이다 1930년대 중반에 모든 집회 및 결사의 자유를 봉쇄한다. 그러나 1945년 일본제국 패망까지 노동자들의 투쟁은 지속됐고, 생존만이 아니라 전시 정책을 파탄내기 위한 다양한 반일·반전운동으로 나아갔다. 식민지 노동자들의 파업과 투쟁은 생활 개선을 위한 경제적 투쟁과 식민지 해방이라는 정치적 투쟁의 복합적 성격을 띠는 것이었다.

1945년 미군정이 시작되었다. 경제적 곤궁은 여전했지만 노동자들의 정치사회적 활동은 폭발적으로 증가하기 시작했다. 공산주의를 지향하며 지하 활동으로 전환했던 노동운동 조직들이 재결집해 1945년 11월 '조선노동조합전국평의회(전평)'를 결성했고, 1946년 철도총파업과 1947년 전국총파업 등을 벌였으나 1948년 정부 수립 직후 불법화되었다.

이후 소강 국면에 접어들었던 노동자 투쟁은 1960년 4·19 혁명으로 일부 정치적 민주화가 진전되면서 잠시 증가세를 보였지만 다음 해 5·16 군사쿠데타로 집권한 박정희 정부에 의해 다시 겨울을 맞았다. 박정희 정부는 1963년 노동관계법을 개악하고,* 1971년 국가보위에관한특별조치법 제정 및 1972년 소위 유신헌법 발의를 통해 노동쟁의를 전면 금지했다. 그러나 저항의 맥은 끊기지 않았다. 1970년 전태일 열사의 분신 이후 당시 수출 주도 정책의 주력 산업이었던 가발·봉제·섬유·의류 등의 노동현장에서 민주노조가 결성되고 파업이 전개되었다. 노동자들의 투쟁은 권위적인 사회 질서에 균열을 내는 기폭제였다.

1980년 비상계엄조치와 함께 등장한 전두환 정부는 기업별 노동조합 체제를 법제화하고 억압적인 노동통제를 강화했다.** 하지만 1970년대 이후 현장과 연계한 종교단체, 학생·지식인 들의 야학 활동과 민주노조 건설 및 투쟁 지원이 지속되고 있었고, 현장에 투신한 대학생 출신의 노동운동가들이 늘어나면서 노동자들의 주체 역량은 탄압 속에서도 점차 강화되었다. 1980년대 초·중반 서울의 구로공단에서는 현장을 장악한 어용노조에 대항해 민주노조가 결성되기 시작했다. 합동교육

---

*   노동조합법, 노동쟁의조정법, 노동위원회법 등의 개정을 통해 복수노조와 노조의 정치활동을 금지하고, 노동쟁의에 대한 노동위원회의 적법심사권 부여 및 긴급조정제도 신설 등으로 노조에 대한 국가의 억압과 통제를 강화하는 것이 주요 내용이었다.

** 노동조합은 조직형태에 따라 대상을 특정하는 경우와 그렇지 않은 경우로 나뉜다. 기업별·지역별·직업별 노조가 전자, 일반 노조와 산별 노조가 후자에 속한다. 산별 노조는 실업자를 포함한 모든 노동자를 가입 대상으로 하며, 정부의 노동 정책 및 전체 노동시장의 변화 등에 대한 노조의 권리 보장과 단결된 대응이 가능한 형태다. 전두환 정부가 기업별 노조를 강제한 이유는 개별 기업의 노사관계 안에 노동자들을 가두어 노동운동의 진전과 계급적 단결을 차단하기 위한 것이었다.

과 일상적인 교류를 통해 축적된 힘이 1985년 구로동맹파업으로 분출되었다.* 노동자들은 처절하게 패배했지만 구로동맹파업은 사회 민주화와 개혁을 지향하는 파업투쟁, 기업별 노동조합의 한계와 연대의 중요성을 환기하는 역사적 사건으로 이후 노동운동에 깊은 영향을 남겼다.

1987년 박종철 열사와 이한열 열사의 죽음은 민주화를 향한 사회적 열망을 폭발시켰다. 6월항쟁의 불길은 '6·29 민주화선언'으로 일단락되고 정치적 민주화가 시작되는 듯 했지만,** 항쟁에 참여했던 노동자들의 현실은 달라지지 않았다. 중화학공업 육성 정책으로 생겨난 재벌 대기업의 대공장들은 폭력이 난무하는 위계적 공간이었고 작은 공장들 역시 마찬가지였다. 두발의 자유도 없고 쥐똥이 나오는 식당밥을 먹으면서 쥐꼬리만한 월급을 받고 일해야 했던 노동자들의 요구가 폭발적으로 분출해 전국적으로 민주노조가 만들어지고 투쟁이 격화되기 시작했다. '노동자 인간선언'이라고 칭해지는 1987년 노동자

---

* 독재 정부의 노동탄압과 블랙리스트 철폐를 요구하던 구로공단의 민주노조들은, 정부가 대우어패럴 노조 간부 3인을 구속하자 이를 자신의 문제로 인식하고 동맹파업에 나섰다. 그러나 대우어패럴 사측 구사대의 폭력적 진압으로 1주일 만에 해산되었고, 44명이 구속되어 유죄판결을 받고 2,000여 명이 부당해고를 당했다. 2001년 정부는 구로동맹파업을 민주화운동으로 인정했으며, 관련자들의 명예회복이 추진되었다.

** 1987년 6월 29일, 당시 대통령 후보였던 노태우 민주정의당 대표위원이 6월항쟁으로 분출된 민주화와 직선제 개헌 요구를 받아들여 시국 수습을 위해 발표한 특별선언이다.

대투쟁이다. 임금 인상과 노동조건 개선을 위한 투쟁은 노동조합 결성으로 이어졌고 어용노조가 장악한 곳에서는 노조 민주화가 추진됐다. 지역과 재벌 대기업 차원의 연대파업이 활발해졌고, '공순이, 공돌이'로 불리며 차별받던 노동자들은 스스로를 집단화하고 투쟁하면서 권리를 쟁취하기 시작했다.

　그러나 파업투쟁을 통해 사회의 주체로 자리매김한 노동자들의 전성시대는 짧았다. 1996년 12월 김영삼 정부 시기 여당이었던 신한국당은 노동시장 유연화를 위한 '노동법 날치기'를 시도했다.*** 민주노총과 한국노총이 총파업을 벌여 법안은 재수정되었지만, 1997년 닥친 외환위기는 많은 것을 거꾸로 되돌렸다. 1998년 김대중 정부의 구조조정 강행으로 정리해고법과 파견법이 통과되었고, 비정규직이 확대되고 노동시장의 이중구조가 고착되기 시작했다. 신자유주의 이데올로기의 급속한 사회적 확산과 고도화된 노동통제는 노동자들의 파업투쟁을 위축시켰고, 그럼에도 파업을 선택한 노동자들의 투쟁은 극렬하게 장기화되는 경향을 보이기 시작했다.****

*** 주요 내용은 생산성 향상·인수합병 등의 사유에 정리해고 허용, 1개월 단위 변형근로제 허용, 기업 단위 복수노조 5년 유예, 전임자 임금 지급 금지, 파업 기간 중 임금 지급을 이유로 한 쟁의 금지, 은행·방송사업 등 공익사업 범위 확대 등이다.
**** 2006년 KTX, 2007년 이랜드, 2009년 쌍용자동차, 2011년 유성기업 및 한진 중공업, 2014년 및 2018년 파인텍(구 스타케미칼) 등에서 일어난 노동자들의 투쟁이 대표적이다. 공공과 민간을 막론한 자본의 구조조정과 대량해고, 노조 파괴 등에 맞서 노동자들은 짧게는 2년, 길게는 10년 이상 투쟁했다.

3. 한국의 파업 현실과 '노조파괴 시나리오'

파업을 실제로 규율하는 법은 1997년 제정된 노동조합 및 노동관계조정법(노동조합법)이다. 1953년에 노동조합법, 노동쟁의조정법, 노동위원회법, 근로기준법 등 '노동4법'이 제정되었지만 그야말로 법으로만 존재했다. 1972년 유신 체제하에서 개정이 이루어졌지만 선언적인 노동 보호만을 강조하며 산업평화의 유지와 사회 불안요소 제거라는 명목으로 쟁의행위에 관한 규제를 더욱 확대한 것이었다. '문민정부'를 표방한 김영삼 정부가 제정한 노동조합법 역시, 노동계의 반대 총파업으로 재개정되는 과정을 거쳤지만 합법적인 쟁의행위를 인정하는 범위가 협소해 노동자의 집단적 권리 보장을 위한 한계는 여전했다.

현행 노동조합법은 제정 이후 30여 년이 지나며 여러 차례 개정을 거쳤지만, 금지와 처벌 조항이 많아 입법 취지에 맞지 않고 노동권 보장에 취약하다는 평가가 지배적이다. 한국에서 노동조합이 파업 등 쟁의행위에 돌입하기 위해서는 "그 목적·방법 및 절차에 있어서 법령 기타 사회질서에 위반되어서는 아니"(제37조)되며, 노동쟁의의 목적은 "임금·근로시간·복지·해고 기타 대우등 근로조건의 결정에 관한 주장의 불일치로 인하여 발생한 분쟁상태"(제2조)에 국한된다. 손해배상 청구를 제한하는 면책조항은 법원의 '정당한 쟁의행위'에 대한 인정범위가 매우 좁기 때문에 실효성이 거의 없다. 지나치게 통제적인 노동조합법과 지나치게 협소한 법원의 판단으로 대다수의 파업은 쉽게 불법이 된다.

또한 병원·철도·통신·항공 등 필수공익사업장 노동자들의 경우 필수유지업무제도로 인해 파업권을 광범위하게 제한받고 있다.* 노동조합법 제42조의2에서는 "업무가 정지되거나 폐지되는 경우 공중의 생명·건강 또는 신체의 안전이나 공중의 일상생활을 현저히 위태롭게 하는 업무"로 규정하고 있지만, 실제로는 광범위한 산업 분야에 걸쳐 노동자들의 파업권을 제한하는 제도로 기능하고 있다.

2000년대 이후 한국 사회에서 큰 이슈가 되었던 파업 대부분이 불법이었다. 임금과 노동조건 등이 목적이 아니면 불법이 되기 때문이다. 2018년 가을, 오랜 투쟁 끝에 현장으로 돌아가게 된 KTX승무원들의 파업은 2006년 시작되었다. 당시 KTX승무원들의 정규직화를 주요 요구로 내걸었던 철도노

---

* 필수유지업무제도는 필수공익사업장의 쟁의권을 사전적으로 제한할 수 있었던 기존의 직권중재제도를 폐지하면서 2008년부터 시행되었다. 노농조합의 쟁의행위 시에는 일정 인원을 반드시 업무에 투입하고 파업 참가자의 50퍼센트까지 외부 대체인력을 사용할 수 있도록 하는 제도다. '쟁의권과 공익의 조화'를 표방하며 도입되었지만 파업을 금지하는 제도로 작동한다는 비판이 높다. 노동계에서는 특히 지나치게 넓은 필수유지업무의 범위와 대체인력 허용, 필수유지업무 협정의 결정권이 노동위원회에 있고 협정의 유효기간이 없는 점 등을 지적하고 있다. ILO로부터 세 차례의 시정권고를 받았고 해당 노동자들의 제도 개선 요구가 계속되고 있다. 현재 철도·도시철도, 항공운수, 수도, 전기, 가스, 석유정제 및 석유공급, 병원, 혈액공급, 한국은행, 통신 등의 사업이 필수공익사업장으로 지정되어 있다.

조의. 파업은 불법이 되었고 수많은 해고자와 구속자가 나왔다. 2009년 사측의 정리해고에 반대했던 쌍용자동차 노동자들의 파업 역시 마찬가지다. 정리해고는 경영자의 결정에 속하는 것이며 임금과 노동조건과 관련한 부분이 아니기 때문이다. 2017년 9월 문재인 정부가 공식 폐기한, 박근혜 정부의 공공부문 성과연봉제와 저성과자 해고라는 양대 지침 강행에 반대하는 파업 역시 모두 불법이었다. 성과연봉제는 노동자들의 임금과 직결되는 문제이지만, 정부의 노동 정책은 임금과 노동조건과 관련한 것이 아니기 때문이다.

목적이 법에 부합해도 방법이나 절차가 부당하다는 이유로 파업은 쉽게 불법이 된다. 복잡한 절차와 제한적인 방법을 지켜 노동조합이 쟁의행위에 돌입해도, 다양한 방식으로 파업을 불법화하는 사측의 범법은 갈수록 고도화되었다. 파업에 동참하지 않는 노동자와 관리자를 '회사를 구하기 위한' 구사대로 삼거나 용역깡패를 동원하는 것이 고전적이고도 비일비재한 사측의 파업 파괴 방식이다. 2011년 복수노조제도 시행 이후에는 아예 친사측 복수노조를 설립해 민주노조를 고사시키거나 악질적인 노무컨설팅업체와 공모해 조직적인 노조파괴 행위를 벌이는 지경에 이르렀다. 파업권이 헌법적 권리로 안착하지 못한 현실이, 노동권을 근본적으로 부정하는 사측의 각종 범법행위를 용인하는 결과를 초래한 것이다.

파업은 노사관계에서 일어나는 일이지만, 과거 권위주의 정부들은 너무나 당연하게 현장에 공권력을 투입해 진압했고,

ILO를 비롯한 국제 사회의 집중적인 비판을 받았다. 이에 새롭게 출현한 것이 자본의 사병인 용역깡패다. 공권력 없이 구사대만으로는 역부족인 파업현장 진압을 위해 사측은 큰 비용을 지불해 용역깡패를 고용해서 노동자들의 폭력행위를 유발한다. 대표적으로 알려진 것이 2011년 유성기업 노동자들에게 무차별 폭력을 휘두른 CJ시큐리티와 2012년 SJM공장 노동자들에게 잔인한 테러를 저지른 컨택터스 등이다.* 특히 컨택터스는 전국 15개 광역시·도에 지사망을 구축하고 경찰과 유사한 수준의 병력운송 버스와 시위진압용 물대포 차량까지 보유하고, 각종 파업이나 집회현장에 배치됐던 용역깡패 집단이다. 민간 군사기업을 표방하며 대응 훈련과 정탐 활동 및 해외 주재공관 경비 파견까지 수행한 것으로 알려졌는데, 이는 공안기관과의 협력이 없다면 불가능한 일이다.

2012년 국회 환경노동위원회 청문회에서 노무법인 창조컨설팅의 '노조파괴 시나리오'가 낱낱이 드러났다.** 노조파

---

* CJ시큐리티와 컨택터스는 노동자들의 파업에 무법천지의 폭력을 휘둘러 사회적으로 큰 충격을 안겼다. 2011년 5월 18일 밤 충남 아산에서는, 야간노동을 없애기 위해 파업에 돌입한 유성기업 노동자 십수 명이 CJ시큐리티에 의해 두개골이 함몰되고 광대뼈가 골절되는 등의 중상을 입었다. 2011년 7월 27일 새벽, 파업 중인 안산 SJM공장에 진입한 컨택터스는 비무장 상태로 비상대기 중이던 노동자들에게 살인적인 폭력을 휘둘렀다. 중무장한 300여 명의 용역깡패들에게 맨몸으로 맞선 200명가량의 노동자 중 40여 명이 심각한 부상을 입었고, 이날의 참상은 SBS 〈그것이 알고 싶다〉에서 "야만의 새벽"(2012년 8월 18일 방영)이라는 제목으로 방송되었다.

괴 시나리오는 유성기업·상신브레이크·발레오전장시스템코리아·KEC·SJM·영남대의료원·갑을오토텍 등을 비롯한 168개 사업장에서 실행됐다. 그 결과 14개의 노동조합이 파괴되었고, 노동조합을 지키기 위한 투쟁 과정에서 수많은 노동자들이 신체적·정신적 폭력에 시달려야만 했다. 노동과 삶의 권리를 박탈당한 노동자들의 고통스러운 싸움은 지금도 현재진행형이다.

노조파괴 시나리오는 한국 사회의 왜곡된 반노조 정서와 파업의 현주소를 적나라하게 보여준다. 헌법에 명시된 노동 3권을 무력화하고 인권을 유린하는 불법적인 커넥션이 하나의 산업이 되어 노동자의 삶을 파괴하는 대가로 거액의 돈을 벌어들였다. 기업을 비롯한 반노동 세력이 조직적으로 결집해 저지른 범죄임에도 노조파괴 시나리오를 사주한 사용자에 대한 처벌은 미미했다. 2010년부터 약 3년간 23개 기업에서 82억 4,500만 원의 노조파괴 자문료와 성공보수를 받고 파업 노동자들에게 584억 원의 손해배상을 청구하게 만든 노무법인 창조컨설팅 대표와 임원, 노동자들이 끈질기게 싸우며 문제를 제

** '교섭해태로 노조 파업 등 쟁의행위 유도→쟁의행위 시 직장폐쇄→사설 경비·용역 투입→친기업노조 설립·지원→조합원 탈퇴 유도와 기존 노조 무력화'라는 단계를 설정해 철저한 사전 기획에 따라 노동조합의 파업을 유도하고 노동조합을 파괴하기 위한 매뉴얼이다. 노무법인 창조컨설팅이 기업의 노무 관리 자문을 빙자해 설계하고 노조파괴 기업이 실행했으며, 갑을오토텍·유성기업·하이디스 등 일부 기업은 국내 최대 로펌인 김앤장 법률사무소가 법률 대리인을 맡았다.

기해 법정에 세운 갑을오토텍·발레오전장시스템코리아·유성기업의 사용자들은 1년 내외의 징역형을 받았을 뿐이다. 자동차 부품사인 유성기업의 노조파괴를 공모한 현대자동차 법인 임직원 3인에 대해 법원은 2019년 8월, 모두 1년 이하의 징역에 집행유예 2년 및 60~120시간의 사회봉사명령 판결을 내렸다. 검찰이 2012년에 핵심 증거를 확보하고도 불기소 처분했다가 유성기업 노동조합의 투쟁과 재정신청으로 4년 반이 지나서야 기소했던, 그나마도 현대자동차 사측의 위헌법률심판 제청으로 미뤄져 8년 만에 나온 결과다.

노조파괴는 헌법적 권리를 사적 폭력으로 무력화시키고 노동자들의 삶을 짓밟는 반사회적이고 비윤리적인 범죄행위지만, 솜방망이 처벌을 받은 사용자들은 반성은커녕 교묘히 법망을 피해 노조파괴 행위를 지속한다. 이는 노동조합과 파업의 권리가 한국 사회에서 어떠한 위상을 갖는지 방증한다. 파업의 권리는 법에 의해서 쉽사리 불법화되고 노동자 개인의 삶과 집단적 권리 파괴는 용인되는 상황은, 결국 모든 노동자의 권리 후퇴로 이어진다.

4. 파업의 불법화와 손해배상·가압류

법으로, 판결로 불법화되는 파업의 후과는 잔인하다. 노동권을 지키기 위한 최후의 수단으로 파업을 선택한 노동자들

중 수많은 이들이 징계를 받거나 해고되고, 나아가 업무방해죄, 특수공무집행방해치상죄 등 형법상 처벌 대상이 되어 구속되거나 형사처벌을 받는다. 더욱 심각한 것은 민사소송을 통한 손해배상·가압류로 인한 고통이다. 노동조합법은 제3조(손해배상 청구의 제한)에서 "사용자는 이 법에 의한 단체교섭 또는 쟁의행위로 인하여 손해를 입은 경우에 노동조합 또는 근로자에 대하여 그 배상을 청구할 수 없다"라는 면책조항을 두고 있지만, 합법파업이 하늘의 별따기인 현실에서는 전혀 힘을 발휘하지 못한다.

1990년대 중반 파업에 대해 손해배상·가압류(손배가압류)를 인정하는 경우가 극히 이례적으로 있었으나, 강력한 신종 노조탄압 수단으로 등장한 것은 2000년대 초반부터다. 그 시작은 "불법폭력 노조운동을 용납해서는 안 되지만 구속만이 최선은 아니다"라며 "민사소송 등 여러 방안을 검토하라"는 김대중 대통령의 지시였다. 진의가 무엇이었든, 노동3권 보장을 위한 민사면책의 원리를 부정한 대통령의 지시는 사용자들의 즉각적인 민사 대응과 손해배상 소송의 남발로 이어졌다. 노무현 정부가 출범한 2003년 두산중공업 노동자 배달호, 한진중공업 노동자 김주익이 손배가압류의 고통을 호소하며 목숨을 끊는 사건을 계기로 노사정이 대책을 마련하는 데 노력하기로 합의했지만 제도 개선에는 이르지 못했다.

2013년 11월 법원은, 쌍용자동차 노동자들에 대해 사측과 경찰이 세기한 손해배상 청구소송에서 노동조합과 노동자들에게 책임이 있다는 판결을 내렸다. 정리해고 반대 파업에 참여한 노동자 140명에게 사측이 청구한 150억 원 중 33억 1,140만 원과 경찰이 청구한 14억 6,168만 원 중 13억 7,000여 만 원, 총 약 47억 원을 배상하라는 것이었다. 쌍용자동차 노동자들은 파업 이후 200여 명이 해고되고 64명이 구속되어 형사처벌을 받았지만, '불법파업'의 꼬리표는 막대한 금액의 손배가압류로 이어진 것이다. 당시 23명의 노동자와 가족 들이 목숨을 잃은 처참한 상황에서 투쟁을 이어가던 노동자들에게 내려진 편파적이고 반노동적인 판결이었다. 소식을 듣고 4만 7,000원을 봉투에 넣어 보낸 한 시민의 제안으로 '노란봉투' 캠페인이 시작됐고, 대중은 물론 국내외 유명인사들의 참여 속에 파업에 대한 손배가압류의 부당성이 사회적으로 확산되기 시작했다.

　　노란봉투 캠페인을 통해 출범한 시민단체인 '손배가압류를 잡자! 손에 손을 잡고(손잡고)'와 민주노총에 따르면 2017년 상반기 노동자 대상 손배가압류 현황은 24개 사업장에 65건, 금액은 손해배상 1,867억 원에 가압류 180억 원에 이른다.*
19대 국회에서 노동조합법 제3조를 개정해 평화적인 노동쟁의에 대한 손해배상 소송을 금지하고, 노동자 개인이나 신용보증인에 대한 손해배상 책임을 금지하며, 손해배상 청구 상한액을 제한하는 등의 내용을 담은 일명 '노란봉투법'이 발의됐다.

---

* 　손잡고, 《2017년 상반기 손배가압류현황 및 노동현장 피해 사례 발표 기자회견 자료집》, 손잡고, 2017.

하지만 당시 새누리당의 반대로 상임위에서 폐기되었고, 20대 국회에서 재발의된 법안 역시 임기 만료로 폐기되었다.

한편 2014년 9월 한국노동법학회와 서울시립대학교 법학연구소가 주최한 국제학술대회 '쟁의행위와 책임'에서는 관련한 독일, 영국, 프랑스, 일본, 한국의 사례가 발표되었다. 파업에 따른 형사처벌의 경우 영국은 관련법이 1875년에 폐지됐고, 프랑스는 파업 자체가 아니라 과정에서 살인·폭력 같은 경우가 발생했을 때에만 형법이 적용된다. 독일은 사회적 노사 파트너십이 안착되어 관습법상 형법을 전혀 적용하지 않으며, 일본은 폭력이나 파괴 행위가 있을 경우 업무방해죄가 성립한다. 노동조합이나 노동자에게 사용자가 손해배상을 청구하는 경우가 영국에서는 거의 없는 일이고, 프랑스에서는 주장하는 쪽에 입증 책임을 지우는 일반 원칙을 기반으로 삼되 파업과는 별도의 불법행위를 특정해야 손해배상 청구가 가능하다. 독일은 갈등 해결의 평화로운 방식을 선호하는 문화로 불법파업에 대한 손해배상 청구가 없으며, 일본 역시 이에 대한 판례가 없다.*

해외 사례에서도 확인되듯이, 한국에서 너무나 당연하게 행해지는 파업에 대한 형사처벌과 손배가압류는 매우 독특

---

* 한국노동법학회·서울시립대학교 법학연구소, 《쟁의행위와 책임》(한국노동법학회·서울시립대학교 법학연구소 2014년 국제학술대회 발표논문집), 한국노동법학회·서울시립대학교 법학연구소, 2014년 9월 26일.

한 후진적이고 야만적인 법제도이자 관행이다. 대부분의 현대국가는 군인이나 경찰 등의 특수직종을 제외하면 파업에 대한 금지나 규제를 거의 두지 않는다. 2017년 10월 UN 산하 경제적·사회적·문화적 권리위원회는 〈한국정부의 사회권에 대한 최종권고문〉에서 노동자와 노동조합에 대한 손배가압류 등 민·형사상 소송을 "쟁의행위 참가 노동자를 상대로 한 보복조치"로 보고 한국 정부에 자제와 독립조사를 권고한 바 있다. 이는 UN 산하 경제적·사회적·문화적 권리위원회만이 아니라 ILO 산하 결사의자유위원회Committee on Freedom of Association, CFA 에서도 수차례 반복적으로 권고하고 있는 부분이다.

그러나 한국의 노동조합법은 거의 모든 파업을 불법화하는 조항들로 채워져 있고, 손배가압류 소송에 대한 법원 판결은 이러한 법의 자장 안에서 영향을 받는 악순환이 계속되고 있다. 문재인 대통령은 새정치민주연합 당대표였던 2015년, 시민단체 '손잡고'의 제안에 "손해배상과 가압류의 남용은 노동3권을 무력화시키는 부당한 처사"라며 국민의 힘으로 바꿔 사람이 먼저인, 노동자들이 행복한 세상을 만들어가자는 영상메시지를 전한 바 있다. 노동자 파업에 대한 손배가압류를 끊어내기 위해 국민들은 모금을 했고 시민단체를 만들어 피해자들을 지원하고 법을 발의했다. 낡은 관행과 부당한 처사를 바꿔낼 정부와 정치권의 움직임이 더해져야만 현실은 달라질 수 있을 것이다.

5. 파업권이 온전히 보장되려면

파업을 불온시하고 불법화하는 한국 사회의 문제가 법과 제도에서만 비롯되는 것은 아니다. 정규교육에서 노동이 차지하는 비중이 지극히 낮은 현실은 파업권에 대한 왜곡된 인식을 유지하는 기제로 작용하고, 여론에 대중적인 영향을 미치는 언론과 정치권의 부정적 태도 역시 마찬가지다. 심각한 노동 유연화와 양극화, 전체 노동자의 절반 이상을 차지하는 비정규직, 10퍼센트를 간신히 웃도는 노동조합 조직률 등은 노동자들 역시 파업에 대해 곱지 않은 시선을 보내게 만드는 조건으로 작용하기도 한다.

한국의 언론에서 파업은 곧잘 '밥그릇 지키기' '불법파업' '시민 불편' 등으로 호도되고, 정작 노동자들이 파업을 하는 이유를 제대로 다룬 보도는 접하기 어렵다. 임금과 노동조건을 목적으로 하는 파업만이 합법성을 인정받는 상황에서, 정규직 노동조합의 파업은 '귀족노조' '강성노조'의 집단이기주의로 매도되고 사회 개혁의 요구를 내건 파업에는 '불법파업' 딱지가 붙는다. 비정규직의 정규직 전환을 요구하는 파업은 '무임 승차'로 비난받고, 최저임금 인상을 요구하는 파업은 '고용위축' '물가인상' '급식대란' 등의 프레임에 갇혀버린다.

2015년 《한겨레》가 고등학교 사회과 교과서 17종을 분석한 결과, 전체 4,612쪽에 달하는 분량 중 노동 관련 내용은 83쪽으로 2퍼센트에 불과했다는 보도가 있었다. 가장 많이 다뤄진 주제는 최저임금(13종)과 노동조합(11종)이었고, 노동3권(8종), 근로기준법(7종), 노동조합 및 노동관계조정법(5종), 산업재해(7종), 비정규직(6종)순이었다.* 2010년 국가인권위원회가 교육부 장관에게 중·고교 교과 과정에 노동기본권 등 노동인권 교육을 필수적으로 다루기를 권고했지만, 정규교육의 노동 기피증은 개선되지 않고 있다. 특히나 가장 중요한 노동기본권인 파업에 대해서는 유독 잘 다뤄지지 않는다. 누구나 노동자가 되지만 학교에서 노동권에 대해 배울 수 없는 현실은, 청년세대 대부분이 노동에 대한 기존의 편견을 그대로 내면화하고 답습하게 만드는 배경이 된다.

언론과 정치권의 노조 혐오와 반노동적 인식이 이렇게 여과 없이 표출될 수 있는 이유는, 한국에서 노동권의 위상이 여전히 낮기 때문이다. 산업화만큼이나 급속하게 진전된 정치적 민주화는 그 기반이 되어야 할 경제적 민주화와 분리되었고, 그 속에서 시민과 노동자는 또다시 분리되었다. 노동자 투쟁의 과거는 시민과 정부에 의해 기념되지만, 노동자 투쟁의 현재는 비난과 왜곡의 대상이 된다. 노동자들이 유의미한 정치세력으로 결집되지 못한 이유도 있겠지만, 노동권 보장을 경제 성장과 정치 민주화의 후순위로 미루면서 조직된 노동자들의 파업

---

* 　김민경·엄지원, 〈주요 생존권인데…교과서 '노동자의 권리' 내용 2%뿐〉, 《한겨레》, 2015년 4월 19일 자. http://www.hani.co.kr/arti/society/schooling/687559.html.

과 투쟁을 탄압해온 지배세력의 태도에 근본적인 원인이 있다.

한국은 1991년 ILO에 가입했지만, 189개 협약 중 29개만 비준한 상태다. 특히 '노조 할 권리'를 담은 핵심협약인 결사의 자유 및 단결권의 보호에 관한 협약(87호)과 단결권 및 단체교섭권에 대한 원칙의 적용에 관한 협약(98호) 관련해서는 침해 진정 사건에 대한 15차례의 권고를 받았지만 수용하지 않고 있다.* 파업권 자체를 금지당한 공무원 노동자, 필수유지업무제도로 파업권을 제약받는 공공 부문 노동자들, 수많은 비정규직과 특수고용 노동자들의 존재는 국제 기준에 한참 못 미치는 한국의 노동권 현실을 단적으로 보여준다.

문재인 대통령은 후보 시절 ILO 핵심협약 비준을 공약했지만, 당선 이후 비준 약속은 관련 국내법을 정비한 뒤로 미뤄졌다. 사회적 대화와 타협을 내세우며 대통령 직속 경제사회노동위원회가 출범했고, 경제사회노동위원회는 ILO 핵심협약 비준의 전제로 국제기준에 부합하지 않는 노동관계법 개정에 합의할 것을 노동계에 종용했다. 2018년 11월 발표된 경제사회노동위원회 노사관계제도·관행개선위원회 공익위원안에는 사용자 측의 주장이 담긴 반노동적 독소조항이 가득했다. 2019년 고용노동부는 이러한 내용을 담은 개정안을 발의했으

---

* 2021년 2월 26일 국회 본회의에서 강제 또는 의무노동에 관한 협약(29호) 및 87호, 98호 등 3개 ILO 핵심협약에 대한 비준동의안이 의결되었다. 이후 정부가 ILO에 3개 협약 비준서를 기탁하면, 기탁일로부터 1년 후 협약의 효력이 빌효된다.

나, 노동계의 거센 반대와 20대 국회의 개점휴업으로 통과가 무산되었다.

2020년 12월 9일, 21대 국회는 2019년 2월 경제사회노동위원회가 제출한 내용을 바탕으로 한 노동조합법 개정안을 통과시켰다. 개정안의 주요 조항은 해고자의 기업별 노조 가입, 종사근로자가 아닌 조합원의 활동 제한, 전임자 및 근로시간면제, 교섭창구단일화 절차, 단체협약 유효기간 상한 연장, 쟁의행위의 기본원칙 등이다. 애초 공익위원안에 대한 노동계의 반발을 의식한 개정안이지만, 여전히 노동권을 온전히 보장할 수 없고 기존의 개선 과제를 해결할 수 없는 개악이라는 노동계의 비판이 높았다. 그러나 국회는 이를 토대로 2021년 2월 26일 본회의에서 결사의 자유 및 단결권 보호에 관한 협약(87호), 단결권 및 단체교섭권 원칙의 적용에 관한 협약(98호)을 포함한 3개 ILO 핵심협약에 대한 비준동의안을 의결했다.

헌법이 보장하는 파업의 권리는 '노동자들이 요구사항을 쟁취하기 위해 집단적으로 일손을 놓음으로써 사용자에게 타격을 주는 집단행동'이라는 점, 파업 본연의 목적이 사용자에게 피해와 타격을 가함으로써 집단적으로 노동자의 권리를 지켜내는 점이라는 것을 되새길 필요가 있다.

한국에서 파업권이 헌법상 권리로서 온전히 보장되기 위해서는 거의 모든 것이 새롭게 정비되고 개선되어야 한다. 사실상 파업을 금지하는 노동조합법, 파법의 위법성을 과도하게 판단하는 법원, 파업권에 대해 가르치지 않는 정규교육, 파업에 대한 왜곡된 보도관행을 지속하는 언론, 파업 자체를 불온시하는 정치권, 파업의 권리를 더욱 축소하려는 정부 등 온 사회가 내면화한 파업에 대한 잘못된 인식이 바뀌어야 한다. 그리고 이러한 광범위하고 총체적인 변화의 시작은 노동자 스스로 권리를 자각하고 행동하는 것으로부터 가능해질 것이다.

3부

헌법:

노동자의 권리는 헌법 위에 있다

윤지영

1. 노동자들의 목소리가 헌법에 담기다

권리는 법에 기인하지 않는다. 법과 무관하게 권리는 존재한다. 권리는 의사를 관철시킬 수 있는 힘을 뜻하며, 그러한 힘은 꼭 법이 있어야 생기는 것이 아니기 때문이다. 법 이전에 권리가 존재한다고 보는 게 맞을 것이다. 그러나 권리가 법에 명시되는 순간 만인에게 두루 적용될 정당한 근거가 확보된다. 특히 법 중의 으뜸 법인 헌법에 명시된다면 더더욱 그렇다.

으뜸 법이라고 간단히 설명했지만 사실 헌법은 그리 간단하지 않다. 비유를 하자면, 국가라는 공동체의 설계도가 헌법이다. 설계도에 따라서 땅을 파고 기둥을 세우고 흙을 바르는 것처럼 헌법을 토대로 구체적으로 정치 질서와 사회 질서를 정하게 된다. 헌법에 근거해 만들어지는 법률은 창틀이나 바닥, 천장과도 같다. 헌법은 모든 법의 토대이자 모든 법을 지휘하고 감독하는 최상위 개념이다.

그러나 이러한 비유로도 헌법을 온전히 설명할 수 없다. 로마제국의 〈12표법〉이나 조선의 〈경국대전〉 역시 공동체의 설계도이지만 이를 두고 헌법이라 하지는 않기 때문이다. 왕이나 군주가 아니라, 사회의 구성원인 일반 사람들이 권력의 주인공임을 선포한 때에야 진정한 헌법이라 할 수 있다. 헌법은 그간 군주의 권력에 속박되어왔던 사람들이, 인간으로서의 권리를 자각하고 들고일어나 만든 규범이다. 시민 위에 군림하던 권력을 이제는 시민 아래에 놓기 위한 규범이 바로 헌법이다.

헌법에서 기본권의 내용이 중요한 이유다. 여기서 말하는 기본권은 하늘이 모든 인간에게 부여한 권리, 즉 천부인권天賦人權을 말한다.

그런 의미에서 헌법의 진정한 시작은 혁명이다. 1688년의 영국 명예혁명, 1776년의 미국 독립혁명, 그리고 1789년에 시작된 프랑스혁명을 통해 각각 헌법의 전신이라 할 수 있는 권리장전, 독립선언, 인권선언이 만들어졌다. 그러나 여기에는 한계가 있다. 결과적으로 명예혁명과 프랑스혁명의 수혜자는 젠트리gentry, 부르주아, 부유한 신흥 산업자본가 계급이었다. 독립혁명 후 만들어진 1787년의 미국 헌법은 노예제를 인정했다. 이들 헌법은 사유재산의 보장과 자유권을 주요하게 다루었다. 그 이유는 부르주아나 신흥 자본가 계급에게 그들의 재산과 자유를 지키는 것이 가장 중요했기 때문이다.

반면 혁명 이후 농민들은 도시로 내몰렸고, 산업혁명과 자본주의의 발달은 도시로 내몰린 노동자들이 하루 14시간이고 16시간을 일해도 빈곤에서 헤어날 수 없는 상태로 만들었다. 재산권과 자유를 통해 그들의 울타리를 지켜낸 자본가들은 노동자들을 착취했다. 신흥 산업자본가 계급이 부를 축적하고 산업생산시설을 건설하고 국가의 부를 증대시켰지만, 그 결실은 노동자들에게 돌아가지 않았다. 가난과 굶주림, 질병과 취약한 주거시설, 장시간 노동과 위험에 시달리던 노동자들의 분노가 고조되었다.

사회주의자들과 노농자 계급은 노동자 계급의 참정권 보

장, 노동시간 단축, 노동조건 개선, 노동조합의 결성, 산업안전 보장을 주장했다. 더 나아가 청소년의 무상교육, 주거권, 빈부격차 해소, 공공의료, 노예 해방, 여성의 인권 보장을 주장했다. 여기에 주기적인 경제공황, 제1·2차 세계대전이 이어지면서 노동자 계급의 세력화가 진행되었고 사회주의 열풍이 전 세계를 휩쓸었다. 그 결과 노동권, 교육받을 권리, 주거권, 의료권 등의 사회권을 명시하고 자본주의에 제동을 걸고 부의 불균형을 해소하기 위한 내용을 담은 사회국가적 헌법이 등장했다. 오늘날 대다수의 국가들이 이러한 사회국가적 원리를 반영한 헌법을 채택하고 있다.

2. 기업의 이윤을 노동자들도 나눠 가진다고 정했던 1948년 대한민국헌법

대한민국헌법은 1948년 7월 17일에 공포되었다. 해방 후 미군정청에 의해 통치되던 남한만의 과도정부하에서 만들어진 최초의 헌법이었다. 최초의 헌법이라지만 그 이전에는 대한민국임시정부의 헌법이 있었다. 일제강점기 때 상해에 근거지를 마련한 대한민국임시정부는 1919년 4월 11일 대한민국임시헌장을 만들었고, 이 헌장을 기반으로 삼아 같은 해 9월 11일 대한민국임시헌법을 만들었다. 대한민국임시헌장과 대한민국임시헌법 모두 계급을 타파하고 모든 인민이 평등함을 선언한 헌법이었다.

평등함을 선언하기는 1948년 7월 17일에 공포된 대한민국헌법도 마찬가지였다. 그러나 대한민국헌법의 주도 세력은 일반 대중이 아니었다. 일제강점기 때 고등교육을 받은 인텔리들이 헌법의 제정을 주도했다. 그 결과 대한민국헌법은 가깝게는 일본제국, 멀게는 독일의 영향을 받게 되었다. 대한민국헌법의 초안을 만든 유진오는 메이지헌법(원명: 대일본제국헌법)을 참고했고, 메이지헌법을 만든 이토 히로부미伊藤博文는 독일의 헌법을 모방했기 때문이다.

그럼에도 불구하고 당시 시대적 상황은 헌법에 반영되지 않을 수 없었다. 헌법은 시대의 거울이기 때문이다. 노동자 계급의 세력화, 사회권의 등장, 사회주의와 공산주의 조류는 대한민국헌법에도 영향을 미쳤다. 대한민국헌법은 수정자본주의를 채택하고, 사회국가적 원리를 수용했다. 노동권과 노동3권도 명시했다. "영리를 목적으로 하는 사기업에 있어서는 근로자는 법률의 정하는 바에 의하여 이익의 분배에 균점할 권리가 있다"(헌법 제1호 제18조)라고 하여, 노동자들이 기업의 이윤을 나눠 가질 권리도 명시했다.

이후 대한민국헌법은 아홉 차례 개정되었다. 최저임금제도는 제정 당시에는 없었지만 1987년 6월항쟁과 노동자대투쟁의 결과로 헌법에 담기게 되었다. 현재 대한민국헌법은 노동에 관해 다음과 같이 규정하고 있다.

제32조〔근로할 권리·의무 등, 국가유공자의 기회 우선〕

① 모든 국민은 근로의 권리를 가진다. 국가는 사회적·경제적 방법으로 근로자의 고용의 증진과 적정임금의 보장에 노력하여야 하며, 법률이 정하는 바에 의하여 최저임금제를 시행하여야 한다.

② 모든 국민은 근로의 의무를 진다. 국가는 근로의 의무의 내용과 조건을 민주주의원칙에 따라 법률로 정한다.

③ 근로조건의 기준은 인간의 존엄성을 보장하도록 법률로 정한다.

④ 여자의 근로는 특별한 보호를 받으며, 고용·임금 및 근로조건에 있어서 부당한 차별을 받지 아니한다.

⑤ 연소자의 근로는 특별한 보호를 받는다.

⑥ 국가유공자·상이군경 및 전몰군경의 유가족은 법률이 정하는 바에 의하여 우선적으로 근로의 기회를 부여받는다.

제33조〔근로자의 단결권 등〕

① 근로자는 근로조건의 향상을 위하여 자주적인 단결권·단체교섭권 및 단체행동권을 가진다.

② 공무원인 근로자는 법률이 정하는 자에 한하여 단결권·단체교섭권 및 단체행동권을 가진다.

③ 법률이 정하는 주요방위산업체에 종사하는 근로자의 단체행동권은 법률이 정하는 바에 의하여 이를 제한하거나 인정하지 아니할 수 있다.

3. 모든 국민은 노동의 권리를 가진다

대한민국헌법에는 "모든 국민은 근로의 권리를 가진다"(제32조)라고 적혀 있다. 근로의 권리는 보통 '노동권' '노동기본권'으로 불린다. 노동3권이 노동자들의 집단적 권리를 보장하는 권리라면, 노동권은 노동자의 개인적 권리를 보장하는 권리다. 그렇다면 무엇이 노동자의 개인적 권리일까. 근로의 권리라는 단어만으로는 그 구체적인 내용을 알 수 없지만, 일반적으로는 크게 두 가지 의미를 포함하는 것으로 본다.

먼저, 노동권은 일자리를 구해 일을 할 수 있는 권리다. 직장을 구하고 계속해서 일을 할 권리 말이다. 직장을 구하는 건 사회에 충분한 일자리가 있을 때에나 가능한 일이다. 일자리를 만들 국가의 의무가 여기에서 비롯된다. 대한민국헌법이 "국가는 사회적·경제적 방법으로 근로자의 고용의 증진⋯⋯에 노력해야"(제32조) 한다고 명시한 것은 노동권을 제대로 보장하기 위해서다. 이러한 헌법 규정에 따라 고용정책 기본법, 근로자직업능력 개발법, 직업안정법, 청년고용촉진 특별법의 법률이 제정되어 있다. 정부는 고용 증진을 위해 각종 정책을 개발하고 시행해야 한다. 노동권이 있기 때문에, 사람들은 국가에 일자리를 만들라고 요구할 수 있다. 그러나 이는 특정한 직장에 취업하게 해달라고 요구하는 것을 의미하지 않는다. 고용증진을 위한 사회적, 경제적 정책을 국가에 요구하는 것이다.

계속해서 일을 할 권리에는 정당한 이유 없이 해고당하지 않을 권리도 포함된다. 해고되지 않아야 계속해서 일을 할 수 있기 때문이다. 그런데 계속해서 일을 할 권리는 노동권에 포함되지 않는다고 보는 견해도 있다. 기본권은 국민이 국가를 상대로 가지는 권리이지 기업이라는 사인私人을 상대로 가지는 권리가 아니라는 것이다. 즉, 국가가 아닌 기업에게는 해고하지 말라는 의무를 부과할 수 없다는 것이다. 그러나 해고라는 중차대한 문제 앞에서 노동자와 사용자 간의 관계에 국가가 개입할 수 없다면 노동권은 속 빈 강정에 불과하다.

기본권의 주체를 개인 대 국가로만 바라보는 관점도 낡은 것이다. 예전에는 기본권을 국가권력에 대항하여 개인의 자유와 권리를 방어하기 위한 수단으로 바라보았다. 그러나 국가가 아닌 사회적 세력에 의해 권리와 자유가 부당하게 침해될 가능성이 증가하면서 기본권을 국가 이외의 사인 간에도 확대 적용해야 한다는 주장이 등장했다. 기본권은 주관적 권리이자 객관적인 가치 질서의 성격도 가진다는 이중적 성격론도 기본권의 대對사인적 효력을 이론적으로 뒷받침한다. 그래서 사람들은 노동권을 기업을 상대로도 주장할 수 있고, 기업은 노동자를 마음대로 해고할 수 없다고 보는 것이 현재의 다수설이다. 근로기준법이 해고 제한 규정을 두고 있는 것은 이 때문이다.

여기에서 기업을 압박하고 해고를 제재할 국가의 의무도 도출된다. 국가는 기업이 함부로 해고하지 못하도록 막아야 하고, 해고를 당한 사람이 구제받을 수 있도록 해야 한다. 부당해고를 당한 사람들을 위해 부당해고 구제 절차를 마련하고, 실업급여를 지급해야 한다. 헌법재판소도 "직장 상실에 대하여 최소한의 보호를 제공하여야 할 의무를 국가에 지우는 것"이라고 결정했다.* 그러나 안타깝게도 현재 국가는 이 의무를 제대로 이행하지 않고 있다. 바로 기간제 및 단시간근로자 보호 등에 관한 법률을 제정한 것이 그 대표적 사례다. 이 법률은 아무런 제한 없이 사용자가 마음대로 비정규직 노동자를 고용할 수 있도록 한다. 사용자에게 마음대로 근로관계를 유지할지 여부를 결정할 권한을 부여함으로써, 고용된 사람들의 계속해서 일할 권리를 침해하는 것이다.

노동권의 두 번째 의미는 인간다운 조건과 환경에서 일할 권리다. 평면적인 노동권을 입체적으로 만드는 것이 바로 이 두 번째 의미다. 일을 하고 임금을 받는다고 해서 인간다운 삶이 보장되는 것은 아니다. 그냥 내버려둔다면 사용자는 노동자를 기계처럼 부릴 것이다. 위험하거나 더러운 작업환경은 방치한 채, 더 오랫동안 더 적은 금액으로 노동자를 착취할 것이다. 노동권은 이런 상황에 개입할 것을 요구한다. 노동자는 존엄한 존재이고, 인간의 존엄성은 일터에서도 지켜져야 하기 때문이다.

노동권은 일터에서의 존엄성을 지키기 위한 모든 것들을 내포한다. 건강하고 안전한 작업환경에서 일할 권리, 장시간 일을 하지 않을 권리, 적정한 임금을 받을 권리, 노동자라는 이유로 함부로 대우받지 않을 권리가 포함되며 여기에 국한되지

---

* 헌법재판소 2002. 11. 28. 2001헌바50 결정.

않는다. 인간답게 일하기 위해 필요한 모든 것들이 노동권에 포함된다. 그중 몇 가지가 헌법에 열거되어 있다. "국가는 사회적·경제적 방법으로 적정임금의 보장에 노력하여야 하며, 법률이 정하는 바에 의하여 최저임금제를 시행하여야 한다"(제32조 제1항), "근로조건의 기준은 인간의 존엄성을 보장하도록 법률로 정한다"(제32조 제3항)가 그것이다. 그렇기 때문에 단순히 최저임금제를 시행한다고 국가의 의무를 다하는 것은 아니다. 최저임금은 말 그대로 최저한의 임금일 뿐이다.

한발 더 나아가 국가는 행복하게 사는 데 필요한 수준의 적정한 임금을 보장하도록 노력해야 한다. 임금뿐만 아니라 노동시간, 휴일, 휴게시간 등 인간다운 노동조건도 보장해야 한다. 자본을 소유한 사용자는 노동자보다 우위에 있다. 자본가가 노동자를 착취한 대가로 이윤을 얻을 수 있는 것은 사용자와 노동자의 대등하지 못한 관계에서 비롯된다. 따라서 대등한 관계를 전제로 하는 계약 자유의 원칙은 노사관계에는 어울리지 않는다.

노동자가 인간다운 조건과 환경에서 일을 하려면 국가가 개입해서 인간다운 조건과 환경의 하한선을 강제해야 한다. 이를 위해 헌법은 인간의 존엄성을 보장받을 수 있는 근로조건의 기준을 법률로 정하도록 하고 있는데 그 결과 만들어진 대표적인 법률이 근로기준법이다. 근로기준법에는 임금, 노동시간, 휴일, 휴게 등의 노동조건이 구체적으로 명시되어 있다. 비단 근로기준법뿐만 아니다. 산업안전보건법, 근로복지기본법, 직업안정법, 근로자퇴직급여 보장법 등의 법률이 헌법상 노동권에서 유래한다. 2021년 제정된 중대재해 처벌 등에 관한 법률도 마찬가지다.

한편 노동권이 인간다운 노동조건, 노동자의 인간으로서의 존엄성을 보장받기 위한 권리라면 그 전제는 노동자는 상품이 아니라는 것이다. 즉, 노동자를 사고파는 행위 그 자체는 어떠한 경우에도 용납될 수 없다. 그런데 안타깝게도 노동자를 상품으로 만들어버린 법률이 있다. 파견근로자 보호 등에 관한 법률이다. 기간제 및 단시간 근로자 보호 등에 관한 법률처럼, 법명에는 '보호'라는 단어가 들어가 있지만 안타깝게도 이 법률은 그 전까지는 거래가 금지되었던 노동자의 거래를 가능하게 만들어버렸다. 소위 '파견업체'는 노동자를 필요로 하는 사업주에게 노동자를 공급하고 수수료를 받는 대신 노동자는 자신과 근로계약을 맺지도 않은 사업주 밑에서 일을 해야 하는 것이다. 노동권의 의미를 새긴다면 이 법률은 폐기되어야 한다.

노동권이 제대로 보장되려면 특히 더 취약한 노동자들을 염두에 두어야 한다. 사업주와 노동자 간의 불공평한 관계에서 비롯된 문제를 해결하고자 노동권이 등장한 것인 만큼, 더 취약한 노동자들의 지위를 끌어올리는 것이 노동권의 의미를 살리는 길이기 때문이다.

역사적으로 여성과 아동은 권리로부터 배제되고, 일상적인 차별에 시달려야 했다. 노동에서는 더더욱 그렇다. 가장인 성인 남성의 노동은 주된 노동으로, 여성과 아동의 노동은 부차적인 것으로 취급되어왔다. 그 결과 여성과 아동은 주변부 노동자로 여겨졌다. 현재도 마찬가지다. 비정규직 중 남성보다 여성이 많다. 청소년의 노동에는 굳이 '아르바이트' '알바'라는 명칭이 따라붙는다. 저임금 노동자 중 절대 다수가 여성과 아동이기도 하다. 이런 이유로 대한민국헌법은 여성과 아동의 노동에 대한 특별한 보호를 명시했다. 남녀고용평등과 일·가정 양립 지원에 관한 법률, 고용상 연령차별금지 및 고령자고용촉진에 관한 법률은 여성과 아동의 노동에 관한 대한민국헌법 규정을 근거로 삼는다. 근로기준법에도 여성과 아동의 노동에 대한 조항들이 있다.

그러나 여성 노동자, 아동 노동자의 현실은 법만으로는 현실을 바꿀 수 없다는 것을 새삼 알려준다. 여성과 아동에 대한 편견, 성별과 연령에 따른 위계를 근본적으로 해결하지 않으면 법조문은 그림의 떡일 수밖에 없다.

4. 노동자는 자주적인 단결권, 단체교섭권 및 단체행동권을 가진다

대한민국헌법 제33조에는 "근로자는 근로조건의 향상을 위하여 자주적인 단결권·단체교섭권 및 단체행동권을 가진다"라고 적혀 있다. 흔히 이를 노동3권으로 부른다. "뭉치면 살고 흩어지면 죽는다"라는 말은 그저 관용적인 표현이 아니다.

약한 존재들이 강자에 대응하기 위해 집단을 이루어 행동하는 것은 생존의 본질이다. 그렇기 때문에 역사적으로 노동자들은 집단을 만들고 집단적으로 대응해왔다. 권리로 인정받기까지 오랜 세월이 걸렸지만 세계인권선언, 국제인권규약, 그리고 대다수 국가의 헌법에 노동3권이 명시되어 있다.

대한민국 헌법재판소는 노동3권을 인정하는 이유를 다음과 같이 설명했다. "사용자에 비하여 경제적으로 약한 지위에 있는 근로자로 하여금 사용자와 대등한 지위를 갖추도록 하기 위하여……근로자가 이를 무기로 하여 사용자에 맞서서 그들의 생존권을 보장하고 근로조건을 개선하도록 하는" 것이다.* 또한 "근로자단체라는 사회적 반대세력의 창출을 가능하게 함으로써 노사관계의 형성에 있어서 사회적 균형을 이루어 근로조건에 관한 노사간의 실질적인 자치를 보장"하고 "집단으로 사용자에 대항함으로써 사용자와 대등한 세력을 이루어 근로조건의 형성에 영향을 미칠 수 있는 기회"를 가지는 것이다. 이는 곧 "입법자가 노동자단체의 조직, 단체교섭, 단체협약, 노동쟁의 등에 관한 노동조합관련법의 제정을 통하여 노사간의 세력균형이 이루어지고 근로자의 근로3권이 실질적으로 기능할 수 있도록 하기 위하여 필요한 법적 제도와 법규범을 마련하여야 할 의무가 있다는 것을 의미한다".** 이 설명이 노동3권 보

---

* 헌법재판소 1991. 7. 22. 선고 89헌가106 결정.
** 헌법재판소 1988. 2. 27. 선고 94헌바13 등 결정.

장을 위해 국가가 어떤 노력을 해야 하는지 정확히 보여준다. 노동3권을 보장하기 위한 법규범으로는 현재 노동조합 및 노동관계조정법 등의 법률이 있다.

노동3권은 말 그대로 노동조합을 결성하고(단결권), 노동조합을 통해 사용자와 집단적으로 교섭을 하고(단체교섭권), 단체행동을 할 권리(단체행동권)가 노동자에게 있다는 것이다. 말은 간단하지만 이것저것 따져야 할 것이 많다.

먼저 단결권부터 살펴보자. 노동조합을 결성하는 것이 자유로운 것처럼 노동조합에 가입하는 것도 자유로운 권리다. 여기에는 노동조합을 결성하거나 노조에 가입했다는 이유로 불이익을 받지 않을 권리도 포함된다. 결성이나 가입을 이유로 불이익을 받게 된다면 단결권은 무의미하다. 이를 위해 사용자는 노동조합 결성과 가입의 자유를 보장해야 하고, 국가는 사용자의 부당행위를 제재하는 등 단결권이 제대로 보장될 수 있도록 적극적으로 정책을 펼쳐야 한다. 이렇듯 단결권에서 사용자와 국가의 의무가 도출된다.

단체교섭권은 노동조합이 사용자와 자주적으로 교섭할 수 있는 권리다. 사용자에게 단체교섭에 응하도록 강제해야만 자주적인 교섭이 보장되기 때문에 단체교섭권에는 사용자의 교섭의무도 포함된다. 마찬가지로 단체교섭의 결과물인 단체협약을 이행하지 않게 되면, 이 역시도 단체교섭권을 해치는 결과를 낳기 때문에, 단체교섭권에는 단체협약에 사용자를 구속시킬 권한도 포함된다.

단체행동권은 주장을 관철하기 위하여 쟁의행위를 할 수 있는 권리다. 파업이 대표적인 예다. 쟁의행위는 그 자체로 업무의 정상적인 운영을 저해하는 행위다. 업무의 정상적인 운영을 저해한다는 것은 사용자의 이익을 침해하는 것이다. 손해를 입더라도 사용자가 감수해야 한다는 것이 단체행동권의 의미다. 쟁의행위로 인해 사용자에게 손해가 발생하더라도 노동조합이나 조합원은 손해를 배상할 필요가 없다. 대법원도 쟁의행위는 "적극적으로 그 주장을 관철하기 위하여 업무의 정상적인 운영을 저해하는 행위까지 포함하므로, 쟁의행위의 본질상 사용자의 정상 업무가 저해되는 경우가 있음은 부득이한 것으로서 사용자는 이를 수인할 의무가 있"다고 하였다.[*] 그러나 현실에서는 쟁의행위로 손해를 입었다며 사용자가 노동조합을 상대로 소송을 하는 경우가 부지기수다.[**]

헌법이 정하는 노동3권을 헌법보다 아래에 있는 법률, 시행령, 시행규칙으로 제한하는 경우도 있다. 단결권의 취지를 살리려면 노동조합을 설립하는 데 제한이 없어야 한다. 노동조합의 설립을 허가제로 운영하는 것은 단결권의 취지를 몰각하는 것이다. 그런데 노동조합 및 노동관계조정법 시행규칙은 노동조합의 설립에 각종 요건을 부과해, 사실상 노동조합의 설립

---

[*]　대법원 2007. 12. 28. 선고 2007도5204 판결 등 다수.

[**]　쟁의행위를 이유로 사용자가 노동조합 및 조합원 개인에게 청구한 손해배상 금액은 2017년 현재 약 1,867억 원에 달한다. 손잡고, 《2017년 상반기 손배가 압류현황 및 노동현장 피해 사례 발표 기자회견 자료집》, 손잡고, 2017, 9쪽.

을 허가제로 만들어 노동조합을 통제하고 있다. 노동조합이 여럿일 경우 교섭창구를 단일화해야 한다는 노조법 규정도 단체교섭권을 심각하게 제한하는 사례다.

한편 헌법에 있는 조문이 헌법의 노동3권의 정신을 훼손한 경우도 있다. 대한민국헌법은 공무원도 노동자라고 선언하면서 동시에 "공무원인 근로자는 법률이 정하는 자에 한하여 단결권·단체교섭권 및 단체행동권을 가진다"(헌법 제33조 제2항)라고 규정한다. 그 결과 국회가 만든 공무원의 노동조합 설립 및 운영에 관한 법률(공무원노조법)은 노동조합에 가입할 수 있는 공무원의 범위를 제한한다. 심지어 공무원노조법은 헌법보다 더 폭넓게 노동3권을 제한하는데, 공무원들의 쟁의행위를 일체 금지한다. 교육공무원을 불문한 모든 교사는 헌법에 아무런 제한이 없는데도, 교사라는 이유만으로 노동3권이 제한된다. 국회는 공무원의 정치적 중립성, 국민 전체 봉사자로서의 공무원의 책임감을 담보하기 위해 공무원의 노동3권을 원칙적으로 금지했다고 하지만 이는 이유가 될 수 없다. 노동조합을 만들고 단체행동을 한다고 해서 공무원의 정치적 중립성***이 훼손되거나 국민에 대한 봉사자로서 역할을 저버렸다고 볼 수는 없기 때문이다. 일본, 프랑스, 독일은 군인 등 극

*** 공무원의 정치적 중립이라 함은 공무원의 정치활동의 금지를 말하며, 정당제 국가에서는 집권당의 영향으로부터의 독립과 정당에 불간섭·불가담을 의미한다. 노동조합 결성 및 단체행동은 공무원에 영향력을 행사하려는 집권당으로부터 공무원을 보호하고 독립성을 유지할 수 있도록 지켜주는 역할을 한다.

히 소수를 제외하고는 모든 공무원의 단결권을 원칙적으로 인정한다. 성문헌법이 없는 영국도 공무원의 단결권을 인정한다. 미국도 그렇다. ILO도 마찬가지다.

방위산업체에 종사하는 사람들에 대한 헌법 조문도 마찬가지다. 공무원과는 조금 다르지만 주요방위산업체에 종사하는 근로자도 노동3권의 제한을 받는다. 헌법은 "법률이 정하는 주요방위산업체에 종사하는 근로자의 단체행동권은 법률이 정하는 바에 의하여 이를 제한하거나 인정하지 아니할 수 있다"(헌법 제33조 제3항)라고 정하고 있다. 단체행동권의 전면 금지를 선언한 셈이다. 그러나 단체행동권은 단체교섭을 위하여 반드시 필요한 것이고, 단체행동권을 행사하는 데에는 파업 외에도 다양한 방법들이 있으므로 이를 전면 금지하는 것은 문제가 있다.

5. 노동권과 노동3권은 국민의 권리인가, 인간의 권리인가?

헌법에 가장 많이 등장하는 단어는 무엇일까? '국가', 그다음이 '국민'이다. "모든 국민은 신체의 자유를 가진다" "모든 국민은 양심의 자유를 가진다" "모든 국민은 언론.출판의 자유와 집회.결사의 자유를 가진다". 이처럼 기본권의 주어는 모두 '국민'으로 통일되어 있다. 단 하나의 예외가 있다. 바로 노동3권이다. 노동3권의 주어는 '근로자'다. 근로자가 주어인 이상 국적은 불문한다. 이주노동자도 노동3권의 주체가 될 수 있다. 대한민국에 체류할 자격이 없는 이주노동자도 마찬가지다.

2005년 4월 24일 서울, 경기 지역의 이주노동자 91명은 '이주노동자노동조합(이주노조)'을 결성하고 서울지방노동청에 설립신고서를 제출했다. 그런데 서울지방노동청은 인적사항을 적은 조합원 명부를 제출하라고 요구했다. 이렇게 되면 미등록 상태에서 국내에 체류하는 이주노동자의 신분이 그대로 드러난다. 이주노조가 요구를 거절하자 서울지방노동청은 이주노조의 설립신고서를 되돌려보냈다. 이주노조는 서울지방노동을 상대로 소를 제기했고, 2015년 6월 25일 대법원은 서울지방노동청의 행위가 법에 반하다고 판결했다. 그러면서 이렇게 설명했다. "타인과의 사용종속관계하에서 근로를 제공하고 그 대가로 임금 등을 받아 생활하는 사람은 노동조합법상 근로자에 해당하고, 노동조합법상의 근로자성이 인정되는 한, 그러한 근로자가 외국인인지 여부나 취업자격의 유무에 따라 노동조합법상 근로자의 범위에 포함되지 아니한다고 볼 수는 없다."[*]

노동3권의 주체가 국민으로 제한되지 않는다는 것을, 노동자 누구나 노동3권의 주체가 될 수 있다는 것을 확인한 셈이다.

---

[*] 대법원 2015. 6. 25. 선고 2007두4995 판결.

그렇다면 노동권의 주체는 누구일까. 노동3권과 달리 노동권은 국민을 주어로 하고 있으니 외국인은 누릴 수 없는 것인가. 이를 두고 오랜 논쟁이 있어왔다. 신체의 자유, 언론·출판의 자유, 양심의 자유, 학문의 자유 등 자유권은 인간이라면 누구에게나 인정되는 천부인권이기 때문에 비록 대한민국헌법에 '국민'의 권리로 명시된 경우에도 외국인에게까지 인정되어야 하지만, 사회권이 실현되기 위해서는 국가의 적극적 행위가 필요하고 사회권의 구체적인 내용은 입법을 통해 형성되는 것이기 때문에 사회권은 천부인권이 아니라는 것이 다수설이다.

그러나 자유권은 인간의 권리, 사회권은 국민의 권리라는 이분법으로 권리를 나누는 것은 안일한 시각이다. 자유권과 사회권은 명확히 구분되는 것이 아니며, 노동권처럼 자유권과 사회권의 이중적 성격을 가지는 권리들이 존재하기 때문이다. 특히 노동3권과 마찬가지로 노동권은 국민이냐, 외국인이냐가 중요한 기준이 될 수 없다. 노동권의 본질은 인간답게 일할 권리이고 인간답게 일할 권리는 모든 노동자에게 인정되어야 하기 때문이다. 다만 정주하지 않는 외국인은 대한민국정부에 일자리를 마련해달라고 적극적으로 요구하기는 어려울 것이다. 결론적으로 노동권도 노동3권처럼 인간의 권리이고, 예외적으로 대한민국 국민이 아닌 경우 노동권 행사에 한계가 따른다고 보아야 할 것이다. 참고로 헌법재판소는 이렇게 결정한 적이 있다. "근로의 권리의 구체적인 내용에 따라, 국가에 대하여 고용증진을 위한 사회적·경제적 정책을 요구할 수 있는 권리는 사회권적 기본권으로서 국민에 대하여만 인정해야 하지만, 자본주의 경제질서하에서 근로자가 기본적 생활수단을 확보하고 인간의 존엄성을 보장받기 위하여 최소한의 근로조건을 요구할 수 있는 권리는 자유권적 기본권의 성격도 아울러 가지므로 이러한 경우 외국인 근로자에게도 그 기본권 주체성을 인정함이 타당하다."*

6. 헌법에 더 많이 담겨야 할 노동자의 권리들

가장 최근의 헌법 개정은 1987년에 있었다. 1987년 6월항쟁은 당시 집권세력을 끌어내리는 것만을 목표로 하지 않았다. 세상을 바꾸기 위해 대중이 들고일어난 결과가 6월항쟁이었다. 그 결과 권력에 대한 견제와 기본권을 강화한 새로운 헌법이 만들어졌다. 최저임금제도 이때 헌법에 들어왔다. 이후 30년 넘게 헌법은 그대로였다. 간혹 헌법을 개정하려는 움직임이 있었지만 대부분 권력집단의 이해에 따른 것이었다.

그런데 2016년에 6월항쟁에 필적할 만한 일이 벌어졌다. 당시 대통령이었던 박근혜를 끌어내리기 위해 수개월 동안 1,000만 명이 넘는 사람들이 전국 곳곳의 광장에 모여들었다.

---

* 헌법재판소 2007. 8. 30. 선고 2004헌마670 결정.

2017년 3월 10일 대통령 탄핵이라는 전대미문의 결정을 이끌어낸 건 일반 대중이었다. 그러나 여기에서 그칠 수는 없었다. 민주주의를 다시 세우고 불평등한 사회를 바꾸기 위해서는 시대에 뒤처진 헌법을 개정할 필요가 있었다.

개헌의 목소리가 등장한 것도 이 때문이다. 시민단체와 정당을 중심으로 개헌 의견이 쏟아졌다. 국회에도 개헌 관련 위원회가 설치됐다. 현재 위원회의 활동은 종료했고, 시민사회에서의 개헌 논의도 잠잠해졌다.* 그러나 개헌은 여전히 중요한 의미를 가진다. 헌법은 시대를 반영하는 산물이기 때문이다. 그런 의미에서 노동에 관한 내용은 다음과 같이 바뀌어야 한다.

첫째, 부지런히 일한다는 뜻의 '근로勤勞'라는 표현부터 바꿔야 한다. 노동자에게 부지런히 일할 것을 암암리에 요구하는 이러한 표현은 그 자체로 문제적이다. 일본헌법이 '근로'라고 쓰고 있기에 그것을 그대로 따른 것뿐이라는 설명만으로는 해명이 안 된다. 일제강점기 시절, 일본제국은 조선인을 강제로 동원하고 열심히 일할 것을 요구했다. 근로라는 표현에는 그런 배경이 있다. 노동이면 충분하다.

같은 맥락에서 근로의 의무 규정도 삭제해야 한다. 우리 헌법은 두 가지 의무를 정하고 있다. 하나는 병역의 의무, 다른

---

* 국회에 2017년 1월 헌법개정특별위원회가 설치되었고, 다음 해 2018년 헌법개정 및 정치개혁특별위원회로 이어졌지만 활동이 종료됐다.

하나는 근로의 의무다. 근로가 의무라고는 하지만 현실에서 강제노역은 범죄행위일 뿐이다. 그럼에도 불구하고 근로의 의무가 있기 때문에, '일하지 않는 자! 먹지도 말라'는 식의 국가 정책이 가능해진다. 특히 이명박 정권 이후 사회보장 시스템에 큰 변화가 있었다. 이전에는 생계가 어려우면 기초생활수급 대상자가 될 수 있었지만 정부는 신체 건강한 자는 일을 할 수 있으므로 이들에게는 기초생활수급비를 지급해서는 안 된다는 정책을 펼쳤다. 근로의 의무는 정부가 무책임하게 빠져나갈 빌미를 제공할 뿐이다.

헌법에 직접고용의 원칙과 정규고용의 원칙도 명시해야 한다. 노동력을 제공받아 이익을 얻은 자가 노동자에 대해 책임을 져야 한다는 것이 직접고용의 원칙이다. 직접고용의 원칙은 지극히 상식적인 개념이다. 노동력을 활용하여 이익을 얻은 자가 응당 그에 대한 책임과 의무도 부담하는 것은 당연한 이치다. 그런데 파견근로자 보호 등에 관한 법률이 만들어지면서 직접고용의 원칙이 깨져버렸다. 정규고용의 원칙도 소위 정리해고 규정과 기간제 및 단시간근로자 보호 등에 관한 법률로 깨져버렸다. 정규고용의 원칙은 안정적인 일자리를 보장함으로써 노동자의 삶을 안정화시키고 사용자와의 불평등한 관계를 조금이나마 해소하고자 하는 것이다. 직접고용과 정규고용의 원칙이 깨져버리면서 불안정한 노동자, 저소득 노동자가 대거 늘어났다. 노동권의 근간이 흔들리고 있다. '노동자를 고용할 때는 정당한 이유가 없는 한 기간의 정함이 없이 직접 고용하여야 한다'고 명시해야 한다.

"근로조건의 향상을 위하여"라는 노동3권의 목적도 삭제해야 한다. 노동3권은 단지 근로조건의 향상을 위해 행사하는 것이 아니다. 노동조합 및 노동관계조정법조차 노동3권은 노동자의 경제적, 사회적 지위의 향상을 도모하기 위함임을 명시하고 있는데 말이다. 노동3권의 목적을 근로조건의 향상을 위한 것으로만 한정하면 노동자들은 자기 밥그릇만 챙기는 이기적인 존재로 전락한다. 노동자와 노동조합의 목소리를 애써 축소하고 가두려는 것이 바로 목적을 규정한 목적이다. 굳이 목적을 한정할 필요가 없다. "근로조건의 향상을 위하여"라는 문구는 삭제해야 한다.

공무원의 노동3권을 원칙적으로 부정하고 예외적으로 인정하는 현행 규정도 없애야 한다. 공무원이 노동자임은 분명하다. 노동자와 공무원을 나누고 노동3권을 달리 정할 필요가 없다. UN 자유권규약, ILO 협약 등의 국제 기준과 해외 헌법례에 발맞추어 '현역군인과 경찰공무원'의 단체행동권에 대해서만 제한할 수 있는 것으로 하면 충분하다. 방위산업체 노동자의 단체행동권도 금지할 필요가 없다. 물론 단체행동을 제한해야 할 특별한 사정이 있을 수 있다. 그러한 경우에는 우리 헌법 제37조 제2항("국민의 모든 자유와 권리는 국가안전보장·질서유지 또는 공공복리를 위하여 필요한 경우에 한하여 법률로써 제한할 수 있으며, 제한하는 경우에도 자유와 권리의 본질적인 내용을 침해할 수 없다")으로 대처 가능하다. 포괄적인 금지는 어떠한 경우에도 위험하다.

　마지막으로 노동권의 주어를 '국민'에서 '인간'으로 개정하는 것도 고려해보아야 한다. 앞서 살핀 것처럼 노동자의 신분은 국적을 불문한다. 노동의 속성과 인간의 존엄성을 보장받는 노동조건도 국적을 불문해야 한다. '국민'이라는 표현에도 불구하고 자유권이 인간의 권리로서 인정되는 것처럼 노동권, 노동3권도 노동자의 권리, 인간의 권리로서 자리 잡아야 한다.

경영권, 인사권 VS 노동권, 노동3권

정리해고에 반대하는 파업은 합법일까, 불법일까? 법원의 판단대로라면 불법이다. 법원은 "사업 조직의 통폐합 등 기업의 구조조정의 실시 여부는 경영주체에 의한 고도의 경영상 결단에 속하는 사항으로서 이는 원칙적으로 단체교섭의 대상이 될 수 없고, 비록 그 실시로 인하여 근로자들의 지위나 근로조건의 변경이 필연적으로 수반된다 하더라도 그 쟁의행위는 목적의 정당성을 인정할 수 없다"고 보고 있다.* 소위 사용자에게는 '경영권'이 존재하고, 이 경영권은 헌법이 정하는 재산권과 직업의 자유의 일종이라는 것이다.

경영권이 언급되기 시작한 것은 1987년 노동자대투쟁 이후이다. 1987년 노동자대투쟁 이후 노동조합의 조직적 정비가 이루어지자 자본가들은 물리적인 힘에 의존하는 대응에서 벗어나 노동계의 주장에 논리적으로 대응할 필요성을 인식하고 경영권을 주장하기 시작했다. IMF 경제위기 이후 구조조정, 기업의 인수·합병 등의 문제가 발생하면서 본격적으로 학계와 실무계에서도 경영권이 논의되었고, 2003년 대법원은 경영권의 권리성을 인정하기 시작했다.

"모든 기업은 그가 선택한 사업 또는 영업을 자유롭게 경영하고 이를 위한 의사결정의 자유를 가지며, 사업 또는 영업을

---

* 대법원 2002. 2. 26. 선고 99도5380 판결.

변경(확장·축소·전환)하거나 처분(폐지·양도)할 수 있는 자유를 가지고 있고 이는 헌법에 의하여 보장되고 있는 것이다. 이를 통틀어 경영권이라고 부르기도 한다."**

그러면서 대법원은 "경영권과 노동3권이 서로 충돌하는 경우 이를 조화시키는 한계를 설정함에 있어서는 기업의 경제상의 창의와 투자의욕을 훼손시키지 않고 오히려 이를 증진시키며 기업의 경쟁력을 강화하는 방향으로 해결책을 찾아야 함을 유의하여야 한다. 왜냐하면 기업이 쇠퇴하고 투자가 줄어들면 근로의 기회가 감소되고 실업이 증가하게 되는 반면, 기업이 잘 되고 새로운 투자가 일어나면 근로자의 지위도 향상되고 새로운 고용도 창출되어 결과적으로 기업과 근로자가 다 함께 승자가 될 수 있기 때문이다"라고 덧붙였다.

그러나 법원이 판시한 "기업이 쇠퇴하고 투자가 줄어들면 근로의 기회가 감소되고 실업이 증가하게 되는 반면, 기업이 잘 되고 새로운 투자가 일어나면 근로자의 지위도 향상되고 새로운 고용도 창출되어 결과적으로 기업과 근로자가 다 함께 승자가 될 수 있다"라는 논리는 하나의 공리에 불과하다. 일반적인 사실로서 입증된 바 없는 주장에 불과한 것이다.

노동권이나 노동3권과 달리 경영권이라는 권리는 헌법에서 찾아볼 수 없다. 법률에도 없다. 그 어디에도 경영권은 명시되어 있지 않다. 그러나 법원은 헌법상 기본권인 재산권, 직업선택의 자유 등을 끌어다가 경영권이라는 권리를 창조했

** 대법원 2003. 7. 22. 선고 2002도7225 판결.

다. 그런데 경영권은 실체가 있는 것일까. 예컨대 기업이 새로운 사업에 투자하거나 정리해고를 하는 것이 권리일까. 엄밀하게 따지면 이런 것은 어떤 특정인 또는 집단이 생산설비에 대한 소유권 혹은 주주로서 과점적 지위에 기초하여 기업에 대한 지배력을 행사하는 현상일 뿐이다. 사실 경영권은 단체교섭으로부터 자유로운 영역을 설정함으로써 경영에 대한 노동조합의 관여를 배제하기 위해 만들어진 방어적 권리에 지나지 아니한다.*

경영권을 인정하는 학설에서 주장하는 가장 핵심적인 근거는 재산권이다. 경영권은 재산권에서 유래한다는 것이다. 그런데 여기서 짚고 넘어가야 할 부분이 있다. 헌법을 보면 기본권에는 단서가 붙지 않는다. 예컨대, "모든 국민은 신체의 자유를 가진다" "모든 국민은 양심의 자유를 가진다" "모든 국민은 종교의 자유를 가진다"라고 단정적으로 표현되어 있다. 그런데 재산권은 다르다. "모든 국민의 재산권은 보장된다. 그 내용과 한계는 법률로 정한다. 재산권의 행사는 공공복리에 적합하도록 하여야 한다"라고 되어 있다. 다른 권리와 달리 재산권은 그 내용이 법률로 구체화될 때에만 권리로서 인정된다는 뜻이다. 또한 다른 기본권은 법률로 권리의 한계를 정할 수 없는데, 재산권은 법률로 한계를 정할 수 있다. 재산

---

* 신인령, 〈경영권·인사권과 노동기본권의 법리〉, 《노동인권과 노동법》, 녹두, 1996, 86~88쪽; 김유성, 《노동법Ⅱ》, 법문사, 2001, 144쪽; 도재형, 〈구조조정에 대항하는 쟁의행위의 정당성〉, 《월간 노동법률》 148호, 중앙경제사, 2003, 23쪽 참조.

권을 행사할 때에도 공공복리에 적합해야 한다는 의무가 따른다. 그만큼 제한적인 권리다. 노동권과 노동3권에는 이러한 제한이 없다.

인사권에 관해서도 경영권에 관한 같은 논의가 존재한다. 인사에 관한 사항은 경영에 관한 사항과 함께 사용자의 권한에 속하고 인사문제는 노동조건이 아니므로 단체교섭의 대상이 아니라고 보는 것이다. '인사에 관한 사항은 원래 사용자의 전권에 속하는 이른바 경영권에 속하는 사항이라 할 것이다. 경영의 영역에 속하는 이러한 사항들에 관하여 노동조합 측으로부터 요구가 있다 하더라도 사용자는 그러한 단체교섭 요구에 응할 의무가 없다'고 밝힌 판례도 있다.**

그러나 경영권에 대한 반박 논리는 인사권에도 그대로 적용할 수 있다. 특히 인사권은 노동자의 지위 및 노동조건에 직접적인 영향을 미치므로 교섭의 대상인 노동조건이라고 보아야 한다. 오늘날 인사권에 속항 사항을 교섭금지사항이라고 보는 견해는 거의 찾아보기 힘들다. 근로기준법이 징계나 해고 등에 관한 규정을 둔 것은 해고나 징계 등 노동자에 대한 인사를 노동조건의 일종으로 보기 때문이다. 또 노동조합법 제2조 제5호도 임금, 근로시간, 복지, '해고', 기타 대우 등 노동조건에 관한 분쟁을 노동쟁의로 규정하고 있는데 이는 해고 역시 노동조건임을 인정한 것이다.

** 서울민사지방법원 1991. 1. 24. 선고 90가합44764 판결.

근로기준법:

모든 노동자에게 근로기준법을!

안명희

1. 노동자 투쟁으로 시작된 근로기준법

대한민국 헌법 제34조 제1항은 "모든 국민은 인간다운 생활을 할 권리를 가진다"라고 했다. 제32조 제1항에서는 "모든 국민은 근로의 권리를 가진다", 그리고 제3항에서는 "근로조건의 기준은 인간의 존엄성을 보장하도록 법률로 정한다"라고 했다. 노동자가 인간다운 생활을 할 수 있도록, 존엄성을 보장받으며 일할 수 있도록 노동조건의 최저 기준을 정한 법. 이것이 바로 헌법에 근거를 두고 만들어진 근로기준법이다.

일하지 않을 자유는 있으나 일하지 않으면 먹고살 수 없는 노동자가 가진 힘은 사용자에 비하면 보잘것없다. 생존을 위해 일해야 하는 노동자의 노동력을 사용할지 말지를 결정하는 건 사용자다. 즉, 사실상 노동자의 밥줄을 쥐고 있는 게 사용자라서, 사용자의 큰 힘을 제어하지 않으면 노동자는 언제든 노예로 전락할 수 있다. '강제로 일을 시켜서는 안 된다' '노동자를 폭행하면 안 된다' '중간에서 노동자를 사고팔아 이득을 취해서는 안 된다' '함부로 노동자를 해고해서는 안 된다' '일을 시켰으면 임금을 줘야 한다' '정해진 시간만큼만 일하게 해야 한다'* 등 사용자가 제멋대로 노동자를 부릴 수 없게끔 사용자의 힘을 규제하고 개별 노동자를 보호하는 최소한의 장치가 바로

---

*   근로기준법 제7조(강제 근로의 금지), 제8조(폭행의 금지), 제9조(중간착취의 배제), 제23조(해고 등의 제한), 제43조(임금 지급), 제50조(근로시간).

근로기준법이다.

'근로기준법' 하면 우리는 가장 먼저 '전태일'을 떠올린다. "우리는 기계가 아니다" "근로기준법을 지켜라" "내 죽음을 헛되이 말라"라고 외치며 죽어간 청년 노동자 전태일. 그로 인해 활자로만 찍혀 있었을 뿐인 근로기준법이 비로소 세상에 제 모습을 드러낼 수 있었다. 야만적인 환경에서 일하는 노동자가 기본적인 권리를 보장받을 수 있다는 희망, 그 근거가 된 근로기준법. 이는 전태일 이전 방직공장 노동자들의 투쟁에서부터 시작된다.

1951년 12월, 부산 조선방직 노동자들은 "폭군 강일매 물러가라"를 외치며 쟁의에 들어갔다. 사장 강일매가 20년 이상 일해온 숙련공들과 노동조합 간부들을 해고하며 노동조합을 파괴하려고 했기 때문이다. 그러나 이 투쟁은 이승만의 비호를 받은 강일매와 한통속이던 경찰의 탄압으로 실패하고 말았다. 6,000여 명의 노동자가 함께한 파업인데도 끝내 실패로 돌아갔지만 이 투쟁은 대한민국 정부 수립 이후 최초의 대규모 노동자 총파업으로 이후 노동법이 만들어지는 데 밑거름이 되었다. 투쟁을 통해 열악한 노동환경이 사회적 문제로 드러나면서 노동자들의 기본권을 보장하기 위해선 노동법이 필요하다는 인식이 생겨난 것이다. 이렇게 대한민국 근로기준법은 노동자들의 투쟁을 바탕으로 1953년 5월 10일, 한국전쟁 중 부산에서 처음 만들어졌다.

이후 근로기준법은 몇 차례의 개정을 거치다 1997년 3월

13일 새롭게 제정된다. 기존의 법을 폐기하고 새 법을 제정한 이유는 "산업구조의 변화와 고용형태의 다양화에 따라 고용관계를 신축적으로 운영하며 경직적인 근로시간제도를 유연화하는 등 고용관계 및 근로시간제도를 현실에 부합되도록 근로기준제도를 합리적으로 규정함으로써 근로자의 기본적 생활을 보장·향상시키며 균형있는 국민경제의 발전을 도모하려는 것"이었다.* 그러나 제정 이유에서 밝힌 것과는 달리 새 근로기준법은 노동자의 기본적인 생활을 보장하고 향상하는 데 기여한 게 아니라 되레 불안정하게 만들었다. 고용의 유연화는 정리해고제로, 노동시간의 유연화는 변형근로시간제로 근로기준법에 담겼다. 이 제도들은 1996~1997년 총파업을 불러일으킨 대표적인 노동악법이다. 노동자 입장에서 새 근로기준법은 사실상 후퇴했다고 할 수 있다.

이처럼 근로기준법은 때로는 노동자 편에 서기도 하고, 때로는 사용자 편에 서기도 한다. 그러니 우리는 지금의 근로기준법을 완성형으로 볼 것이 아니라, '어떤' 근로기준법인지를 따져 물어야 하고, '어떻게' 근로기준법이 나아가야 하는지를 고민해야 한다. 살아 움직이는 생물과도 같은 근로기준법이 진정 노동자의 편에 선 법이 되기 위해서, 사용자에 맞서 노동자의 권리를 보장할 수 있는 제대로 된 무기로 기능하기 위해서

---

*   근로기준법 [시행 1997. 3. 13.] [법률 제5309호, 1997. 3. 13., 제정] 【제정·개정이유】 [신규제정].

는 근로기준법의 시작이 그러했듯 노동자들의 투쟁이 가장 중요하다는 것을 기억해야 한다.

2. 근로기준법은 근로조건의 최저 기준을 정한 법이다

현행 근로기준법은 총 12개의 장과 116개의 조로 이루어져 있다. 제1장은 '총칙'으로 근로기준법의 목적과 정의, 적용범위 등을 밝히고 있고, 제2장은 '근로계약' 부분으로 해고 등에 대해 규정하고 있다. 제3장은 '임금', 제4장은 '근로시간과 휴식', 제5장은 '여성과 소년', 제6장은 '안전과 보건'에 대해서 다루고 있다. 그 외 제7장 '기능 습득', 제8장 '재해보상', 제9장 '취업규칙', 제10장 '기숙사', 제11장 '근로감독관 등'에 대해 정하고 있고, 제12장 '벌칙'에서는 근로기준법을 위반했을 시 처할 수 있는 형벌에 관해 밝히고 있다.

이렇게 근로기준법은 노동조건을 세세하게 정하고 있는데, 그렇다면 이 법을 지켜야 하는 자는 도대체 누구인 걸까? 바로 노동자의 노동력을 사용해 이윤을 얻는 사용자다. 이는 곧 근로기준법을 지키지 않는 사용자는 처벌받는다는 것을 의미한다. 그러니 노동자는 늘 가까이에 근로기준법을 두고 자신의 노동조건이 근로기준법이 정한 기준 이상인지를 확인해야 하며, 만약 근로기준법상의 기준보다 못하다면 사용자에게 근로기준법을 지키라고 요구해야 한다. 사용자는 마땅히 근로기준법을 지켜야 할 의무가 있으며, 노동자에게는 근로기준법을 통해 인간답게 일할 수 있는 최소한의 노동조건을 보장받을 권리가 있기 때문이다.

하나 더 중요하게 확인할 건, 근로기준법상의 노동조건은 더 이상 낮추어서는 안 되는 한계선이라는 점이다. 노동조건의 하한선을 정한 것이므로 근로기준법보다 못한 노동조건은 용인되지 않는다. 또한 근로기준법상의 기준을 이유로 노동조건을 낮추어서도 안 된다. 근로기준법상의 노동조건이란 최고의 조건이 아닌 최저의 조건을 정한 것이므로, 사용자는 근로기준법이 정한 최소한의 노동조건을 지켜야 하는 의무가 있는 동시에 이보다 더 나은 노동조건을 제공해야 한다. 그러나 안타깝게도 우리의 현실은 최저임금이 최고임금인 양 받아들여지고 있는 것처럼 최저의 노동조건이 최고의 노동조건으로 인정되고 있는 형편이다. 최소한 근로기준법이라도 지켜달라는 절절한 외침이 새삼스럽게 들리지 않는 형국이다.

2015년 전국산업단지 노동실태조사에서 공단 노동자의 90퍼센트가 근로기준법 위반 경험이 있다고 답했다. 근로계약서 서면 교부를 하지 않는 경우가 67.5퍼센트였고, 연차휴가 사용제약 등 쉴 권리가 부정당한 경우도 61.7퍼센트였다. 임금 미지급도 58.5퍼센트나 되었다.[*] 출판사에서 일하는 노동자들도 공단 노동자들과 크게 다르지 않다. 2020년 한국출판문화

---

[*] 민주노총, 《2015년 전국공단(산업단지) 노동실태조사》, 민주노총, 2015.

산업진흥원에서 발표한 실태조사에 따르면, 출판 노동자들 중 근로계약서를 작성한 경우는 72.6퍼센트에 불과하고, 연차휴가를 제공받는 경우도 70.4퍼센트뿐이다. 시간외 근무수당·혜택 제공은 겨우 37.2퍼센트였다.* 일하는 곳이 다르고, 하는 일이 달라도 근로기준법조차 제대로 보장받지 못하고 있다는 점에서 암담하긴 마찬가지다.

"우리의 바람은 소박합니다. 복지나 성과급, 그런 것은 바라지도 않습니다. 그냥 근로기준법만 좀 지켜 주길 바랄 뿐입니다. 최저임금 지급하고, 하루 8시간 근무를 시키며, 근로계약서 잘 쓰고, 4대 보험에 가입해 주길 바랄 뿐입니다."** 전태일 열사가 떠난 지 50년, 청년들은 소박한 바람이라고, 그저 근로기준법만 지켜달라고 호소했다. 직장인 1,000명을 대상으로 한 직장갑질119의 실태조사에서는 39.9퍼센트가 근로기준법이 잘 지켜지지 않고 있다고 했으며, 31.4퍼센트가 학교나 직장에서 근로기준법을 배운 적이 없다고 답했다.*** 1970년의 노동자들과 2020년의 노동자들의 외침이 다르지 않다. 우리는 여전히 제발 근로기준법이라도 지켜지길 바라는 세상에 머물

---

*   한국출판문화산업진흥원, 《2019 출판산업 실태조사》, 한국출판문화산업진흥원, 2020.

** 어고은, 〈["근로기준법만 지켜 달라"] 패션스타일리스트 어시스턴트 특별근로감독 청원〉, 《매일노동뉴스》, 2020년 9월 18일 자. https://www.labortoday.co.kr/news/articleView.html?idxno=166643.

*** 직장갑질119, <전태일 50년 직장인 인식조사>, 2020년 10월 4일.

러 있는 것이다.

3. 근로기준법을 적용받으려면 근로자로 인정되어야 한다

일하는 사람이라면 누구라도 상관없이 근로기준법의 보호를 받을 것이라 여기기 쉽다. 그러나 근로기준법은 우리의 상식을 배반한다. 근로기준법의 적용을 받기 위해서는 가장 먼저 '근로자'로 '인정'되어야 하기 때문이다. 다시 말하면, 근로기준법상 근로자로 인정되는 노동자만이 근로기준법의 보호를 받을 수 있다는 것이다.

제2조(정의) ① 이 법에서 사용하는 용어의 뜻은 다음과 같다.
1. "근로자"란 직업의 종류와 관계없이 임금을 목적으로 사업이나 사업장에 근로를 제공하는 자를 말한다.

근로기준법의 보호를 받을 수 있는, 근로기준법이 정의하는 근로자가 되기 위해서는 어떠한 요건이 필요한 걸까? 근로기준법상 근로자임을 인정받기 위한 주요 기준은 노동자가 사용자에게 '종속'되어 있느냐 아니냐에 있다. 일의 내용을 사용자가 정하고 있는지, 취업규칙이나 인사규정 등의 적용을 받는지, 일의 과정에서 사용자에게 상당한 지휘·감독을 받고 있는지, 지정된 근무시간과 근무장소가 있는지, 기본급이나 고정급이 정해져 있는지, 사회보장제도 관련 법령에서 근로자로서 지위를 인정받는지 등을 따져 근로자인지 아닌지를 판단한다는 것이다.* 이 판단에 따라 노동자는 근로자인 자와 근로자가 아닌 자로 나뉘게 된다.

도대체 근로자로 인정된다는 게, 근로자로 판단된다는 게 중요한 이유는 뭘까? 근로자성이 입증되어야만 노동 관련 법의 보호를 받을 수 있기 때문이다. 근로기준법을 적용받아 최소한의 노동조건을 보장받을 수 있으며, 고용보험법과 산재보험법을 적용받아 일자리를 잃었거나 다쳤을 때 보상을 받을 수 있다. 임금이 체불되거나 부당한 해고를 당했을 때 고용노동부에 진정을 넣고 해결을 기대할 수 있다. 노동조합을 결성해 단체교섭과 단체행동을 통해 권리를 확대해나갈 수 있다. 이는 모든 노동자가 누릴 수 있는 권리가 아닌, 근로자로 입증된 자만이 가질 수 있는 혜택이다. 근로자가 아니라면 이 같은 법제도적 보호를 받는 데 제약이 따른다는 것이다.

우리 사회에는 근로기준법상 근로자로 인정되지 않는 노동자들이 너무도 많다. 대표적으로 230만 명에 달하는 특수고용 노동자들이 있다.** 보험설계사, 골프장 경기보조원, 학습지 교사, 레미콘트럭 지입기사, 화물차 지입기사, 퀵서비스

---

* 대법원 2006. 12. 7. 선고 2004다29736 판결.

기사, 대리운전 기사, 간병인, 텔레마케터, 택배 기사 등 일일이 손으로 꼽을 수 없을 만큼 다양하다. 음식 배달 라이더, 웹툰·웹소설 작가 등 최근 기하급수적으로 늘어나고 있는 플랫폼 종사자들도 노동자임을 부정당한다. 산업이 변화하면서 디지털 플랫폼을 기반으로 한 노동이 계속해서 생겨나고 있는데, 기존의 노동법은 이들을 근로자로 포괄하고 있지 않다. 프리랜서로 호명되는 문화예술인들도 마찬가지다. 방송, 영화, 출판, 공연, 음악, 게임, 타투 등의 문화예술산업 종사자들이 첫 번째로 요구하는 바가 노동자임을 인정받는 것이다.

정말 우려스러운 점은 노동자가 아닌 노동자들이 계속해서 확대되고 있다는 것이다. 왜 정부와 기업은 노동법 밖의 노동자들을 끊임없이 만들어내는가? 그 이유는 명확하다. 바로 노동에 대한 책임을 지지 않기 위해서이다. 근로계약이 아닌 용역계약, 도급계약, 위탁계약 등의 형식을 통해 '사용자 대 노동자'가 아닌 '사업자 대 사업자'로 위장하여 사용자 책임을 감추는 것이다. 노동 비용을 절감하고, 위험을 전가하고, 언제든 구조조정이 가능한 상태로 만드는 것, 그에 대한 모든 책임은

** 조돈문 외, 《민간부문 비정규직 인권상황 실태조사: 특수형태근로종사자를 중심으로》, 국가인권위원회, 2015. 국가인권위원회는 이 보고서에서 특수고용 노동자를 총 229만 6,775명(전체 취업자의 8.9%)로 추정했고, 2018년 한국노동연구원은 전체 특고 종사자 166만 명에 새로운 유형 55만 명을 더한 221만 명으로 추정하였다(정흥준·장희은, 《특수형태근로(특수고용)종사자의 규모추정을 위한 기초연구》, 한국노동연구원, 2018).

노동자가 지게 하는 것, 노동자를 언제든 쓰다 버려도 좋을 존재로 취급하며 이익은 얻으나 사용자의 의무는 지지 않겠다는 것이다. 노동3권을 빼앗아 단결하고 교섭하고 투쟁하여 권리를 확장할 수 있는 기회조차 주지 않겠다는 것이다.

결국 특수고용, 플랫폼, 프리랜서로 분류되는 노동자들은 노동법 밖에 존재하고 있는 까닭에 어쩔 수 없이 권리의 일부라도 보호받으려면 정부나 법의 판단을 빌려야만 한다. 2019년 10월 고용노동부는 배달 노동자들이 제기한 임금 체불 진정 사건에 대해 배달 노동자들도 근로자에 해당한다는 결론을 내렸다. 같은 달, 영화 스태프들도 2년에 걸친 소송 끝에 대법원에서 근로자라는 판결을 받았다. 영화 제작 중에 임금 체불이 발생하여 제작사와 대표를 근로기준법 위반으로 고소했는데, 제작사가 스태프들은 근로자가 아니라고 주장해 결국 대법원에까지 가게 된 사건이었다. 2021년 3월에는 10년간 일한 프로그램에서 해고당한 방송작가들이 부당해고 구제를 위해 중앙노동위원회에서 근로자인지 아닌지를 판단받아야만 했다. 이처럼 임금 체불, 부당해고, 퇴직금 미지급 등의 문제를 해결하기 위해 수많은 노동자가 자신이 근로자인지 아닌지부터 따져봐야 한다는 것이다.

이제 우리는 제대로 질문해야 한다. 근로기준법상 근로자임을 인정받기 위해 법의 판단을 받아야 하는 것이 과연 정당한 걸까? 근로자로 인정되기 위해 여러 관문을 통과하여 입증받아야 한다는 건 부당하다. '일하는 사람'이면 충분하지 않은가? 경직된 지금의 근로기준법을 현실의 노동 상태를 고려해 바꾸면 된다. 예외로 취급해 근로기준법을 비롯한 노동법 바깥에서 특별한 보호법을 만들겠다고 할 게 아니라, 그저 노동자라면 마땅히 보장받아야 할 권리를 누릴 수 있게 하면 된다. 노동자가 되는 데 자격은 필요치 않다.

4. 5인 미만* 사업장 노동자들은 반쪽의 권리만 보장받는다

근로기준법을 적용받기 위해서는 일단 근로기준법상 근로자로 인정되어야 한다고 했다. 그렇다면 근로자임을 확인받은 노동자들은 모두 근로기준법을 적용받는 것일까? 그렇지 않다. 근로기준법은 사업장의 규모에 따라 차별적으로 적용되기 때문에 근로기준법의 모든 조항을 적용받으려면 5인 이상의 사업장에서 일해야만 한다. 1~4인 사업장은 근로기준법의 일부만 적용받을 수 있다는 것이다.

제11조(적용 범위) ① 이 법은 상시 5명 이상의 근로자를 사용하는 모든 사업 또는 사업장에 적용한다. 다만, 동거하

---

* 근로기준법은 "4명 이하"라고 쓰고 있는데, 여기서는 일반적으로 많이 사용하고 있는 "5인 미만"으로 썼다.

는 친족만을 사용하는 사업 또는 사업장과 가사(家事) 사용인에 대하여는 적용하지 아니한다.

② 상시 4명 이하의 근로자를 사용하는 사업 또는 사업장에 대하여는 대통령령으로 정하는 바에 따라 이 법의 일부 규정을 적용할 수 있다.

이렇게 사업장에서 사용하는 근로자의 수로 법 적용 여부를 결정 짓는다는 것이 이해하기 어렵지만, 더 수긍하기 어려운 건 적용되지 않는 규정이 노동조건을 보장하는 핵심조항이라는 점이다. 해고, 노동시간, 직장 내 괴롭힘 등의 보호에서 5인 미만 사업장 노동자들이 배제되고 있다. 사업장의 규모를 이유로 열악한 노동환경이 용인되고 있는 것이다.

5인 미만 사업장에서는 정당한 이유가 없어도 해고가 가능하다. 사용자는 해고의 사유와 시기를 노동자에게 통지하지 않아도 된다. 노동자는 부당해고를 당해도 노동위원회에 구제신청을 할 수가 없다. 그리고 노동시간의 제한이 없다. 근로기준법은 1주 최대 근로시간을 52시간으로 정하고 있는데, 5인 미만 사업장에서는 주 52시간을 넘겨 장시간 일해도 규제받지 않는다는 것이다. 또한 사용자는 연장근로, 야간근로, 휴일근로에 대한 가산수당을 지급하지 않아도 되며, 연차 유급휴가를 주지 않아도 처벌받지 않는다. 노동자를 언제든 맘껏 일하게 할 수 있다는 것이다. 직장 내 괴롭힘의 금지 조항도 적용되지 않아서 5인 미만 사업장 노동자들은 괴롭힘을 당해도 법의 보호를 받지 못한다.

2021년 3월 통계청 보고서에 따르면 우리나라 1~4인 사업체 수는 전체 80퍼센트에 달하고, 종사자 수는 600만 명으로 26퍼센트를 차지하고 있다.* 이는 곧 임금노동자의 4분의 1이 근로기준법상 권리를 제대로 보장받지 못하고 있다는 것을 의미한다. 사정이 이런데도 헌법재판소는 5인 미만 사업장에 근로기준법을 일부만 적용하는 것이 합헌이라고 판단했다.

1999년 헌법재판소는 "상시 5명 이상의 근로자를 사용하는"이라는 기준이 위헌은 아니라고 판결했다. 영세 사업장의 열악한 현실과 국가의 근로감독 능력의 한계를 고려하면 이 같은 기준이 평등원칙에 위배되는 건 아니라는 것이다.** 20년이 지난 2019년에도 마찬가지로 헌법재판소는 "4인 이하 사업장 근로기준법 일부 적용 배제는 합헌"이라고 판결했다.*** 과연 5인 미만 사업장 노동자들에게 근로기준법을 차별적으로 적용하는 것이 정당하긴 한 걸까?

헌법재판소를 비롯해 정부와 기업이 5인 미만 사업장에 대해 근로기준법 적용 제외를 계속해서 주장하는 근거로 드는 것이 바로 '사업장의 영세함'이다. 사업장의 규모가 작으면 당연히 영세하다고 전제해버린다는 것이다. 그러나 2016년 통계

---

* 1~4인 사업체 수 332만 2,812개(79.6%), 종사자 수 604만 1,327명(26.6%). 통계청, 《2019년 기준 전국사업체조사 보고서》, 통계청, 2021.
** 헌법재판소 1999. 9. 16. 98헌마310 결정.
*** 헌법재판소 2019. 4. 11. 2013헌바112 결정.

청의 〈자영업 현황분석〉에 따르면, 4명을 고용하는 사업장의 68.1퍼센트가 연 매출 3억 원 이상이며, 15.5퍼센트는 연 대출 10억 원 이상인 것으로 확인되었다. 병의원, 법률사무소 등 규모는 작아도 사용자가 충분히 지불 능력이 있다는 것이다. 5인 미만 사업장이라고 해서 무조건 영세하다고 볼 수는 없다는 것이다. 또한 국가가 5인 미만 사업장에까지 근로감독을 하기란 어렵다고 하는데, 이미 최저임금이나 사회보험 적용, 퇴직금의 경우에는 1인 사업장까지 국가의 영향력이 미치고 있다. 그런데도 근로기준법만을 예외로 두는 것은 마땅치 않다.

이제 우리는 5인이라는 기준에 대해 문제를 제기해야 한다. 5인이라는 기준은 절대 합리적이지도 정당하지도 않다. 게다가 이 기준이 불변의 법칙도 아니다. 근로기준법의 전면 적용 범위는 상시 16인 이상에서 상시 10인 이상으로, 그리고 상시 5인 이상으로 확대되어왔기 때문이다.*

2008년 국가인권위원회는 5인 미만 사업장에 근로기준법의 주요 규정을 적용하지 않을 합리적인 이유가 없다며 모든 사업장에 근로기준법을 전면 적용할 것을 목표로 적용·확대해나갈 것을 권고했다. 2012년 국회입법조사처도 《「근로기준법」 적용범위 확대 방안》이라는 보고서를 통해 규모별 차별 적용은 바람직하다고 볼 수 없다며 근로기준법을 단계적으로 확대 적용하는 방안을 고려해보라는 의견을 제시했다. 2018년

---

* 근로기준국 근로기준과, 《근로기준법시행령 제·개정 발자취》, 노동부, 2000.

고용노동행정개혁위원회는 근로기준법 시행령을 개정해 적용 확대할 것을 고용노동부에 권고했다. 그리고 2020년 전태일 50주기를 맞아 입법청원된 전태일 3법(근로기준법 개정, 노동조합법 개정, 중대재해기업처벌법 제정)에서 근로기준법 제11조(적용 범위)를 "이 법은 모든 사업 또는 사업장에 적용한다"로 개정하자는 데 10만 명이 동의했다.

이 같은 권고, 요구 등에 대해 아직도 정부와 국회는 영세한 사업장의 부담을 덜어주기 위해서는 어쩔 수 없다며 회피하고 있다. 이 와중에 현실에서는 노동법의 적용을 피해가기 위해 사업장을 쪼개 5인 미만으로 만들어버리는 '가짜 5인 미만 사업장'이 판을 치고 있다. 게다가 5인 미만 사업장으로 위장하는 것을 돕는 불법적 노무 컨설팅도 성행하고 있음이 확인되었다.** 5인 미만 사업장에 대한 근로기준법 적용 제외는 사실상 합리성도 정당성도 없다.

5. 근로기준법은 아직 완성되지 않았다

근로기준법은 1953년 제정되어 8차에 걸쳐 개정되었고, 1997년 재제정된 이후에도 몇 차례 개정이 되었다. 이렇게

** 권리찾기유니온, 〈가짜 5인 미만 사업장 공동고발 300일! 언론발표회〉, 2021년 4월 1일.

제·개정이 계속되고 있지만, 근로기준법의 내용이 모든 노동자의 권리를 온전히 보장하고 있다고 보기는 어렵다. 제·개정 내용이 노동자의 권리를 보호하는 방향으로 나아가기도 했지만, 때론 원칙이 훼손되거나 권리조항이 후퇴되기도 했고, 차별적 적용을 해소해야 하는 과제도 남아 있기 때문이다.

1997년 기존의 근로기준법을 폐기하고 새롭게 제정하면서 '경영상 이유에 의한 고용조정'이라는 규정이 포함되었는데, 이로 인해 정리해고가 정당화되는 결과를 낳았다. 또한 '탄력적 근로시간제'가 도입되면서 사용자의 필요에 따라 노동자의 시간을 유연하게 사용하는 것이 가능해졌는데, 그 기간이 1개월에서 3개월, 6개월로 노동자들의 반대에도 불구하고 근로기준법의 개정을 통해 계속해서 확대되어가고 있는 형편이다. 일이 많은 주엔 오래 일하고, 일이 적은 주엔 짧게 일해서 법정 근로시간을 맞추겠다는 것인데, 노동자의 몸이 고무줄이 아닌데도 최대 6개월 동안 노동시간을 늘렸다 줄였다 할 수 있는 근거가 바로 근로기준법에 있다.

2019년에는 '직장 내 괴롭힘의 금지' 조항이 신설되었다. 2021년에는 개정을 통해 직장 내 괴롭힘이 발생했을 때 사용자가 조사 및 피해자 보호, 가해자 징계 등의 조치 의무를 이행하지 않으면 과태료가 부과된다는 내용이 더해져 실효성을 갖게 되었다. 그러나 5인 미만 사업장에까지 확대 적용은 되지 않아서 제도 보완이 필요한 상황이다. 또한 근로기준법은 모든 사업장에 일괄적으로 적용되는 것이 아니라 순차적으로 적용되기도 한다. 2018년 근로기준법이 개정되면서 관공서에서만 인정되었던 공휴일(소위 '빨간날')이 일반 기업에도 적용되기 시작했는데, 사업장의 규모에 따라 순차적으로 적용되는 바람에 5인 이상 사업장에까지 실시되려면 2022년은 되어야 한다.

근로기준법은 노동자가 인간답게 일하기 위해, 존엄한 삶의 보장을 위해 필요한 최소한의 근로조건을 규정한 법이다. 그렇다면 일하는 사람 모두가 예외 없이, 차별 없이 근로기준법을 적용받아야 마땅하지 않겠는가?

그러나 근로기준법은 개인의 사생활을 보호해야 하고, 임금이나 노동시간에 대해 국가의 감독이 미치기 어렵다는 이유로 가사노동자의 노동권을 인정하지 않는다. 특수고용, 플랫폼, 프리랜서 등 일반 임금노동자와 일하는 형태가 다르다는 이유로 근로기준법상 근로자임을 인정하지 않는다. 사업장의 규모가 작다는 이유로, 노동시간이 짧다는 이유로 근로기준법의 일부만 적용하고 있을 뿐이다. 너무도 부당하다. 더 많은 보호가 필요한 노동자들을 갖은 이유를 들어 보호하지 않는 건 근로기준법의 가치에 걸맞지 않다.

이제 우리는 '근로기준법을 준수하라'고 외치는 데서 그쳐서는 안 된다. 모든 노동자에게 근로기준법을 적용하라고 말해야 한다. 차별이 있어서도 안 된다고 해야 한다. 근로기준법이 진정 노동자의 권리를 보장하는 방식으로 나아갈 수 있도록 더 많이 요구하고 더 힘껏 싸워야 한다. 50년 전 전태일은 그렇게 기억되어야 한다.

(14)

노동조합법:

노동3권 사용설명서

최은실

1. 노동자와 사용자의 관계는 공평한가?

법률은 오랫동안 공법公法과 사법私法으로 단순하게 양분되어 왔다. 사법이란 물건을 사고팔거나 돈을 빌리는 것과 같은 개인의 삶의 영역을 다루는 법률로서, 민법과 상법이 대표적이다. 공법은 국가와 개인 간, 국가기관 간의 관계를 규율하는 법률로서 세금을 내는 일, 범죄를 저질러 재판을 받는 일 등을 다루는 법률로서, 헌법, 형법, 행정법이 대표적이다. 공법이 헌법 정신을 바탕으로 한 공공의 이익에 부합하는 것을 목적으로 한다면, 사법은 타인에게 피해가 발생되지 않는 한 개인의 자유의사에 따라 결정하고 책임을 지는 사적 자치 원칙을 중요시한다.

이러한 구분을 근거로 보았을 때, 노동자와 사용자가 맺는 근로계약 및 노사관계는 언뜻 사법에 기반한 관계처럼 보인다. 그러나 사용자와 노동자 간 관계를 순수한 사법으로 보아 사용자와 노동자가 사적 자치에 따라 근로계약을 맺도록 한다면, 사용자는 더 많은 이익을 취하기 위해 가능한 한 낮은 임금을 지급하고자 할 것이고, 더 많은 시간 일을 시키려고 할 것이며, 노동자의 안전에 관해서는 아무런 조치도 하지 않으려 할 것이다. 하지만 일하지 않으면 삶을 유지할 수 없는 노동자는 사용자의 부당한 요구를 거부할 수 없을 것이다.

따라서 사적 자치의 원칙은 계약 당사자들 사이에 힘의 불균형이 클 경우 공정하지 않다. 이런 불균형한 관계에서 약자를 보호하기 위해 국가가 사법적 영역에 개입하는 것이 사회법이며, 사회법의 대표적인 법률이 바로 노동관계법이다. 경제적 약자인 노동자를 보호하기 위해 최저임금의 수준을 정하고(최저임금법), 과도한 노동으로부터 노동자를 보호하기 위해 노동시간을 제한하며(근로기준법), 노동자의 재해위험으로부터 노동자를 보호할 의무를 사용자에게 부여(산업안전보건법)한다.

그러나 사회법이 항상 노동자 개인을 사용자로부터 보호할 수는 없다. 그 때문에 노동자는 다른 방법을 마련해야 했다. 바로 노동조합이다. 노동자 개인은 절대적인 약자이지만, 노동조합이라는 단체를 이루면 사용자도 노동자를 함부로 대할 수 없다. 개인 또는 소수인 사용자를 상대로 노동조합이라는 집단이 대응하는 것이 불공하게 보일 수 있다. 그러나 성인과 어린이가 똑같은 조건과 기회를 가지는 것이 공정하지 않듯, 사용자와 노동자가 1 대 1로 관계를 맺는 것은 공평하지 않다. 사용자는 자본과 생산수단을 가지고 있을 뿐만 아니라 해고나 감봉, 전보 등의 조치를 할 수 있어 노동자의 생계에 절대적인 영향력을 가지고 있다. 게다가 정부나 공권력의 강력한 보호를 받고 있다. 이런 조건하에서 사용자에게 대항해 노동자들이 임금을 인상하고 노동조건을 개선할 수 있는 유일한 방법이 노동조합뿐이라는 것은 역사를 통해 증명되었다.

노동자들이 하루 10시간을 넘어 14시간씩 일하다가 피곤해서 쓰러지고 병들어도 그것을 노동자 개인의 탓으로 여겼다. 임금도 처참해서 14시간씩 한 달을 일해도 한 가족이 1주일을 살아가기도 힘들었다. 유해한지 알 수 없는 화학약품을 만지다 병들거나 죽었다. 노동자들이 하나둘 공장을 떠나거나 불만을 이야기하는 것은 어떠한 해결책도 되지 않았다. 그러나 노동자 전체가 출근을 거부함으로써 하나의 공장을 멈춰세우고, 한 지역의 노동자 전체가 노동을 거부하며 공장을 멈춰세우자, 노동시간을 줄이고 임금을 높일 수 있었다. 그 과정에서 수많은 노동자가 감옥에 갇히거나 폭도로 매도되어 죽어갔다. 국가는 단결금지법을 제정해 노동자를 탄압했다. 그러나 노동자들은 노동조합을 만드는 것을 멈추지 않았다. 노동조합을 통해서만 8시간 노동, 임금 인상, 산업안전이 보장됐다. 노동자에게 단하나의 선택은 노동조합 조직을 통한 노동3권의 행사였던 것이다.

한국을 비롯한 세계 대부분의 나라는 노동3권이라고 불리는 단결권, 단체교섭 및 단체협약권, 단체행동권을 보장한다. 특히 한국은 헌법에서 노동자의 노동3권을 밝히고 있으며, 노동3권의 행사를 위해 노동조합 및 노동관계조정법, 즉 노동조합법(노동조합법)이 존재한다.

2. 노동조합법은 어떤 내용을 담고 있나: 노동권 사용설명서

• 누구나 노동조합을 만들 수 있는 것인가?

- 노동조합과 노동조합이 아닌 단체는 무엇이 다른가?
- 누가 교섭을 요구하고 누가 교섭에 응해야 하는가?
- 교섭의 내용은 어떠한 것이나 상관이 없는가?
- 쟁의행위라고 하면 막대한 손해가 발생할 것 같은데, 노동조합이면 아무 때나 쟁의행위나 파업을 할 수 있는가?

이런 의문이 생긴다면 노동조합법을 펼쳐봐야 한다. 헌법 제33조는 노동자에게 노동3권을 노동자에게 부여하는데, 그 내용이 한 줄밖에 되지 않는다.* 이 노동3권을 노동자가 이용할 수 있도록 구체적으로 밝힌 사용설명서가 바로 노동조합법이다.

노동조합법은 노동조합을 만들고(단결권), 사용자와 교섭하여 협약을 체결하고(단체협약권), 단체협약의 체결을 위해 쟁의행위 하는(단체행동권) 노동3권에 대한 내용을 담고 있다. 주의할 점은 대부분의 사용설명서가 친절하지 않고 제대로 이해하기 어려운 것처럼, 노동조합법 역시 쉽고 이해가 잘되는 설명서는 아니라는 것이다. 제품의 설명서를 제대로 이해하기 위해서는 제품의 구조를 이해해야 하는 것처럼, 노동조합법을 이해하기 위해서는 그 구조를 알아야 한다. 제품의 설명서에 비추어보면, 노동조합법의 구조와 내용은 다음과 같다.

---

* 헌법 제33조 ①근로자는 근로조건의 향상을 위하여 자주적인 단결권·단체교섭권 및 단체행동권을 가진다.

노동조합법의 구조와 내용

상세 규정	사용설명서에 비교하면	
목적(제1조) 정의규정(제2조: 근로자/ 사용자/사용자단체/ 노동조합/노동쟁의/ 쟁의행위의 개념설명) 민형사상 면책규정(제3~4조)	목적	제품의 사용 목적
	정의(개념) 규정	제품의 각 부품의 이해를 위한 개념 설명
	민형사상 면책 규정	손해발생 시 보호조치
노동조합의 설립과 관리, 해산에 관한 규정 (제5~28조)	노동3권의 행사를 위한 절차와 제한에 관한 규정	제품의 구체적인 사용 방법과 사용 시 주의사항
단체교섭 및 단체협약에 관한 규정(제29~36조)		
쟁의행위에 관한 규정 (제37~46조)		
노동쟁의의 조정·중재에 관한 규정(제47~80조)	노동쟁의에 나아가기 전 조정과 중재에 관한 규정	제품 사용에 따른 분쟁에서 사전에 취해야 할 주의사항
부당노동행위(제81~86조)	노동조합, 조합원에 대한 부당행위 규정과 구세 절차	고객 보호를 위한 회사의 위법행위 제한사항

그런데 한국의 노동조합법은 문제가 많다. 제일 큰 문제는 노동자의 범위인데, 노동조합법이 적용되지 않는 노동자가 존재한다는 것이다. 그것도 많이. 이는 A라는 제품을 팔면서, A에 대한 설명서를 만들었는데, 몇몇 제품은 위 설명서가 적용되지 않는다고 하는 것이다. 노동조합법 제2조 제1호는 노동조합법

상 노동자란 "직업의 종류를 불문하고 임금·급료 기타 이에 준하는 수입에 의하여 생활하는 자"라고 규정한다. 이러한 규정은 매우 평이하게 보이지만, 현실의 노동관계가 복잡해지면서 많은 문제가 발생한다.

과거에는 사업주가 올린 구인광고를 보고 사업주와 면접을 보고, 사업장으로 출근해서 사업주에게 업무지시를 받아서 일하고 임금을 직접 받았다. 그러나 현대의 많은 노동자들은 진짜 자신을 고용한 사용자를 볼 일이 거의 없다. 많은 노동자들이 인터넷에서 구인광고를 찾고, B에서 면접을 보고, C로 출근한다. 어디 소속인지 모르는 사람의 지시에 따라 일을 하거나, 주어진 사무기기(플랫폼) 혹은 사서 갖추어야 하는 전자기기를 통해 지시를 받아 일한다. 이 때문에 통장에 찍힌 입금자를 통해서 업체명(자신을 고용한 회사의 명칭)을 확인하는 경우도 많다. 이러한 노동관계 속에서 자신이 누구에게 채용되었는지, 누가 사업주인지 어떻게 제대로 알 수 있을까.

노동조합법에 따르면 최소한 노동자는 타인에게 노동력을 제공하고 임금을 받아 생활하는 자이다. 그런데 노동자가 일을 하기는 하는데, 노동력을 제공하는 상대방이 누구인지 불분명하다면? 노동력 제공의 대상과 내 노동력을 통해 이익을 얻는 사람이 다르다면? 모든 과정이 플랫폼을 통해 이뤄지기 때문에 상대방을 알기 어렵다면?

특히 플랫폼으로 불리는 인터넷상 가상공간을 이용하는 고용관계에서는 많은 노동자들의 노동자성이 부정되고 있다.*

스마트폰이나 태블릿을 비롯한 각종 전자기기를 통해 사업장에 출근하지 않아도 매일의 일을 부여받고, 수행한 일의 대가로 임금을 받는다. 그러나 원청으로 불리는 대기업, 그 밑의 하청에 재하청으로 이어지는 다수의 사업주를 통해서 일을 하기 때문에, 노동자는 자신의 일이 누구의 일인지 알기 어렵다. 또한 일을 하기 위해서는 전자기기가 반드시 필요함에도 전자기기의 구매를 노동자에게 돌리고, 업무지시의 방식을 교묘하게 변화시켜 노동자가 일을 선택하거나 고를 수 있는 것과 같은 외형을 만드는 등 기존의 노동자성을 인정하는 기준들을 교묘히 피해감으로써 노동자를 개인사업자화한다. 특수고용 노동자로 만드는 것이다.

예를 들어보자. 청소년 노동자가 치킨집에 고용되어 치킨만 배달했을 때는 당연히 노동자였다. 이제 플랫폼을 통해 다수의 업체로부터 배달 업무를 받아, 치킨, 피자, 족발 등등을 배달한다. 사업주도 한 명이 아니라 다수이고 일정하지 않으며 월급은 매달 얼마가 아니라 배달 건수에 따라 지급된다. 그랬더니 이제 (산재로 보호되는) 노동자가 아니라고 한다.** 이러한 음식 배달 노동의 형태는 노동자가 선택한 것이 아니다. 기술

---

*   플랫폼이란 앱이나 소셜네트워크서비스(SNS) 등 디지털 플랫폼을 말하며, 플랫폼 노동자란 이러한 플랫폼을 매개로 노동이 거래되는 노동형태에 종사하는 노동자를 의미한다. 기술의 발달에 따라 스마트폰이나 태블릿 같은 기기를 통해 노동력을 제공하는 방식이 점차 다양해지고 있다.

** 대법원 2018. 4. 26. 선고 2016두49372 판결.

이 발달했고, 이러한 방식을 업체들이 선호했다. 변화는 자연스럽게 진행됐다. 노동자는 전처럼 한 사업장에 소속되어 일할 것인지, 지금처럼 여러 업체로부터 일을 받아서 일할 것인지 선택할 수도 없었다. 그런데 동일한 업무를 다른 방식으로 수행하게 되자, 근로기준법상, 산재보호법상 노동자가 아닌 상황이 되었다. 사업주는 전처럼 배달 업무를 시키면서도 더 적은 임금을 주는 이득을 얻었지만, 노동자가 얻은 것은 무엇인가. 이러한 결과는 지나치게 불합리하고 이상하지 않은가?

과거의 '노동자성'이라는 평이한 요건은 현재에 와서 매우 높은 산이 되었다. 사용자들이 노동관계법에 따른 최저임금의 제한, 각종 근로시간 규제 및 휴일·휴게·연차 부여와 같은 근로기준법상 제한, 그리고 무엇보다 노동조합법상 노동3권이라는 강력한 권리가 부여된 노동자를 고용하기 꺼리기 때문이다. 그러나 노동자 없이는 사업이 운영되지 않기 때문에, 노동관계를 복잡하게 만들고 플랫폼을 이용해 노동자성을 교묘히 감추고, 노동관계법이 적용되지 않는 특수고용 노동자를 만들어 노동자들이 권리를 제대로 이용할 수 없도록 만든다.

이처럼 현행의 노동조합법상의 노동자 정의 규정으로는 오늘날의 다양한 고용형태를 모두 포섭하기 어렵다는 한계점이 드러났다. 그래서 법원은 노동조합법상 노동자에 관하여 "타인과의 사용종속관계 하에서 노무에 종사하고 대가로 임금 기타 수입을 받아 생활하는 자를 말한다"라고 하여,* 특정 사업장에서의 사용종속관계(사용자의 지시·명령을 받고 따라야만

하는 관계)가 아니라, 업무수행 과정에서 '타인'에 대한 사용종속관계를 요구함으로써 문제를 일부 해결하고 있다. 즉, 특수한 고용형태들 중 타인에게 노동력을 제공하고 이를 통해 급여 등을 지급받는 경우, 집단화(노동조합)를 통해 권리를 보호할 필요성이 있다면 노동조합법상의 노동자로서 노동3권을 통해 권리보장 및 노동조건 개선이 가능하도록 한 것이다. 이러한 법원의 태도는 현재의 법률 상태에서 이미 권리가 침해되고 있는 특수고용 노동자 중 극히 일부에게는 분명 반가운 일이다.

그러나 노동조합이 없는 대부분의 특수고용 노동자가 판결의 내용을 나에게도 적용시켜달라고 요구한다면, 사용자는 판결이 우리 사업장, 우리 일과는 많이 다르기 때문에 적용되지 않는다고 할 것이다. 개개인의 특수고용 노동자가 '그 판결'이 나에게도 적용된다고 주장하고 요구하기 위해서는 결국 다시 소송을 해서 확인받아야 한다. 그러나 평범한 특수고용 노동자들이 개별적으로 소송을 하는 것은 비용이나 시간적인 면에서 매우 어렵다. 특수고용 노동자가 증가하고 있는 현실과 기술발전에 따라 점차 복잡해지는 고용관계 속에서 일하는 노동자들이 온전히 노동자로서 인정받을 수 있으려면, 판결을 통해 다투는 노동자만이 권리를 인정받는 것이 아니라 법률의 개정을 통해 노동자의 인정 범위를 대폭 확대해야 한다.

✽　대법원 2018. 6. 15. 선고 2014두12598, 2014두12604 판결.

3. 단결권의 이상과 실제

이상적인 단결권이란 누구나 원하기만 하면 노동조합을 만들거나 가입할 수 있고, 이를 통해 사용자 및 다른 노동조합, 다른 단체, 사회로부터 불합리하거나 부당한 침해(직접적이든 간접적이든)를 당하지 않고 보호받는 것이다. 한국의 노동조합법 제5조는 노동자는 "자유로이 노동조합을 조직하거나 이에 가입할 수 있다"라고 규정하고 있다. 즉, 현행의 노동조합법은 자유로운 노동조합의 설립 및 가입의 자유를 인정하는 노조 '자유설립주의'를 채택하고 있다. 그러나 실제로는 많은 노동자들이 노동조합을 만들지 못하거나, 노동조합을 만들어도 인정받지 못하고 있다.

노동자들은 노동조합을 만드는 데 많은 위협을 받고 있다. 특히 심각한 것은 노동조합을 만드는 과정에서의 해고나 전보, 회사 폐업의 위기이다. 영화 〈카트〉(2014)의 실제 사례로 유명한 이랜드 홈에버에서 일하던 노동자들은 노동조합을 만들자마자 집단해고를 당한다. 이는 매우 흔하게 볼 수 있는 사례다. KT(한국통신)의 경우 노동조합 활동에 적극적인 노동자들의 인사고과를 나쁘게 평가한 후 장거리로 전보시키고는 사무직 노동자를 현장직인 전봇대 수리 업무 같은 완전히 새로운 업무에 배치해 사직을 유도했다. 삼성전자서비스센터의 경우 2014년도 폐업하거나 폐업을 예정했는데, 하청업체 노동자들이 노동조합을 설립한 것이 그 이유였다. 모두 노동자의 단결권을 심각하게 침해하는 불법행위(부당노동행위)이지만, 사용자들은 노동조합의 설립을 막기 위해 저지르고 본다.

노동조합을 만들어도 노동조합으로 인정받지 못하는 경우도 많다. 노동조합법의 개념규정인 노동조합법 제2조 제4호의 각 목이 정하고 있는 이른바 '노동조합으로 인정할 수 없는 경우'에 해당하기 때문이다. 노동조합법 제2조 제4호는 노동조합이란 "근로자가 주체가 되어(주체성) 자주적으로 단결하여(자주성) 근로조건의 유지·개선 기타 근로자의 경제적·사회적 지위의 향상을 도모함을 목적으로(목적성) 조직하는 조직 또는 연합단체(단체성)"라고 정의하면서, 노동조합으로 볼 수 없는 경우를 이어서 규정한다. "사용자 또는 사용자의 이익을 위하여 행동하는 자의 참가를 허용하는 경우(자주성 침해 우려)", "경비의 주된 부분을 사용자로부터 원조받는 경우(자주성 침해 우려)", "공제·수양 기타 복리사업만을 목적으로 하는 경우(목적성 침해 우려)", "근로자가 아닌 자의 가입을 허용하는 경우(주체성 침해 우려)", "주로 정치활동을 목적으로 하는 경우(목적성 침해 우려)"다. 법학 교수들은 노동조합이 이 각 목의 경우에 일부 해당하더라도, 자주성, 주체성, 목적성을 실제 침해하거나 훼손하지 않는다면 이를 이유로 노동조합이 아니라고 보아서는 안 된다고 한다.* 그러나 법원과 고용노동부는 이 각

---

* 이병태, 《노동법》, 중앙경제사, 2005; 노동법실무연구회, 《노동조합 및 노동관계조정법주해》, 2015; 서울고등법원 1997. 10. 28. 선고 97라94 판결 등.

목에 해당하는 경우, 매우 쉽게 노동조합을 부정하는 경향이 있다.

예를 들어, 청년세대 노동조합인 청년유니온의 경우 설립 목적 중 하나가 노동 관련법의 제·개정을 주장하고 있다며 이는 정치활동에 초점을 둔 조직이라는 이유로 노조설립이 반려되기도 했다. 공무원 및 교원노동조합의 경우 노동조합 활동을 하다가 해고된 해고자가 조합원 자격을 유지하고 있는데, 이는 노동자가 아닌 자의 가입을 허용하고 있는 것이라며 노조가 아니라고 통보를 받았다. 전국건설노동조합의 경우 건설기계를 운전하는 '사용자(특수고용 노동자)'가 조합원이라는 이유로 시정명령을 받은 바 있다.

노동조합법 제10조와 제12조에 따르면 설립된 노동조합은 행정관청(보통 고용노동부 및 관할지청)에 설립신고를 하여야 하고, 행정관청은 노조설립신고증을 3일 안에 지급하도록 되어 있다. 그런데 행정관청에서 설립신고증을 주지 않는 방식으로 노동조합의 자유로운 설립을 방해한다. 대리운전 기사들이 만든 노동조합은 대리운전 기사가 노동자가 아니라는 이유로 지자체에서 설립신고서 반려를 통지받았다.* 설립신고증 지급제도는 노동조합의 허용 여부를 심사하는 규정이 아니라

---

* 2017년 8월 28일 전국대리운전노동조합의 조직변경 신청을 고용노동부로부터 거부당했으나, 2019년 5월 16일 전국대리운전노동조합은 다시 노조설립신고를 하였고, 400여 일 만인 2020년 7월 17일 전국대리운전노동조합은 3차에 걸친 보완요구 끝에 고용노동부로부터 설립신고증을 교부받았다.

단순히 행정적인 관리를 위한 규정이다. 그러나 현실에서 설립신고제도는 노동조합에 대한 허가와 감독의 규정처럼 악용되고 있다. 노동조합법이 노동조합의 자유로운 설립과 활동을 보장하는 것이 아니라 오히려 노동조합 설립신고제도를 통해 노동조합의 설립과 운영을 방해하는 것이다.

4. 단체교섭 및 단체협약권의 이상과 실제

이상적인 단체교섭 및 단체협약권이란 어떤 노동조합이든 자신에게 영향을 미치는 사용자를 상대로 단체교섭을 요구하고, 사용자는 단체교섭에 성실하게 응하도록 강제되며, 불성실하게 단체교섭에 응하거나 단체협약을 게을리하는 경우에는 사용자가 처벌될 수 있도록 하거나 쟁의행위를 할 수 있도록 보장해주는 것이다. 그러나 역시 현실과 이상의 차이는 매우 크다.

2010년 한 사업장 내에서 여러 개의 노동조합의 설립(복수노조의 설립)이 가능해졌는데, 이러한 점에서 단결권의 보장은 어느 정도 강화되었다고 할 수 있다. 그러나 설립된 복수노조가 단체교섭을 하기 위해서는 "교섭창구 단일화 절차"(노동조합법 제29조의2)라는 복잡하고 어려운 제도를 거쳐야 한다. 즉, 노동조합이 아무리 여러 개라고 하더라도 사용자는 단 하나의 노동조합과만 교섭을 하면 된다. 이 때문에 어느 한 노동조합이 사용자에게 교섭을 요구하면, 사용자는 교섭요구를 받았다는 사실을 공지하고, 이번에는 교섭에 참여한 노동조합들이 교섭참여 신청을 해야 한다. 그리고 참여를 신청한 노동조합들이 자율적으로 교섭대표노조를 만들거나, 한 노동조합이 자신이 과반수 노동조합이라고 주장하고 확인받아 교섭대표노조로 선정될 수 있다. 이러한 과정 전체를 교섭창구 단일화 절차(제도)라고 하는데, 이 절차는 최소한 30일, 최장 세 달까지도 걸린다. 세 달이나 걸리는 이유는 각 확인 과정마다 의문이 생기면 노동위원회에 심판을 구해서 해결해야 하기 때문이다.

교섭대표노조로 선정된 노조는 2년간 대표의 지위를 인정받는데, 사업장 내의 모든 노동조합을 대표하여 단체교섭을 진행하고 단체협약을 체결할 수 있다. 물론 교섭대표노조는 다른 노조의 요구사항을 고려하여 단체교섭을 진행할 공정대표의무를 지지만, 자신이 속한 노조의 요구사항을 중심으로 교섭이 진행되는 것이 현실이다. 결국 교섭대표노조가 되지 못한 노동조합의 요구사항은 제대로 사용자에게 전달되지도 못한다. 물론 다수의 노조가 애초에 대표교섭단을 꾸리거나 다른 노조와 분리하여 교섭을 하겠다며 교섭단위 분리신청을 할 수도 있지만, 이러한 경우는 많지 않다. 특히 10인 미만의 소수로 만들어진 노동조합의 경우에는 교섭창구 단일화 절차에 참여할 권리조차 박탈된다.

그뿐만 아니라 원청에서 하청, 하청에서 재하청이 다단계로 운영되는 기업의 경우, 원청의 권한은 절대적이어서 하청-

재하청의 노동조건 결정권은 매우 제한적이거나 없는 것이나 다름없다. 그러나 노동조합법은 노동자를 직접고용한 사용자 또는 직접 지휘감독하는 사용자만 교섭의 상대방으로 인정하고 있기 때문에, 하청업체의 경우 제대로 된 단체교섭 자체가 불가능하다. 법원은 원청이 하청업체에 대하여 실질적인 영향력 또는 지배력을 행사할 수 있다면 원청 역시 단체교섭의 상대방이 될 수 있다고 판단했지만,* 원청은 일단 모르쇠로 일관하다가 법원의 판결이 나온 이후에나 교섭에 참여하는 척만 하는 상태이다. 노동조합법상 교섭의 상대방을 확대하는 법률 개정 역시 반드시 필요하다.

이처럼 현행법상 노동조합은 단체교섭 및 단체협약에서 상당한 제약을 받고 있다. 노동조합은 본질적으로 단체교섭을 통해 노동조건을 개선할 뿐만 아니라 노동자의 사회적 지위를 개선하는 것을 목적으로 한다(노동조합법 제1조). 그런데 노동조합을 만들어도 교섭창구 단일화 제도 때문에 단체교섭으로 나아갈 수 없다면, 단체교섭을 하더라도 하청의 사업주가 노동조건을 개선할 수 없다면 노동조합은 손발이 묶인 것이나 다름없다. 이처럼 현행의 교섭창구 단일화 제도는 헌법상 보장된 단체교섭권을 반쪽으로 만들어버렸다. 그럼에도 헌법재판소는 교섭창구 단일화 제도가 합헌이라고 판단했다.**

---

* 전주지방법원 군산지원 2006. 4. 12. 선고 2005카합411 등.
** 헌법재판소 2012. 4. 24. 선고 2011헌마338 결정.

5. 단체행동권의 이상과 실제

단체행동권이란 노동조합이 교섭이 제대로 진행되지 못할 때, 집단적으로 노동력의 제공을 거부하거나 게을리 제공함으로써 정상적인 사업의 운영을 방해하는 것이다. 즉, 사용자의 이익에 손해를 입힘으로써 압력을 행사하는 것이다. 단체행동권에는 노동력 제공을 일시에 중단하는 파업, 엄격하게 법률을 지킴으로써 작업속도를 늦추거나 작업을 일부 거부하는 준법투쟁, 대외적으로 사용자의 위법행위나 잘못을 알리는 피케팅, 의도적으로 일을 천천히 또는 게을리함으로써 사용자에게 피해를 주는 태업, 조직적이고 집단적으로 사용자의 생산품을 구매하는 것을 거부하는 보이콧 등이 있다.

이상적인 단체행동권의 보장이란 민주적 절차를 통해 노동조합이 단체행동권을 행사하기로 결정한 이상 그 목적에 제한을 두지 않고 그 행사를 보장하는 것이다. 다만, 단체행동권의 파급력을 고려하여 일부 제한을 두는 것(폭력행위 금지)은 불가피할 것이다. 그러나 한국의 노동조합법은 이러한 일부 제한을 넘어서서 단체행동권의 행사를 불가능하게 하거나 위법하게 하는 지나친 제한이 다수 존재한다.

먼저, 공공성을 요구하는 병원이나 철도와 같은 사업장에서는 필수유지업무라는 제도를 통해 업무에 차질이 발생되지 않도록 파업에 참여하는 노동자의 수를 제한한다. 즉, 업무를 수행하면서 파업을 하라는 것이다. 파업을 하지 말라는 것과

진배없다. 교섭창구 단일화 제도는 쟁의행위도 어렵게 한다. 교섭대표노조가 아닌 이상 소수 노조는 단독으로 쟁의행위 역시 할 수 없으며, 교섭창구 단일화 제도에 참여한 모든 노조의 과반수의 동의를 받아야만 쟁의행위가 가능하기 때문에, 쟁의에 대한 이해나 요구의 수준이 다른 상이한 노조의 동의를 받아 파업을 진행하기는 어렵다. 그리고 쟁의행위 시에 폭력행위를 제한하는 것은 그 취지는 공감할 수 있으나, 노동조합 내 일부 조합원의 우발적 폭력이나 사용자의 도발에 의한 폭력행위 등을 이유로 노동조합의 파업행위 전체를 불법화하는 근거 규정으로 이용되기도 한다.

특히 우리나라는 파업의 목적에 대한 제한도 심각하다. 법원은 정당한 파업이란 노동조합이 주도하는 파업이어야 하고(주체 정당성), 목적이 근로조건의 향상을 위한 노사 간의 자치적 교섭을 조성하는 데 있어야 하며(목적 정당성), 사용자가 교섭을 거부하였을 때 개시하되 법령이 규정한 절차를 거쳐야 하고(절차 정당성), 폭력의 행사에 해당하지 않아야 한다(절차 정당성)고 보고 있다.[*] 문제는 노동자들의 노동조건 및 지위에 중요한 영향을 미치는 법률의 개정을 위한 투쟁이나 사회적으로 주요한 쟁점에 관한 정치파업에 관하여 목적의 정당성을 단호하게 거부하고 있다는 점이다. 노동자들이 임금이나 노동환경을 위해서 파업하면 조합 이기주의라고 매도하고, 사회적 문제

---

[*]   대법원 2005. 4. 29. 선고 2004두10852 판결 등.

로 파업하면 불법파업이라고 매도하는 상황이다. 노동자들이 만든 노동조합도 사회적 단체이기 때문에, 정치적 주장을 하는 것은 마땅한 헌법적 권리(표현의 자유 및 사상의 자유)로서 보장되어야 하며, 대부분의 정치적 사안은 노동자의 노동조건에 직접적인 영향을 미치는 만큼 노동관계 및 노동조건과 관련이 있다는 점 역시 넓게 인정되어야 마땅하다.

6. 법은 변한다

흔히 사람들은 한번 문자로 쓰인 법이 변화한다는 것을 이해하기 어려워한다. 그러나 매년 연말이 되면 수많은 법을 계속 '변화'시키느라고 국회는 난리법석이다. 2018년 말만 해도 그동안 문제가 된 갑질 중 직장 내 갑질에 대응할 수 있는 '직장 내 괴롭힘 규제'를 근로기준법에 넣는 개정안이 통과되었고, 28년만에 산업안전보건법은 일부가 아니라 전체적인 내용을 손보는 '전부개정안'이 통과되었다.

이처럼 법률은 지속적으로 변화한다. 그 변화는 발전일 수도 있고, 퇴보일 수도 있다. 앞서 살펴본 교섭창구 단일화 제도는 복수노조 허용을 통과시키는 과정에서 함께 도입된 제도로서, 많은 노동조합의 상황을 악화시킨 나쁜 개정의 예다. 우리가 당연하다고 생각해온 정리해고제도 역시 1997년에 도입된 법률로서, 나쁜 개정의 예다. 그러나 갑질 규제 규정의 신설, 산재로 인정받을 수 있는 대상과 범위를 확대하는 규정, 근로시간의 단축, 유급휴가 보장일의 확대는 좋은 개정의 예다. 법률이 개정되는 흐름은 바로 노동자들의 관심과 노동조합의 투쟁의 산물이기도 하다. 특히 노동자 개개인의 의사나 요구가 제대로 국회에 전달되어, 법률이 좋은 방향으로 개정되기 위해서는 노동조합의 지속적인 활동이 필요하다.

그러나 앞서 살펴본 바와 같이, 현행 노동조합법은 그 필요성이 분명하고 중요한 법률이지만 많은 문제가 있다. 무엇보다 현행법상 정의 규정으로는 노동조합법의 보호를 받을 수 있는 노동자가 너무 적다. 간접고용 노동자, 특수고용 노동자도 전혀 보호할 수 없다. 노동자성을 인정받은 이후에도 노동조합을 만들어 설립신고증을 받기도 어렵고, 교섭대표노조가 되지 않는 한 단체교섭도 하기 어렵다. 때문에 노동조합법의 보호를 받을 수 있는 노동자 범위와 노동조합법에 의해 규제되는 사용자의 범위 확대, 단결권을 비롯한 노동3권의 행사를 방해하는 각종 규정의 삭제와 노동조합을 보호하기는커녕 처벌하는 데 급급한 현재의 노동조합법 전체에 대한 전면개정안이 절실하다. 이러한 전면개정안의 마련과 통과에는 노동조합뿐만 아니라 많은 노동자들의 의견과 동의가 필요함은 두말할 필요가 없다. 노동조합법이 제대로 변화되어 더 많은 사람들이 노동자로 인정받고, 누구나 노동3권을 자유롭게 사용하게 되기를 기대한다.

ILO 핵심협약

국제노동기구^{ILO}는 UN의 산하기구 중 노동에 대한 국제전문 기구이다. ILO는 1919년 제1차 세계대전 직후에 설립되었는데, 노동자의 잦은 실업, 임금체불, 과도한 노동, 위험한 작업환경 등 노동자의 조건이 열악하고 불만이 증폭되는 것은 사회의 중대한 불안요소라는 역사적 경험 속에서, 노동자의 권익보장과 안정을 위해서 만들어졌다. ILO는 매년 노동자의 권리보장과 노동환경 개선을 위해 여러 협약 또는 기준을 제정하고, 회원국들의 노동환경을 점검하고 개선을 요구하고 있다. 한국은 1991년 12월 ILO에 가입했다.

ILO 핵심협약이란 ILO의 회원국들이 반드시 지켜야 할 가장 기본적인 노동기준으로서 189개의 협약 중 4개 분야의 8개 협약을 추린 것이다. 한국은 이 협약을 '핵심협약'으로 번역하지만, 이는 'Fundamental Conventions'의 번역으로 '기본협약'이 더 적합한 해석이다. 수많은 노동 관련 문제들과 그에 따른 협약들이 존재하지만, ILO의 회원국이라면 이 8가지는 기본적으로 이행해야 하는 사항이다. 그렇기 때문에 ILO는 회원국이 기본(핵심)협약을 체결하지 않았다고 하더라도 당연히 지키고 이행해야 하는 사항으로 해석한다.

그럼에도 불구하고 정부는 핵심협약의 비준 및 체결을 20년이나 미루었고 노동조합은 지속적으로 핵심협약 전체의 비준을 강력하게 요구해왔다. 그리고 2021년 2월 26일 ILO 핵심협약 비준 동의안(제87호 결사의 자유 및 단결권 보호에 관

모두를 위한 노동 교과서

한 협약, 제98호 단결권 및 단체교섭권 원칙의 적용에 관한 협약, 제29호 강제근로에 관한 협약)이 국회 본회의를 통과함에 따라, 강제근로의 폐지에 관한 협약을 제외한 핵심협약 7개가 국내에도 적용되게 되었다.

이러한 핵심협약 비준에 따라 현재 '노동자'라는 좁은 문을 통과해야만 가능한 노동조합의 설립이 좀더 수월해질 전망이다. 실제 그동안 특수고용 노동자이기 때문에 노동조합 설립 신고증이 교부되지 못하고 있던 전국대리운전노동조합, 전국보험설계사노동조합, 방과후강사노동조합이 각각 428일, 471일, 477일 만에 설립허가증을 2020년 말에 교부받았다. 특수고용 노동자를 비롯해 노동자가 아닌 자가 포함되어 있음을 이유로 한 노동조합의 설립 거부도 점차 줄어들길 기대한다.

그러나 ILO 핵심협약의 비준만으로 온전한 노동조합의 활동과 권리가 보장되는 것은 아니다. 정부는 ILO 핵심협약의 비준에 따른 국내 노사 간 혼돈을 방지하기 위해 국내법 정비가 필요하다며 노동조합법의 개정을 주장했지만, 오히려 단체협약의 유효기간을 2년에서 3년으로 연장하는 개악을 했으며, 교섭창구단일화제도도 건재하다. 즉, 여전히 우리의 노동조합법은 ILO 핵심협약의 내용을 온전히 담고 있지 못하다. 예를 들어 ILO 산하 결사의자유위원회에서는 원청 등과의 단체교섭이 촉진되어야 하며, 단체행동에 대해 업무방해죄를 적용하는 것은 부당하다고 하고 있지만, 현행 노동조합법에 따르면 여전히 원청은 단체교섭을 회피하고 있으며, 단체행동에 따른 업무방해죄 적용도 막을 수 없다. 그 때문에 한동안은 노동조합법만을 따르려는 사용자와 핵심협약에 따를 것을 요구하는 노동조합 간 충돌도 불가피할 것이다. ILO 핵심협약 비준이라는 큰 목표는 이루었으나 핵심협약이 국내에 온전히 적용되기 위해서는 국내법의 한계를 넘어 국제 기준의 제대로 된 적용을 위한 논의와 투쟁이 더욱 필요한 상황이다.

분야	협약번호	협약명 (채택년도)	체결여부
결사의 자유	제87호	결사의 자유 및 단결권 보호에 관한 협약 (1948년)	○
	제98호	단결권 및 단체교섭권 원칙의 적용에 관한 협약 (1949년)	○
강제 근로	제29호	강제근로에 관한 협약 (1930년)	○
	제105호	강제근로의 폐지에 관한 협약 (1957년)	×
아동 노동	제138호	취업의 최저연령에 관한 협약 (1973년)	○
	제182호	가혹한 형태의 아동노동철폐에 관한 협약 (1999년)	○
차별 금지	제100호	동일가치 근로에 대한 남녀근로자의 동등보수에 관한 협약 (1951년)	○
	제111호	고용 및 직업에 있어서 차별대우에 관한 협약 (1958년)	○

비정규직법:

비정규직을 보호하는 법? 양산하는 법!

최은실

1. 비정규직법이란?

정은 씨는 정규직 계약을 맺고 일을 하고 있다. 아침 9시에 출근해서 저녁 6시에 퇴근한다. 정년을 보장받을 수 있지만, 잦은 야근에 연장근로수당도 제대로 지급되지 않아 퇴사를 항상 고민한다.

희성 씨는 11시에 출근해서 4시면 퇴근한다. 짧은 시간만 일하는 단시간 노동자다. 늦게 출근해서 일찍 퇴근하기 때문에 부럽다는 사람들도 있지만, 5시간에 해야 하는 일의 양은 8시간 일하는 노동자들과 다를 바 없어, 매일 일찍 출근하고 늦게 퇴근하면서도, 일하는 중에 쉬는 시간도 맘껏 누리지 못한다. 그러면서도 임금은 5시간 치만 나오니, 주말에는 다른 일을 해서 생활비를 마저 채워야 한다.

민성 씨는 정은 씨와 마찬가지로 9시에 출근해서 6시에 퇴근한다. 그러나 6개월짜리 단기계약을 했다. 하는 일도 정은 씨와 비슷하지만, 기간제 근로자이기 때문에 상여금도 없고, 명절에 받는 선물도 다르다. 또한 6월, 12월이 되면 일을 계속할 수 있을지, 다른 회사를 알아봐야 하는지 속이 답답하고 머리가 아프다. 회사에서 미리미리 알려주면 좋은데, 회사는 꼭 계약종료일이 거의 다 되어서야 이야기를 시작하니 미칠 노릇이다.

진영 씨는 사무 업무를 본다. 20명 남짓한 회사의 급여 처리 등을 담당하고 있는데, 정규직이 아니다. 20명 남짓의 인원

중 유일한 파견 노동자다. 다른 노동자들의 임금을 모두 계산하는데 정작 내 임금은 다른 회사가 준다는 아이러니 속에서 진영 씨는 소속감도 없이 출근하는 하루하루가 힘들다. 사장님이나 전무님을 제외한 회사 사람들은 진영 씨가 당연히 이 회사 소속인 줄 안다.

단 하나의 회사를 살펴보더라도 모두 똑같은 방식으로 일하는 것은 아니다. 알게 모르게 모두 다른 계약을 하고 출근해서 일을 한다. 이런 회사의 풍경은 이제 낯설지 않다. 오히려 정규직으로 일하는 정은 씨는 점점 줄고 있다. 단시간으로 일하는 희성 씨, 기간제로 일하는 민성 씨, 파견 노동자 진영 씨가 더 흔하다. 정은 씨를 제외한 희성 씨, 민성 씨, 진영 씨가 바로 이 사회의 대표적인 비정규직이다. 기간제 노동자, 단시간 노동자, 파견 노동자. 이들에 대한 권리관계를 정하고 있는 법률은 한 개의 법률이 아니다.

기간제 노동자 및 단시간 노동자는 1차적으로 기간제 및 단시간근로자 보호 등에 관한 법률(기간제법)의 적용을 받는다. 기간제법 이외의 규정은 근로기준법에 따른다. 난시간 노동자에 대하여는 근로기준법 시행령 별표2*에서도 노동조건을 규정한다. 파견 노동자의 경우에는 파견근로자 보호 등에 관한 법률(파견법)을 1차적으로 따르며, 그 외에는 근로기준법

---

* 근로기준법 시행령 〔별표2〕〈개정 2010.7.12.〉 '단시간근로자의 근로조건 결중기준 등에 관한 사항(제9조제1항 관련)'을 말한다.

에 따른다. 도급, 위임, 사내하청 등의 경우 근로계약서의 내용과 상관없이 실제 노동이 이루어지는 내용과 모습에 따라 기간제·단시간·파견 노동자라면 기간제법·파견법을 1차적으로 적용하고, 그렇지 않다면 근로기준법 또는 민법을 적용한다.

비정규직과 관련된 법에는 보통 '보호에 관한 법률'이라는 이름이 붙는다. 그러나 실제 비정규직법은 비정규직을 보호하기보다는 비정규직을 양산하거나 비정규직의 정규직화 또는 직접고용의무를 피하기 위한 꼼수 법률이라는 비난을 듣는다. 각 법률의 제정 배경과 주요 내용, 문제점을 살펴보자.

2. 기간제 노동자, 기간제 고용

기간제법은 벌칙(처벌 규정)을 제외하면 총 20개 조항으로 되어 있는 짧은 법률이다. 기간제 노동자와 단시간 노동자의 사용제한 및 차별적 처우의 금지가 주요 내용이다.

1997년 IMF 외환위기 이후 급격하게 증가하기 시작한 비정규직의 대부분은 기간제 노동자였다. 외환위기로 인해 정리해고된 노동자들의 빈자리를 기간제 노동자가 대체했기 때문이다. 2000년 전체 노동자의 10퍼센트가 기간제 노동자로 전락했으며, 2005년 18.2퍼센트까지 늘었다가 이후 소폭 오르락내리락했다. 2010년부터 기간제 노동자의 수는 14~15퍼센트를 오락가락하고 있는 상태다.* 기간제 노동자들은 정규직과

기간제법의 구조와 내용

조문	내용
제1~3조	목적과 정의, 적용 범위
제4~5조	기간제 노동자의 사용기한 제한과 기간의 정함이 없는 노동자로의 전환 노력 규정
제6~7조	단시간 노동자에 대한 초과근로 제한과 통상근로 노동자로의 전환 노력 규정
제8~15조	차별처우의 금지와 시정에 대한 방법
제16조	기간제 및 단시간 노동자에 대한 불리한 처우의 금지
제17조	근로조건을 서면으로 명시할 의무

다름없는 일을 하면서도 임금은 더 낮았다. 2000년 초반 비정규직의 월평균 상대임금(정규직 임금이 100일 때 비정규직이 받는 임금 수준)은 60퍼센트 수준이었고, 2009년 세계 금융위기 이후 50퍼센트 중반을 오르락내리락하고 있다.[**]

기간제 노동자는 외환위기 이후 지속적으로 증가했는데, 특히 2003년 정규직과 마찬가지로 상시적으로 고용되어 일하

---

[*] 김유선, 〈한국의 노동시장 진단과 과제〉, 《KLSI 이슈 페이퍼》 제6호, 한국노동사회연구소, 2015년 5월 6일.

[**] 김복순·정현상, 《2016 KLI 비정규직 노동통계》, 한국노동연구원, 2016; 한국비정규노동센터가 통계청 경제활동인구조사 부가조사를 분석한 바에 따르면, 이미 2000년 8월 정규직 대비 비정규직의 임금은 53.5% 수준이었으며, 2010년에는 46.8% 수준이다. 한국비정규노동센터, 〈2010년 8월 경제활동인구조사 근로형태별 부가조사 분석〉, 한국비정규노동센터, 2010.

는 상시근로자의 7.2퍼센트(52만 명)가 기간제 근로자였으나, 2006년에는 12.6퍼센트(103만 7,000명)로 2배 가까이 증가했다.* 이는 정규직과 동일 또는 유사한 업무를 수행하며 상시적으로 일하는 비정규직 노동자의 많은 수가 정규직에서 비정규직인 기간제로 변화했거나 2000년대 이후 신규채용의 대부분이 기간제 고용의 형태로 이루어졌다는 것을 보여준다. 또한 정규직 대비 기간제 노동자의 임금 수준은 65~68퍼센트(2003년, 2006년)로 나타난 것을 고려하면,** 기간제 고용형태 등 비정규직 노동자에 대한 차별의 문제가 심각한 사회적 문제라는 것을 알 수 있다.

그러나 정부는 기간제의 원천적인 사용 금지에 초점을 두지는 않았다. 산업구조의 변화, 다양한 직업군의 출현, 직업형태의 다양화 등을 이유로 고용유연성을 유지하면서도 차별의 문제를 시정하고자 했다. 반면 당시 노동계에서는 기간제 노동의 사용사유 자체를 제한함으로써 기간제 노동 사용을 원천적으로 제한하고자 했다. 그리고 2007년 정부와 국회는 사용사유 제한 방식이 아니라 기간제 고용을 2년으로 제한하는 기간제 고용 상한제 및 차별시정제도의 신설로 기간제법을 정리했다.

기간제법 시행이 기간제 노동의 제한이나 기간제 노동자

---

* 한국노동연구원, 〈기간제근로자 국제비교〉, 《노동리뷰》 제27호, 2007, 한국노동연구원, 112~113쪽.
** 이기쁨·지상훈, 《2020 KLI 비정규직 노동통계》, 한국노동연구원, 2020, 37쪽.

의 정규직화에 기여한 바가 있을까? 고용노동부가 2010년부터 2012년까지 기간제 근로자 2만 명을 대상으로 2년 6개월에 걸친 고용형태 전환, 직장이동, 노동이동 등을 추적조사한 결과에 따르면, 정규직 전환율은 불과 6.2퍼센트인 것으로 나타났다. 다른 노동자들은 무기계약직으로 전환되거나, 다른 일자리로 이직했다. 전체 이직자 중 39퍼센트는 비자발적인 이직을 한 것으로 조사됐다. 특히 이직자들은 이직한 이후의 근로형태도 열악했다. 이직자의 24퍼센트는 다시 기간제 자리로 이직했으며, 27퍼센트는 파견이나 용역 등 다른 비정규직으로 이직했다. 아울러 18퍼센트는 구직을 포기했고, 10퍼센트는 여전히 실업 상태인 것으로 확인됐다.**** 공식적인 자료를 통해서도 확인되는 것처럼, 기간제 노동자들은 기간제법 시행 이후에도 정규직으로 전환되기보다는 여전히 고용불안에 시달리고 있다. 오히려 기간제법 시행 이후 2년이 되기 전에 비자발적으로 고용이 종료되거나(기간만료라는 명목의 해고), 고용이 전환된다고 하더라도 정규직이 아니라 중규직, 2차 정규직이 되었다.****

*** 고용노동부, 〈고용형태별 근로자패널조사 주요결과(1~9차)〉, 고용노동부, 2013.

**** 고용 기간을 기준으로 한 고용의 구분은 원칙적으로 정규직과 기간제 노동만 존재하지만, 기간제법 시행 이후 사용자는 고용 기간이 2년을 초과하는 노동자를 정규직이 아닌 무기계약직으로 채용했다. 무기계약직은 정규직처럼 정년의 보장은 받지만, 임금이나 복지 등 고용조건이 정규직과 분명히 다르다. 이에 정규직과 구분해 중규직 또는 2차 정규직 등으로 부른다.

은행에서 쉽게 만날 수 있는 창구 근무 노동자는 대표적인 무기계약직 노동자들이다. 기간제 노동자로 입사한 후 2년 정도가 지나면 무기계약직, 2차 정규직으로 전환되었다. 무기계약직은 정규직과 완전히 분리된 업무, 완전히 분리된 임금체계를 가지고 있다. 이 때문에 정규직과의 근로조건은 임금부터 차이가 확연해 승진을 통해서도 근로조건을 개선하는 데에는 한계가 명확했다. 예를 들어 정규직이 부장이 되는 데 10년이 걸린다면, 무기계약직은 승진에 20년이 걸리거나 아예 부장 승진이 불가능하다. 특히 은행권 무기계약직의 대부분이 여성이라는 점에서 성차별적 요소도 강력하다.[*]

3. 기간제 노동의 문제, 어떻게 해야 할까?

그동안 한국의 정부와 자본, 사용자들은 '한국의 노동시장이 경직성이 높고, 해고하기가 어려워 세계화 시대의 경쟁에서 살아남기 어렵다' '국가경쟁력이 약하다'며 목소리를 높였다. 그러나 OECD의 자료를 보면, 한국의 고용보호 수준은 OECD 34개국 중 22위로 OECD 평균보다 조금 낮다. 즉, 한국

---

[*] 이종선 외, 《금융 산업 내 2차정규직 노동실태 및 제도 개선방안 마련을 위한 토론회 자료집》, 전국금융산업노동조합·정의당 국회의원 심상정·더불어민주당 국회의원 한정애·더불어민주당 국회의원 이용득·국민의당 국회의원 김삼화 주최, 2017년 12월 7일.

의 노동시장은 평균보다 조금 더 유연한 수준이다. 어떻게 보면 고용유연성이 필요하다는 사용자들의 목소리에 따라 정부가 법률을 제대로 제정하고 운영했다고 볼 수도 있다. 그 덕분에 한국은 근속 연수가 1년이 안 되는 단기 근속자가 전체 노동자의 31.9퍼센트로, 세계에서 세 번째로 근속 연수가 짧다. 근속 연수가 10년이 넘는 장기근속 비율도 세계에서 두 번째로 낮다.[**]

근속기간의 단기화에 영향을 미친 것이 기간제법만은 아니겠지만, 기간제법의 영향이 작다고 할 수도 없다. 예를 들어 기간제법에 의해 기간제 고용이 제한되기 전까지, 대부분의 근로계약은 업종의 특성에 따라 예외도 있었지만 대부분은 1년 단위였다. 그러나 기간제법이 시행되면서 1년짜리 계약 2번이면 기간제법의 적용을 받게 되었다. 이에 사용자들은 6개월, 3개월, 1개월짜리 계약을 반복하는 방식으로 단기 근로계약을 남발했다. 정규직이 아닌 경우의 근로계약은 짧게 반복하는 것이 당연한 것처럼 인식되었고, 각종 단기근로계약이 난무하게 되었다.

사용자들, 국회 일부에서는 현행 기간제법이 기간제 노동을 사용할 수 있는 기간을 2년으로 제한했기 때문에 이러한 근

[**] 김유선, 〈우리 노동시장이 경직됐다는 새빨간 거짓말〉, 《오마이뉴스》, 2019년 5월 15일 자. http://www.ohmynews.com/NWS_Web/Series/series_premium_pg.aspx?CNTN_CD=A0002536185.

로유지기간의 단축이 발생되었다며, 기간제 노동 사용유지기간을 4년으로 연장하자고 한다. 이는 '언 발에 오줌 누기' 식의 임시방편일 뿐, 단기 고용 및 기간제 고용의 확대라는 근본적인 문제는 해결되지 않는다. 이미 기간제 고용의 사용기간을 2년에서 4년으로 연장했지만, 비정규직 문제가 해결되지 않은 일본의 사례가 존재한다.

결국 기간제 노동의 사용 자체를 억제시켜야 한다. 기간제법을 사용기간 상한제 방식에서, 사용사유 제한 방식으로 전환해야 한다. 원칙적으로 사용자와 노동자 간에는 정규직 근로계약, 정년까지 고용을 보장받을 수 있는 안정적인 근로계약이 체결되어야 한다. 다만 육아휴직, 산재, 개인 질병, 학업 등으로 인해 일정기간 업무에 공백이 발생함에 따라 단기간의 고용이 불가피한 경우는 예외로 정할 수밖에 없을 것이다. 그러나 이러한 경우를 제외하고는 원칙적으로 기간제 고용관계를 맺을 수 없도록 함으로써, 기간제 고용이 예외라는 인식을 확대하고 고용방식을 근본적으로 바꾸어야 한다.

이는 사회적으로도 이익이다. 단기 고용의 반복 또는 비자발적 고용중단으로 인한 사회적 문제와 비용이 많이 발생하고 있다. 노동자들은 불가피한 고용중단으로 생계의 위험에 수시로 노출된다. 사회는 비자발적 실업자들을 재고용시키기 위해 실업급여를 지급하고 재교육을 제공해야 한다. 연일 '실업급여 수급자 최대' '실업급여 지급액 최대' '부정수급자 적발' 등의 보도가 끊이지 않는데, 기간제 노동과 같은 불안정 노동, 비정규직 노동을 줄이면 이러한 문제를 해결할 수 있다.

4. 단시간·초단시간 노동과 문제점

IMF 외환위기 이후 2000년대의 노동시장에서는 기간제 고용의 확대와 간접 고용화라는 양축을 중심으로 비정규직 노동자의 규모가 큰 폭으로 증가했다. 이에 반해 단시간 노동자의 수는 눈에 띄게 상승하지 않았는데, 이는 장시간 노동이 가능한 인력을 선호하는 기업의 노동자 이용방식이 영향을 미친 것으로 보인다. 그래서 단시간 노동은 그동안 잘 활용되지 않았고, 단시간 노동자의 수도 적었다. 그러나 2010년 이후 단시간 노동자는 빠르게 증가하는데, 이는 정부에서 일자리 증대를 목표로 단시간 일자리를 양산했기 때문이다.

한국개발연구원[KDI]의 2011년 보고서에 따르면 2011년 취업자 수가 40만 명 내외로 높은 증가세를 보였다. 그런데 취업자 중 여성의 경제활동 참가율이 모든 연령층에서 남성에 비해 빠르게 증가했으며, 여성의 대부분이 단시간 노동자로 고용되는 경향을 보였다고 한다.* 즉, 단시간 노동자의 증대를 통해

---

* 김미영, 〈KDI "고용지표 상승은 여성 단시간 노동자 급증 때문"〉,《매일노동뉴스》, 2011년 11월 18일 자. http://www.labortoday.co.kr/news/articleView.html?idxno=107689.

'고용 여건이 개선되었다' '고용률이 증가하였다'고 한 것이다. 이는 아랫돌 빼서 윗돌을 괴는 식의 대처이다. 1명의 정규직을 고용하면 되는 일에 2명의 단시간 노동자를 고용함으로써, 100명을 정규직으로 고용하는 대신 200명의 비정규직을 고용해 고용률을 개선한 것이다.

이처럼 단시간 노동은 노동자들의 상황이나 기업의 필요에 따라 자연스레 증가하거나 고용되었다기보다는 정부 정책에 따라 대폭 증가했는데, 문제는 정부가 고용률 70퍼센트 달성을 목표로 특히 주 15시간 미만으로 일하는 초단시간 노동자를 무분별하게 대폭 증가시켰다는 점이다. 초단시간 노동의 경우 근로기준법에 따라 주휴수당이 보장되지 않는데, 사용자들은 이를 악용해 주휴수당을 지급하지 않기 위해 초단시간 노동자 고용을 확대했다.*

단시간 노동은 기간제법에서 일부 원칙을 확인할 수 있으며, 근로기준법에 단시간 노동자의 근로조건 결정에 대한 기준이 규정되어 있다. 기간제법은 제2조에서 단시간 노동을 정의하고, 제6~7조에서 단시간 노동자에 대한 초과근로 제한과 통상 노동자로의 전환 노력 규정을 두고 있다. 단시간 노동자는 통상 노동자에 비하여 더 짧은 시간 일할 것을 약속하고 일하

---

* 초단시간 노동자란 4주 동안을 평균하여 1주 동안의 소정근로시간이 15시간 미만을 일하는 노동자로서, 근로기준법 제18조 제3항에서 정하고 있다. 초단시간 노동자에게는 주휴일에 대한 근로기준법 제55조와 연차휴가에 대한 근로기준법 제60조를 적용하지 않는다.

기 때문에,** 약속한 근로시간을 초과하는 노동을 요구하는 것은 초과노동(시간외 근로)이 된다. 그러나 단시간 노동자는 자발적 또는 비자발적으로 단시간 노동을 하는데, 약속한 근로시간을 초과하는 노동을 사용자가 수시로 요구한다면 단시간 노동자의 생활이나 또 다른 일에 중대한 영향을 미칠 수 있다.

이 때문에 기간제법은 사용자가 단시간 노동자에 대하여 약속한 근로시간을 넘는 초과노동을 시키는 것을 원칙적으로 제한하며, 만약 약속한 근로시간을 넘는 초과노동을 시킬 경우에는 이에 대한 초과수당을 지급할 의무를 부여한다. 또한 단시간 노동자를 사용하고 있는 사업장에서 통상 노동자 채용이 필요할 경우 이미 고용되어 있는 단시간 노동자에게 우선적인 고용기회를 제공하도록 노력 규정도 두고 있다. 기타 단시간 노동자의 노동조건에 대하여는 근로기준법 시행령 별표2에서 통상 노동자의 근로시간에 비례하여 보호하도록 규정하고 있다. 그러나 단시간 노동자의 초과노동에 대한 가산수당이 제대로 지급되지 않거나, 수당 중 비례로 지급되는 것이 부당한 급식비, 교통비 등이 근로시간에 비례하여 지급되는 셈 등이 사회적으로 문제가 된 바 있다.

아울러 초단시간 노동자에 대하여는 근로기준법, 근로자

** 통상 노동자는 소정근로시간 뿐만 아니라 사업장의 고용형태, 임금체계 등을 고려하여 보았을 때, 해당 사업장의 가장 일반적이고 보통의 정규직 근로자를 말한다. 즉, 일 8시간/주 40시간 일하는 노동자를 보통 정규직이라고 한다면, 해당 형태의 노동자가 해당 사업장의 통상의 노동자이다.

퇴직급여보장법, 고용보험법 등에서 유급휴일수당, 퇴직금제도, 고용보험 등 4대보험의 적용이 제외되는 것으로 규정되어 있다. 즉, 초단시간 노동자는 현재 5인 미만 사업장과 마찬가지로 노동관계법 적용의 사각지대에 있는 것이다.

그런데 업무 자체가 정말로 잠깐씩만 사람이 필요한 일이 아니고선, 주 15시간 이상의 노동이 불가피함에도 불구하고 주 15시간 미만으로 노동자를 채용하면 오히려 노동자를 관리하는 데 불편함과 문제가 발생할 수밖에 없다. 초단시간 노동은 정책에 의해 확대된 만큼 공공 부문을 중심으로 급격히 증가했는데, 대표적인 업무가 돌봄 노동이었다.

박근혜 전 대통령의 대선 공약은 초등학교 무상 돌봄교실 운영이었다. 박근혜 정부는 초등돌봄교실을 확대했고 돌봄교육에 투입되는 돌봄교사를 바로 초단시간 노동자로 채웠다. 당시 돌봄 노동자들, 돌봄교사들은 주15시간 이상을 일하게 되면 초단시간 노동에서 제외되기 때문에, 근로계약 자체를 월~목은 3시간, 금요일엔 2시간 30분으로 계약하는 식으로(주14시간 30분으로) 맺었다. 그러나 돌봄교사들은 거의 출근 시간보다 일찍 출근해서 퇴근 시간보다 늦게까지 일해야 했다. 결국 2014년 돌봄교사들은 근로계약 내용을 공개했다. 법을 준수하고 올바른 노동관계를 솔선수범해야 할 정부가 오히려 법의 빈틈, 법의 사각지대를 악용하여 노동자들과 초단시간 근로계약을 맺고, 무료노동을 강요했다는 사실은 많은 사람들에게 충격을 주었다.*

그러나 고용노동부는 정부의 정책에 따라, 실제 근로한 시간과 무관하게 근로계약서를 기준으로 초단시간 노동을 판단해야 한다는 말도 안 되는 해석을 했다. 결국 법원이 근로계약서라는 형식이 아니라 출근과 퇴근, 업무의 성격과 지시·감독이 이루어지는 방식이라는 '실제 어떻게 일하고 있는가'에 따라 판단해야 하며, 실제로 주 15시간 이상 일했다면 초단시간 노동자가 아니라는 판결을 내렸다.** 즉, 초단시간 근로계약서에도 불구하고 주 15시간 이상 일했다면 주휴수당, 연차수당 발생, 퇴직금 적용, 4대보험 가입 등이 발생한다. 결과적으로 정부가 노동자들의 주휴수당, 연차수당, 퇴직금 등을 떼어먹기 위해 초단시간 노동을 활용했다는 점이 드러났다. 노동자들은 국가, 공공기관을 신뢰하며 일했는데, 오히려 임금을 불법적으로 착취당한 것이다.

초단시간 노동 외에 일반적인 단시간 노동과 관련해서 특히 주의할 점은 단시간 노동의 경우, 약속한 노동시간을 초과하는 노동을 했을 때 초과근로에 대한 가산수당을 지급받아야

---

*   무료노동이란 첫 번째, 계약한 시간보다 더 일하고도 더 일한 시간에 대한 대가를 받지 못하는 경우를 말한다. 즉, 6시간만 일하기로 하고는 6시간 반 또는 7시간씩을 일하면서도 6시간 치의 임금만 지급받는 것이다. 두 번째, 실제로는 주 15시간 이상 일하지만 주 15시간 미만만 일하기로 초단시간 근로계약을 함으로써 주휴수당, 연차수당과 같이 정당히 지급되어야 할 수당들을 지급받지 못하는 노동을 말한다. 대부분의 초단시간 노동자들은 두 번째 무료노동뿐만 아니라 첫 번째 무료노동도 수행한다.

**   서울고등법원 2018. 5. 16. 선고 2017누76410 판결.

한다는 점이다. 예를 들어 하루 4시간씩 주 5일 일하기로 했지만 실제로는 하루 5시간씩 일했다면, 초과로 일한 1시간은 연장근로수당으로 50퍼센트 가산을 해야 한다. 따라서 단시간 고용 꼼수를 부리려다가 사용자는 오히려 연장근로가산수당 폭탄을 맞을 수 있다.

이러한 문제는 애초에 업무의 특성과 필요에 따라 단시간 노동자를 쓰는 것이 아니라 정부가 정책적으로 고용률을 높이기 위해 의도적으로 단시간 노동자의 고용을 촉진하거나, 사용자가 법률상 제한을 피해 싸게 노동자를 쓰려고 해서 발생한다. 업무의 특성에 따라 상시적 업무라면 정규직 노동자를 고용해야 한다. 비용 절감을 목적으로 단시간 노동 및 초단시간 노동을 사용해서는 안 된다.

5. 비례보호의 원칙, 문제는 없는가?

근로기준법은 제18조(단시간근로자의 근로조건)에서 "단시간 근로자의 근로조건은 그 사업장의 같은 종류의 업무에 종사하는 통상 근로자의 근로시간을 기준으로 산정한 비율에 따라 결정되어야 한다"라고 정하고 있다. 주 20시간 일하는 단시간 노동자는 주 40시간 일하는 노동자의 근로시간에 비례하여 주 휴시간을 8시간이 아니라 4시간을 보장받으며, 1년차에 15일의 연차가 아니라 60시간(7.5일)의 연차를 보장받는다. 이를 비례보호의 원칙이라고 하는데, 이러한 비례보호는 근로시간이 짧은 것을 이유로 근로조건을 차별하는 것이 합리적이고 타당한 경우에만 적용되어야 한다.

이러한 비례보호의 원칙은 꽤 합리적으로 보인다. 그러나 현실에서 비례보호 원칙은 지나치게 남용된다. 일례로 단시간 노동자는 호봉이라는 게 없어, 1년을 일하든 5년을 일하든 임금이 똑같거나 최저임금만큼만 오른다. 이러한 정규직과 비정규직의 차이는 비례보호의 원칙을 뛰어넘는 문제이다. 또한 단시간 노동자라고 해서 출퇴근 시간이나 출퇴근에 드는 비용이 절반으로 줄지 않으며, 명절휴가비가 절반만 필요한 것도 아니다. 점심시간에 식사를 반만 하지도 않으며, 출장에 소요되는 비용도 정규직과 동일하다. 즉, 이러한 복지비용은 비례보호의 원칙과 무관하며, 시간과 상관없이 정규직이든 단시간 노동자든 동일한 비용이 지급되어야 한다. 그러나 실제 많은 회사들이 단시간 노동을 이유로 시간에 비례해 복지비용(출퇴근비, 명절휴가비, 식사보조비, 출장비 등)을 지급한다.

네덜란드의 경우 1996년 동등대우법Equal Treatment Act을 제정해 근로시간과 상관없이 동등 대우를 해야 한다는 일반원칙을 법으로 세웠다. 이 법은 사용주가 임금, 초과근로수당, 보너스, 훈련, 휴일급여나 부가급여 등을 같은 조건으로 부여하도록 강제한다. 특히 시간제 노동자의 대부분이 단체협약의 적용을 받기에 차별에 대응하기가 수월하고, 시간제 일자리의 65퍼센트가 정규직 일자리(고용의 기한이 없고, 해고가 제한됨)로

운영되고 있다.*

현재 한국의 법원이나 고용노동부는 근로기준법 제18조를 이유로 복지비용을 근로시간에 비례하여 지급할 수 있다는 입장이다. 이 때문에 단시간 노동에 대한 차별이 점차 확대되면서, 근로조건의 차이도 확연해지고 있다. 이러한 상황을 개선하기 위해서는 근로기준법상 비례보호 원칙 자체가 수정되어야 한다. 특히 근로시간만을 절대적 기준으로 삼아 비례보호의 정도를 적용할 것이 아니라, 노동자의 기본적 생활이 보장될 수 있도록 그 정도를 제한해야 한다. 예를 들어, 하루 4시간만 일한다고 했을 때 8시간 노동을 하는 노동자에 비해 임금의 50퍼센트가 지급되는 것이 아니라, 출퇴근, 휴식 사용의 어려움, 압축 노동의 실질을 고려해 최소 60~70퍼센트 이상의 수준으로 제한해야 한다.

비례보호 원칙을 수정하고, 단시간 노동자에 대한 보호를 강화하고, 유연한 근로시간을 이용하는 사용자에 대한 책임성을 강화해야만 현재의 단시간 노동자의 무분별한 활용, 단시간 노동자의 열악한 노동조건, 초단시간 노동자의 탈법적 사용에 대한 근본적인 규제가 가능하다.

---

*   이수정·남우근, 〈압축노동:시간제노동의 두 얼굴〉, 《압축노동: 시간제 노동의 두 얼굴 토론회 자료집》, 한국여성노동조합 외, 2013.

6. 간접고용의 문제와 확산 배경

　현실에서는 용역, 하청, 도급, 사내하도급, 아웃소싱 등 수 없이 많은 간접고용관계가 존재하지만, 법률상의 간접고용관계는 간단하다. 파견관계인가, 도급관계인가. 파견관계와 도급관계에서는 모두 노동자인 '나'를 고용한 사장 위에 또 다른 사장이 존재한다. 사장이 둘 이상인 것이다. 원청에 하청, 재하청에 재재하청으로 이어져 사장이 여럿이 될 수도 있다.

　그렇다면 파견관계와 도급관계의 가장 중요한 차이점은 무엇일까? 노동자인 나에게 일을 시키는 사장이 나를 직접고용한 사장이라면 도급이며, 나를 고용하고 나에게 임금을 지급하는 사장과 나에게 일을 시키는 사장이 다르다면 파견이다. 법률상으로 파견은 노동자가 A사업주(파견사업주)와 근로계약을 하지만(파견관계), 노동자는 B사업주(사용사업주)의 사업장소에서 B사업주의 지휘감독을 받으며 일해야 하는(사용관계) 관계를 말한다. 즉, 노동자와 직접 관계된 사용자가 2명이고, 사용사업주-나(노동자)-파견사업주라는 삼각관계가 형성된다. 도급은 사장이 2명이지만, 도급인-수급인-나(노동자)라는 단선적인 관계다. 도급인이 수급인의 노동자인 나에게 업무를 지시하는 일은 거의 발생하지 않는다.

　둘 다 간접고용관계이지만, 도급은 나에게 일을 시키는 사용자(사장)와 나에게 임금을 주는 사업주가 같기 때문에 모든 노동에 관련된 문제를 수급인인 사업주에게 이야기하면 된다.

좀더 간명한 관계다. 그러나 파견은 나에게 임금을 주는 사업주와 나에게 일을 시키는 사업주가 다르기 때문에 문제가 복잡해진다. 일을 하다가 조퇴나 휴가 사용, 휴직 등의 문제가 발생하면 파견사업주에게 말해야 할까, 사용사업주에게 말해야 할까? 업무, 근로시간에 대한 일정을 사용사업주가 담당하고 있으니 사용사업주에게 말하고 동의를 받으면 되는 것인가? 그러나 근로시간은 임금에 영향을 주기 때문에 파견사업주와도 관계가 있다. 그럼 파견사업주에게만 말하고 동의를 받으면, 사용사업주에게 동의를 받지 않아도 되는가?

한 사무직원의 사례를 확인해보자. 흔히 경리라고 불리는 일을 하는 한 씨는 매일 아침 A회사로 출근하지만, 한 씨는 A회사 소속은 아니다. 한 인터넷 사이트에서 A회사로 출근해서 일하는 내용의 모집공고를 보고 지원했고 근로계약서를 쓰고 출근을 시작했다. 그래서 당연히 A회사 소속 직원인 줄 알았다. 그러나 월급통장에 전혀 모르는 회사의 이름이 찍혔다. 그리고 한 씨는 A회사 직원들 임금부터 금전출납 전반에 대한 사무를 관리하고 있는데, 본인 근로에 대한 내역은 관리를 안 했다. 알고 보니 한 씨는 A회사 직원이 아니었다. B인력업체 소속이었다. 파견이었다. 처음엔 내 소속이 A인지, B인지가 뭐가 중요한가 싶었고 상관없다 싶었다. 그런데 갑자기 몸이 아파서 조퇴를 하려고 A회사에 알렸더니, 평소에는 격의 없이 지내던 담당자가 한 씨는 A회사 소속이 아니라며 B회사에게 말하란다. 그런데 막상 B회사에 연락하려고 하니, B회사가 어디 있느지도 누구에게 연락해야 하는지도 모르겠다. 멍해졌다. 순간 한 씨는 이러다 정말 심각하게 다치거나 임금에 문제가 생기면 누구한테 문제를 제기해야 할지 막막해졌다.

이런 사례는 생각보다 흔하다. 아무런 문제없이 직장생활을 할 수 있다면 좋겠지만, 일을 하다보면 임금이 잘못 계산되거나, 갑자기 아파서 출근을 늦추거나, 집에 일이 생겨 조퇴해야 하는 일들이 생긴다. 그런데 나와 관계된 사용자가 한 명이 아니라 두 명, 세 명이 되다보면, 누구에게 허락이나 동의를 받고 문제를 해결해야 하는지 알기 어렵다. 실제로 사업주들은 책임을 서로 다른 사업주에게 떠넘긴다. 결국 발만 동동 구르게 되는 건 노동자뿐이다.

고용관계가 언제나 이렇게 복잡했던 것은 아니다. 근로기준법은 사용자와 노동자 간의 직접고용을 원칙으로 한다. 근로기준법 제9조(중간착취의 배제)는 "누구든지 법률에 따르지 아니하고는 영리로 다른 사람의 취업에 개입하거나 중간인으로 이익을 취득하지 못한다"라고 규정하고 있으며, 이를 어기는 경우 5년 이하의 징역 또는 5,000만 원 이하의 벌금에 처하도록 하고 있다. 중간착취는 외형상 인신매매와 구분하기 어렵다. 내가 직접 일하지 않고 누군가가 일한 대가에서 일부든 전부든 이익을 취하는 것이기 때문이다.

다만, 근로기준법은 법률이 정하는 경우 중간착취가 일부 가능하도록 하고 있는데, 그 해당 법률이 직업안정법과 파견법이다. 1997년 파견법 제정 전에는 근로기준법과 직업안정법에 의해 파견관계는 법률로 금지되었다. 노동자와 사용자는 직접 고용관계를 맺어야 했으며, 직접 사용자만이 노동자의 업무에 대한 지휘감독이 가능했다. 따라서 노동자는 문제가 발생하면 자신과 고용관계를 맺은, 임금을 주고 일을 시키는 사용자에게 말하면 되었다. 그러나 1997년 파견법이 근로기준법상 중간착취 금지 및 직업안정법에 대한 중대한 예외로 허용된다. 다만, 파견관계로 인한 노동관계의 복잡성과 그로 인해 노동자를 보호하기에 취약하다는 문제점을 고려하여 파견이 허용되는 업종을 26개로 제한한다. 그러나 '간접고용 관계는 절대 안 된다'는 대원칙이 무너지고 간접고용이 가능하다는 메시지가 사회에 던져지자, 간접고용관계는 급속하게 증가했다.

통계청은 매년 8월의 경제활동인구조사 근로형태별 부가조사 결과를 발표하는데, 파견법이 시행된 이후에도 파견근로는 조금씩 증가하지만 2010년까지 전체 근로형태에서 차지하는 비중이 약 1퍼센트 내외 수준이다. 반면 용역근로라고 불리는 근로형태는 2002년 2.4퍼센트에서 2010년 3.6퍼센트로 증가한다.[*] 이는 파견이라는 간접고용 형태의 허용으로 인해, 합

---

[*] 용역근로자란 용역업체에 고용되어 이 업체의 지휘하에 이 업체와 용역계약을 맺은 다른 업체에서 근무하는 형태를 의미하는데, 통계청은 질문에서 임금을 파견업체에서 받는지, 용역업체에서 받는지를 물어 파견업체에서 받는다고 하는 경우 파견 노동자로, 용역업체에서 받는다고 답하는 경우 용역노동자로 분류한다. 이기쁨·지상훈, 《2020 KLI 비정규직 노동통계》, 한국노동연구원, 2020, 2쪽.

법적인 파견관계**가 아니라 불법적인 파견관계(용역 등)가 오히려 더 빠르게 증가하고 있다는 것을 보여준다.

7. 파견법의 내용과 파견을 비롯한 간접고용의 문제점

기간제법은 기간제 노동이 확대되는 과정에서 제정되었다. 반면 파견법은 이 법이 제정됨으로써 파견을 비롯한 간접고용이 급속히 확대되는 효과를 가져왔다. 파견법은 신호였다. '이제 노동자를 직접고용하지 않고 간접고용을 사용할 수 있다.' '사용자로서의 책임을 다하지 않으면서 노동자를 사용할 수 있다.' 파견법의 허용 업종 제한과 무관하게 사용자들은 필요에 따라 간접고용관계를 무한정 확대했다. 그 방증으로 파견법에 따른 파견 노동자의 수치보다도 더 많은 수의 불법 파견노동이 늘어났을 거라는 짐작과 보고가 파견법 제정 이후 지난 20년간 계속 있었다. 때로는 '용역'이라 칭하고, 때로는 '사내하청'으로 칭했다. '위탁'도, '도급'도, '아웃소싱'도 가져다가 썼다. 그러나 간접고용 관계를 칭하는 용역, 하도급(도급), 위탁,*** 아웃소싱, 사내하청(하청)은 그냥 쓰는 말일 뿐, 정확한 정의와 의미가 있는 것은 아니다.

** 합법적인 파견관계란 파견법상 파견이 가능한 직종으로 허용된 업에서 파견법에 의해 등록된 파견업체에 소속되어 파견 일을 하는 경우를 말한다.

파견법의 구조와 내용

조문	내용
제1~4조	목적과 정의, 정부의 책무와 파견사업의 조사·연구에 관한 규정
제5~6조	제5조는 파견이 가능한 대상업무를, 제6조는 파견기간(원칙 1년, 합의로 1년 초과 가능) 제한을, 제6조의 2는 고용의무(2년 초과사용 시 직접고용 의무)
제7~13조	파견사업의 허가와 파견 결격 사유, 허가기준, 허가 유효기간, 허가취소 등
제14~19조	겸업 금지, 명의대여 금지, 쟁의사업장 파견 제한, 파견사업주 준수사항
제20~22조	파견근로계약 시 파견의 내용 서면 명시, 차별적 처우 금지, 계약의 해지 제한 등
제23~29조	파견사업주의 의무사항
제30~33조	사용사업주의 의무사항

그런데도 우리는 보통 파견이라는 말보다 용역, 하도급 등의 명칭에 더 익숙하다. 그러나 명칭과 무관하게 이러한 관계는 파견관계(파견법)나 도급관계(민법) 중 하나이다. 도급관계의 가장 큰 특징은 사업주가 해당 업무의 전문가라는 것이다. 원청이나 일을 맡긴 도급인보다 수급인, 하청이 더 전문가이기 때문에, 원청·도급인이 하청·수급인에게 일을 지시하거나 일

*** 민법은 위탁-수탁관계도 규정하고 있지만, 민법상 위수탁관계는 법률행위나 사무의 처리를 다른 사람(변호사, 노무사, 세무사, 법무사 등)에게 맡기는 것을 의미하며 일반적인 사업의 일부, 노동의 일부를 다른 업체나 사람에게 맡기는 노동관계에서의 위수탁을 의미하지 않는다.

에 간섭하는 경우는 거의 없다. 노동자 역시 나의 고용조건이나 근무일, 업무방식 등에 관해 고용한 사업주의 지시만 받고 따른다.

그러나 용역, 하도급 등은 어떤가? 노동자의 고용에 관계된 사업주는 하나 이상이다. 그리고 노동자를 고용한 사업주는 사업체라는 형식만 갖추었을 뿐, 해당 사업을 위한 기계도 장소도 가지고 있지 않다. 전문성이라고? 청소일이라면 노동자인 내가 업체보다 더 전문가다. 자동차 조립일이라면 노동자인 내가 업체보다 더 잘 안다. 근무일, 연장근로 여부, 임금의 수준, 휴가일 등을 결정하는 데 용역, 하도급 등의 업체는 결정권이 거의 없다. 원청의 지시와 수주량, 원청 스케줄에 따라 노동자의 근로조건 전반이 결정된다. 즉, 용역, 하도급 등은 도급관계가 분명 아니다. 그렇다면? 바로 명칭과 관계없이 모두 파견관계에 해당한다.

그런데 왜 파견이라고 하지 않는가? 파견은 파견법에 따라서 애초에는 26개 업종, 그리고 현재는 32개 업종에만 허용되어 있다.**** 그런데 청소일이나 자동차 조립업무 같은 일은 허용 업종에 해당하지 않는다. 파견법에서 허용하지 않는 업종에서 이루어지는 간접고용, 파견관계는 불법에 해당한다. 즉, 불법파견이다. 만약 용역, 하청, 사내하도급, 아웃소싱 등의 명칭으로 일하고 있다면, 혹시 내가 바로 불법파견 상태에서 일

**** 파견허용 업종은 파견법시행령 제2조 제1항에 따라 별표1에서 정하고 있다.

하고 있는 것은 아닌지 확인해볼 필요가 있다. 이러한 파견 상태는 불법이기 때문에, 노동자들은 간접고용이 아니라 사용사업주에 직접고용되어 있는 것과 마찬가지이고, 사용사업주에게 직접고용을 요구할 수 있다.

그러나 법은 멀고, 현실은 가깝다. 법을 찾기도 전에 노동자는 거리로 내몰렸고, 생계를 위해 새 일자리를 찾다가 지난 과거는 잊힌다. 소수의 노동자만이 개인적으로 다투거나 노동조합을 통해 투쟁해서 부당한 해고를 막아내고, 일자리를 지키고, 노동조건을 개선했다. 파견법이 도운 건 아니다. 파견법은 사용자에게 핑계만을 제공했다. 불법파견을 점검해야 할 고용노동부는 파견관계를 확인할 능력도 의지도 없었다. 법원에서 현대자동차 등 자동차 업계의 사내하도급이 불법파견이라고 확인한 지 수년이 되도록, 고용노동부는 불법파견 진정을 처리하지 않곤 했다.*

파견 등의 간접고용은 두 가지 점에서 중대한 문제가 있는데, 우선 간접고용을 이용한 노동조건의 통제다. 대기업의 하청의 하청 노동자들은 대기업 정규직의 50퍼센트도 되지 않는

---

* 사내하도급이란 일감을 준 원청업체 사업장 안에서 하청업체 사업주가 일부 생산 공정이나 업무를 책임지고 수행하는 간접고용이다. 진정한 하도급, 도급 관계는 원청의 업무의 일부를 도급사업주가 독자적으로 수행하고 결과만 내면 되는 데 반하여, 사내하도급은 원청의 사업장 내에서 원청의 관여와 지시를 받으며 노동자들이 일하면서도 근로계약은 하청업체와 체결하고 임금을 지급받기 때문에 불법파견의 소지가 높으며, 실제 자동차 생산공장의 대부분의 하도급관계는 불법파견으로 인정받았다.

임금을 받는다.** 그러면서도 하청기업의 지불 능력 때문에 이 것이 불가피하다고 한다. 하청기업의 노동자들은 노동조합을 만들어도 하청의 지불 능력 때문에 근로조건 개선도 실질적으로 얻어낼 수가 없다. 즉, 간접고용을 통한 임금 통제, 노동조건 통제가 이루어진다.

둘째, 노동조합을 만들 수 없거나, 노동조합을 만들어도 제대로 교섭을 할 수가 없다. 노동조합을 만들려는 순간 하청 업체는 스스로 폐업하면 되기 때문에 노동조합을 만들 수도 없고, 노동조합을 간신히 만들어도 원청을 상대로 교섭을 할 수 없기 때문에 노동조건을 개선하는 것도 불가능하다. 즉, 간접고용 자체가 노동조합을 애초에 무용지물로 만들어버린다.

물론 파견법 안에 파견 노동자를 보호할 규정이 전혀 없는 것은 아니다. 파견 업종은 제한되어 있고, 파견노동을 2년 이상하면 사용사업주는 파견 노동자를 직접고용할 의무를 진다. 불법파견의 경우에는 고용한 지 2년이 되지 않았다고 하더라도 즉시 직접고용의 의무가 발생한다. 하지만 대부분의 간접고용 노동자들은 합법파견인지, 불법파견인지 판단을 받을 기회도 없이 이중적 감독과 통제 속에서 원청의 정규직과 같은 일을 하면서도 절반의 임금만 받았으며, 더 긴 시간 일하고 더 힘

** 전국금속노동조합·전국불안정노동철폐연대·정의당 노동이당당한나라본부, 《제조업 간접고용 차별실태 증언 및 해결방안 모색 국회 토론회 자료집》, 2019년 2월 28일, 전국금속노동조합·전국불안정노동철폐연대·정의당 노동이당당한나라본부.

들고 더러운 일을 책임져야 했다. 최근 거듭해서 발생한 산재 사망사고의 대부분은 간접고용 노동자들에게 일어났다. 구의역에서 스크린도어를 수리하다 열차에 치여 사망한 김모 군도, 태안화력발전소에서 일하다 사망한 김용균 씨도 하청 노동자, 간접고용 노동자였다. 이처럼 파견법이 간접고용 노동을 비롯한 합법, 불법 파견노동을 통제하거나 억제할 수 없다는 점이 너무나 명확해졌다. 이 때문에 파견법 폐지에 대한 목소리가 점차 커지고 있다.

파견법이 처음 제정되고 한동안 간접고용, 불법파견의 확대에 대한 우려로 파견법 폐지의 목소리가 높았다. 그러나 간접고용관계가 한국 사회 고용구조의 한 축으로 자리를 잡아가면서 파견법을 폐지하기보다는 개정을 통해 간접고용관계, 불법파견을 억제하고자 했다. 그러나 파견법이 제정되고 20년간 파견법은 한 번도 간접고용을 억제하거나 불법파견을 견제하지 못했다. 합법적 파견 노동자들의 상황도 마찬가지였다. 이에 간접고용 자체에 대한 문제가 제기되었다. 원청은 하청 노동자들의 임금과 노동조건에 절대적인 영향을 미치며, 하청 노동자들의 노동을 통한 이익의 대부분은 원청의 몫이었다. 그런데 원청이 사용자는 아니다? 이게 무슨 〈홍길동전〉인가.

한국 사회에 간접고용이 확대되기 시작한 지 20년, 이제 간접고용 노동자들은 경험을 통해 알아가고 있다. 간접고용 노동자의 노동조건이 열악한 이유가 개인의 문제가 아니라 이 사회의 고용구조에서 비롯한 문제라는 것이다. 간접고용이라는 이중, 삼중의 착취를 통해 누가 이익을 가져가고 있는지, 노동자는 왜 이러한 열악한 노동조건의 악순환에서 벗어날 수 없는지를 물어야 한다. 이러한 문제가 개별 기업, 개인의 능력에서 비롯하는 것이 아니고, 간접고용 자체가 문제라는 것을 많은 이들이 알아가고 있으며, 간접고용 자체를 규제해야 한다는 목소리가 높아졌다. 나아가 간접고용을 억제하기 위해서는 간접고용의 신호탄이자 근거인 파견법을 손대야 한다는 이야기까지 나온다. 파견법을 손봐서 이러한 문제를 해결할 수 있을 것인지, 파견법을 폐지해야 하는지는 아직도 논쟁 중이다. 그러나 손봐서 해결할 수 있는 문제였다면, 한국 사회의 간접고용 문제, 불법파견과 합법파견의 문제가 이렇게까지 심각해졌을까 싶다.

사회보장제도:

국가의 의무이자 사회 구성원의 권리

신순영

1. '사회보장'이란?

사회보장*은 인간이 살아가면서 맞게 되는 각종 사회적 위험으로부터의 안전을 국가가 보장한다는 의미다. 자본주의 사회는 필연적으로 빈곤을 동반한다. 구조적인 문제인 빈곤은 개인의 책임이 아니며, 사회 구성원으로서 안전하게 살아갈 권리는 누구나 누려야 한다. 이를 위해 사회보장제도를 실시하고 사회 구성원의 안전한 삶을 책임질 의무가 국가에 부여되었다.

현대적 제도로 발전한 사회보장은 산업화와 자본주의가 발흥한 서구에서 시작되었다. 사회의 격변 및 자본주의 체제의 생성과 발전에 따른 구조적 빈곤과 각종 사회적 위험은 많은 이들의 삶을 위기로 몰아넣었다. 사회의 동요를 막고 노동력 재생산을 유지하기 위해 빈곤과 갈등을 해결하기 위한 관리와 통제 방안으로 국가가 고안한 법과 제도가 근대적 사회보장제도의 출발점이 되었다. 사회보장제도는 이후 산업화와 자본주의의 역사적 전개, 노동자 세력화와 사회권 진전의 수준과 밀접하게 연관되어 변천해왔다.

1948년 제2차 세계대전 종전 이후 출범한 UN은 12월 10일 세계인권선언을 발표했다. 세계인권선언 제22조는 "모든

---

* 사회보장(Social Security)이라는 용어는 1935년 미국에서 처음으로 공식화되었다. 제1차 세계대전 이후 세계를 휩쓴 대공황은 서구 주요국에서 사회경제적 위기를 발생시켰고, 대량실업 상황을 극복하기 위해 미국에서 루스벨트 대통령이 뉴딜정책을 실시하며 '사회보장법'을 제정한 것이 시작이었다.

사람은 사회의 구성원으로서 사회보장을 받을 권리가 있다"라고 선언하며, 제23~27조는 노동, 휴식과 여가, 건강과 안녕, 교육, 문화생활에 관한 권리, 즉 사회권을 명시하고 있다. 이러한 사회권 개념은 오늘날 대부분 국가의 헌법과 기본법이 수용한 인간 존엄과 권리의 초석이 되었다. 1952년 ILO는 사회보장 최저기준에 관한 조약을 시작으로 내외국인 균등처우, 권리유지, 출산보호, 고용재해급여, 장애·노령·유족급여, 의료 및 상병급여, 고용촉진 및 실업보호, 주요 산업재해 예방 등에 관한 조약과 권고 등을 차례로 채택했다. 이들 조약은 개별 국가의 비준 여부에 따라 효력을 달리하지만, 사회보장의 보편화와 국제화 및 노동이주의 급증에 따른 노동자 보호 등을 위한 하나의 기준으로 유효한 의미를 갖는다.

시장을 중심으로 돌아가는 자본주의 경제 체제에서 무한 경쟁에 내몰리는 개인은 실업과 각종 사회적 위험에 직면할 수밖에 없다. 그러한 위험을 개인의 힘으로만 감당해야 한다면 사회적 약자의 생존 자체가 위협받는 상황이 반복되므로 국가가 제도적으로 이를 책임져야 한다는 사실이 역사를 통해 확인되었고, 모든 사람이 보장받아야 하는 사회권이 되었다. 시대와 사회에 따라 운용과 작동 방식은 다르지만, 자본주의 후발국에서도 빈곤에 대한 국가 책임은 자연스럽게 제도화될 수 있었다. 현대 국가에서 사회보장은 법과 제도를 통해 구현되며, 주로 경제적 측면에 집중해 개인의 생활을 영위할 수 있는 최저선의 소득 보장을 목표로 삼는다.

그러나 법과 제도는 언제나 현실과의 긴장을 동반한다. 개인의 능력과 경쟁을 중시하는 이데올로기가 지배적인 사회 체제에서는, 사회보장과 복지를 비용 논리 중심으로 사유하고 복지가 필요한 이들을 무능력하고 나태한 사람으로 낙인찍는 경우가 많다. 선별적이고 권위적인 제도 시행 과정에서, 사회보장을 개인의 문제나 부족함 때문에 필요한 것으로 간주하는 경향이 발생하는 것이다. 또한 사회보장제도의 사각지대를 메우는 민간기관의 역할이 증대되면서 사회보장이 권리가 아닌 시혜나 원조·자선 등을 통해 보충될 수 있는 것으로 왜곡되기도 한다.

그래서 사회보장제도를 바라보는 시각이 중요하다. 법과 제도는 시대와 사회 현상이 반영된 구성물이며, 사회 구성원의 합의와 힘의 관계에 따라 재편되는 것이다. 구조적인 빈곤과 사회적 위험이 상존하는 상황에서 누군가 빈곤에 빠질 수밖에 없다면, 빈곤한 사람들을 위한 사회보장제도는 당연히 마련되어야 하는 것이다. 누구나 인간의 존엄을 지키며 살아갈 수 있어야 한다는 사회권의 정신은, 선언이 아니라 구체적인 제도를 통해 실현될 수 있다.

2. 사회보장제도의 역사

근대적 사회보장제도의 출발점은 1601년 영국에서 만들어진 엘리자베스 구빈법*이다. 14세기 이래 지속된 전쟁과 흑사병의 창궐, 농업과 목축업의 자본주의화를 위한 인클로저enclosure 등으로 중세 봉건 질서가 붕괴되기 시작하고 유랑민이 급증하자, 영국에서는 기존 구빈 정책을 집대성해 빈민에 대한 법을 체계화했다. 빈곤에 대한 국가 책임을 명시한 최초의 제도였으나 실질적으로는 빈곤과 사회적 무질서에 대한 책임을 빈민에게 돌리는 국가의 개입이었으며, 빈민은 통제를 받아야 하는 비도덕적인 존재라는 사회적 낙인을 정당화하는 것이기도 했다.

산업화 초기의 빈민은 오늘날 노동력을 팔아 살아가는 노동자의 원형이다. 토지를 빼앗긴 농민은 유랑민이 되어 도시로 내몰렸고, 강제노동에 동원되거나 빈민이 되었다. 이후 산업화의 진전과 함께 1782년 빈민에 대한 구호 및 고용개선법**이 제정되었고, 1795년에는 공공부조와 사회수당제도의 기원이자 오늘날 최저임금·최저생계비제도의 모델이 된 스핀

---

* Elizabethan Poor Law, 빈민에 대한 평가를 통해 근로능력이 있는 경우 작업장에서의 강제노동을 전제로 최소한의 구호를 제공하고, 이를 거부하거나 근로능력이 없는 경우 구빈원에 수용하며, 빈곤아동은 도제화하는 등 빈민을 집단화하고 차별적 대우를 법제화하는 것이었다. 이를 위해 구빈세를 도입하고 전국적이고 통일적인 구빈행정의 원칙을 확립했다.

** Act for the Better Relief and Employment of the Poor, 작업장 빈민에 대한 비인도적인 노동 착취를 개선하고 노령·질병·장애·고아 상태의 빈민에 대한 원외구호를 확대하는 내용을 담은 것으로 길버트법(Gilbert Act)이라고도 불린다.

햄랜드제도***가 실시되었다. 저임금 노동자의 생존권을 국가가 보장하는 중요한 전환이었지만, 프랑스혁명의 영향으로 영국 사회가 동요하는 것을 막기 위한 고육지책이기도 했다. 그러나 이는 빈곤이 개인 책임이고 사회보장은 국가 부담을 높이며 근로의욕을 감소시킨다고 믿는 자유주의자들의 반발을 불러왔고, 1834년 신구빈법**** 제정으로 이어졌다.

한편 사회보장제도의 주요한 한 축인 사회보험제도는 19세기 독일에서 처음으로 시행되었다. 타 유럽 국가들에 비해 상대적으로 늦은 산업화에도 급속한 발전을 거친 독일의 사회경제 개혁은 비스마르크Otto Eduard Leopold von Bismarck를 위시한 국가 관료에 의해 주도되었고, 단기간의 고도성장과 유럽 공황의 여파는 사회적 불평등을 급증시켰다. 노동 계급의 정치운동이 공황 국면에서 노동자 대중에게 사회주의를 급속히 확산시키자 국가의 가부장적 통제를 통한 충성심을 제고하기 위한 방안으로 1883년 질병보험법, 1884년 재해보상법, 1889년 폐질

*** Speenhamland System, 저임금 노동자의 임금 보충을 위해 생계비와 가족 수를 연동한 소득 보장 및 아동수당과 가족수당 등을 제공하는 내용이며, 각 지방별로 조사된 최저생계비를 기준으로 이에 미달할 경우 임금을 보조하는 제도다.

**** New Poor Law, 빈민 구제를 최하계층 노동자 미만의 조건으로 규정하는 열등처우의 원칙과 이조차도 구제를 필요로 하고 원하는 이들에게만 주어져야 한다는 작업장 검사로, 이는 이후 사회보장제도 운영 원리의 근간이 되었다. 그러나 노동자 계급의 빈곤 해결에 무력했기 때문에 1900년대 중반 공식 폐지되었고, 1911년 포괄적 개혁 정책의 일환으로 질병과 실업 문제 해결을 위한 '국민보험법(National Insurance Act)'이 도입되었다.

및 노령연금법 등이 차례로 도입되어 현대적 사회보험의 시초가 되었다.

이후 20세기 중반 두 차례의 세계대전은 서구에서 사회보장제도가 확립되는 데 결정적인 영향을 미쳤다. 1945년 제2차 세계대전 종전과 함께 서구 자본주의 국가에서는 사회 통합과 재건 및 냉전 체제에서의 우위를 유지하기 위한 '복지국가'가 등장한다. 이 시기 영국에서는 현대 사회보장제도의 주요한 원리를 확립했다고 평가받는 《베버리지 보고서Beveridge Report》*가 발표되었고, 전체 국민을 대상으로 하는 사회보장제도는 영국을 시작으로 서구 주요 국가들로 확산되었다. 이러한 배경에는 사회민주주의를 지향하는 정당에 대한 국민의 높은 지지와 조직된 노동자들의 사회적 힘이 있었다.

그러나 세계경제 침체와 자본주의의 구조적 위기는 전후 30년간 이루어진 사회보장제도를 후퇴시키기 시작했다. 1980년대 초부터 영국과 미국을 필두로 신자유주의 기조 아래 국가 개입을 최소화하고 시장만능주의를 신봉하는 사회 정책들이 강행되었다. 급격한 복지지출 축소와 대대적인 공공 부문 민영화, 이를 반대하는 노동조합에 대한 공격은 물론 복지와 그 수

---

* 19세기 후반 이후 단편적으로 발달한 사회보장제도를 체계화하고 효율적으로 개선하기 위한 종합 계획으로, 사회보험과 국민부조를 통한 빈곤 퇴치와 국민의 최저생활 보장이 그 목표였다. 이를 통해 1940년대 중후반 아동수당과 국민의료서비스가 실시되고 1946년 국민보험법, 1948년 기존의 구빈법을 공식 폐기한 국민부조법이 통과되었다.

급자들에 대한 범죄화를 동반하는 보수 회귀의 흐름이 전면화되었다. '대처리즘Thatcherism'과 '레이거노믹스Reaganomics'라는 신조어를 만들어낸 이러한 정책들은 신자유주의 확산이라는 세계경제와의 유기적 연관 속에서 점차 확산되었다. 자본주의 태동기 이래 자리 잡은 국가의 사회보장 의무는 희석되고, 복지가 사회 구성원들의 도덕적 해이와 의존성을 조장한다는 이데올로기 공세가 힘을 얻고 확산되기 시작했다.

한편 북유럽 국가들은 서구 주요국들과는 달리, 공공 부문 고용 증진과 사회복지서비스 확대를 통해 보편주의적 사회보장체계를 강화하는 방향으로 나아갔다. 북유럽 국가들이 신자유주의적 세계경제 질서가 새롭게 구축되는 속에서도 독자적인 사회복지 노선을 견지할 수 있었던 것은 대규모로 조직된 노동운동의 격렬한 투쟁과 사회적 대타협, 그리고 사회민주주의적 입법을 통한 복지국가 확대의 기본원칙이 20세기 초부터 확립되었기 때문이다.

오늘날 노동유연화와 무한경쟁을 앞세운 신자유주의는 빈곤과 불평등, 양극화를 심화시키며 수많은 국가에서 사회문제를 발생시키고 저항을 야기하고 있다. 자본주의의 구조적 위기는 고용을 시장에 맡기고 빈곤을 개인의 책임으로 돌리는 것으로는 해결될 수 없다. 그러나 이러한 문제를 공공성의 확대와 적극적인 사회보장제도로 해결하려는 국가는 많지 않다. 사회보장이 인간 존엄을 떠받치는 사회안전망이 되기 위해서는, 노동자와 시민의 조직된 힘이 강력한 사회적 견제장치로 작동할 수 있어야 한다.

3. 한국의 사회보장제도

　현재 한국의 사회보장제도는 1995년에 제정된 사회보장
기본법에 전반적인 내용이 포괄되어 있다. 법에 따르면 사회보
장은 "출산, 양육, 실업, 노령, 장애, 질병, 빈곤 및 사망 등의 사
회적 위험으로부터 모든 국민을 보호하고 국민 삶의 질을 향상
시키는 데 필요한 소득·서비스를 보장하는 사회보험, 공공부
조, 사회서비스"(사회보장기본법 제3조)로 정의된다.* 사회보험
은 4대보험으로 일컬어지는 국민연금, 건강보험, 고용보험, 산
재보험이 시행 중이고, 공공부조로는 국민기초생활보장제도
와 의료급여제도가 시행되고 있다. 사회서비스는 국민의 인간
다운 생활을 보장하기 위한 국가와 지방자치단체 및 민간 부문
의 다양한 복지제도와 지원을 포함한다.
　한국은 1948년 제헌헌법에서 "생활유지의 능력이 없는

---

*　사회보험은 인간이 살아가면서 겪게 되는 질병과 노령, 실업, 부상과 장해 등
　다양한 구조적 위험에 대비하는 지원하는 것으로 4대보험이 대표적이며, 공
　공부조는 구조적 빈곤이나 장애 등으로 자립적인 생계유지가 어려운 이들의
　최소한의 생활 보장을 위한 국민기초생활보장제도가 대표적이다. 사회서비
　스는 4대보험과 공공부조를 제외한, 복지와 관련된 정부와 지자체 및 민간 부
　문의 각종 프로그램과 제도를 통칭하는 시스템이다.

자"에 대한 국가의 보호(제19조)를 규정했다. 산업화 및 자본주의화 과정에서 국가 관리의 필요와 노동자의 권리 요구에 대응해 사회보장제도가 발전한 서구와는 달리, 현대적 국가 수립과 동시에 국가의 보호 규정이 마련된 셈이다. 그러나 한국전쟁과 전후 복구 시기를 지난 1961년에야 이를 실현하기 위한 생활보호법이 제정되었고, 별도의 실행 예산이 마련된 것은 1966년이었다.

1960년대 이후의 급속한 공업화와 도시화는 절대빈곤의 감소를 가져왔지만 사회문제와 불평등을 확대시켰다. 국가적인 동원 체제를 통해 고도의 경제 성장을 진두지휘한 박정희 정부는 개정헌법에서 국민의 생존권과 복지국가 의무를 규정하고 1963년 사회보장제도의 내용과 형식을 포괄하는 사회보장에관한법률을 제정하는 등 사회보장과 관련한 다양한 법안을 도입했다. 그러나 군사독재 정권의 정당성을 확보하기 위한 정치적 선언의 성격이 짙었고, 거듭된 경제개발 5개년 계획은 명확히 '선성장 후분배' 논리를 기반으로 추진되었다.

1980년대에는 전두환 정부가 국정 목표로 제시한 '복지사회 건설' 기조 아래 다양한 사회복지 입법과 개정이 추진되었다.** 특히 1987년 6월항쟁과 노동자대투쟁 등을 거치면서, 국

** 군사쿠데타를 통해 집권한 전두환 정부에게는 정권의 정당성과 안보 차원에서도 복지 확대가 필요했다. 또한 고도의 경제 성장이 지속된 1980년에는 국민소득이 급격하게 상승하는 한편으로, 분배와 사회적 형평성을 개선하기 위한 정책 필요성이 증대했다.

가의 사회보장 부문이 확대되었고 국민연금, 의료보험, 최저임금제 등이 실시되기 시작했다. 1993년 출범한 김영삼 정부 시기에는 국민연금·의료보험·산재보험·고용보험 등 4대보험의 제도적 틀이 갖추어지고, 적용 대상도 점진적으로 확대되기 시작했다.

이 시기 노동운동과 노동조합의 성장은 기업복지를 대폭 확대시켰다. 이전까지 열악한 임금 수준을 보완하는 생활보조적 성격으로 식비 지원 및 의료공제 등이 중심이었던 기업복지는, 1980년대 후반부터 학비와 주거비 및 문화생활비 등 다양한 항목들이 추가되었고 규모도 커졌다. 전반적으로 확대된 기업복지제도는 대기업을 중심으로 노사관계의 안정과 노동자의 직장 소속감을 고취시키는 데 큰 역할을 하면서, 유명무실하고 선별적인 사회복지를 대신하는 안전망의 기능을 했다. 기업복지는 1997년 외환위기 이후 전반적으로 대폭 축소되었으나, 경제 회복세와 기업의 임금 지불 능력 회복 및 노동조합의 교섭력 등으로 현재까지 유지되고 있다. 한편 이는 외환위기 이후 악화된 분배 문제의 원인을 대기업 노동조합의 이기주의나 노동운동의 탓으로 돌리는 왜곡된 공격의 빌미가 되기도 한다. 비정규직의 급증과 기업 규모에 따른 복지 수준의 차이가 정규직 노동자나 노동조합의 책임은 아니지만, 노동시장 유연화와 양극화 및 불충분한 사회복지제도로 인한 경제적 격차에 대한 상대적 박탈감이 노동자 내부를 향해 분출되는 양상을 보이는 것이다.

1990년대 중후반까지 한국의 사회보장 정책은 제도적 틀을 갖추는 데 주력한 소극적 성격이었다고 볼 수 있다. 민주화의 진전 및 노동운동과 시민사회의 성장으로 사회적 분배와 형평성 문제의 해결이라는 과제가 부상했지만, 김영삼 정부 시기에는 국민연금과 고용보험 가입 대상 확대 등 기존 제도를 확장하는 수준의 정책이 유지되었다. 제도적 틀을 마련하는 데 중점을 둔 사회보장제도는, 1997년 말 외환위기 이후 급격한 대량실업과 빈곤에 직면하며 실상을 드러냈다. 외환위기를 불러온 원인은 재벌 중심 경제 체제의 정경유착과 금융부실, 부정부패 등으로 누적된 구조적 문제들이었지만, 직격탄을 맞은 것은 평범한 노동자와 가난한 이들이었다.

1998년 집권한 김대중 정부는 '생산적 복지'를 내세우며 경제위기 극복을 위한 실업·빈곤 대책 및 민간 부문의 복지 참여를 대폭 확대했다. 사회보장의 대상과 범위가 제한적이었던 기존의 생활보호법을 폐지하고, 빈곤 해결을 국가의 의무로 규정하고 사회권을 국민의 권리로 명시한 국민기초생활보장제도를 2000년 10월부터 시행했다. 국민기초생활보상제도는 국민의 최저생활을 보장하고 자활을 지원하는 제도임을 표방했지만 취지와 달리, 근로능력·부양의무자·재산 기준 등을 통한 엄격한 수급권자 심사로 지원이 필요한 이들에게서 오히려 복지를 빼앗는 결과를 낳았다. 낮은 빈곤 탈출 효과와 광범위한 사각지대를 발생시키는 제도의 문제점을 지적하는 목소리, 부양의무자 기준과 장애등급제를 폐지하라는 빈곤·장애단체들의 요구가 지속되었다.

　김대중 정부 이후 사회복지 및 사회보장의 정책적 위상은 조금씩 변화하기 시작했고, 이후 집권한 정부들은 '참여복지'(노무현 정부), '능동적 복지'(이명박 정부), '맞춤형·고용 복지'(박근혜 정부) 등의 복지 전략을 표방하며 차별화된 정책을 시도했지만 선별적 복지의 근간은 변함없이 유지되고 있다. 한국의 사회보장제도는 고도의 국가동원과 경제 성장 국면에서 정치적인 목적과 형식적인 선언으로 도입되고 유지되어온 측면이 크다. 노동시장 유연화와 양극화는 갈수록 심화되었지만 해결을 위한 국가의 노력은 미진했고, 가족의 책임을 강조하는 유교적 문화와 기업복지에 의존해온 관행을 기반으로 분배보다는 성장을 지향하는 경제 정책이 지속되었다. 2000년대 이후 높은 실업률과 장기 불황이 계속되고 있지만 빈곤문제와 사회권에 대한 지배세력과 시민사회의 인식은 낮고 변화는 더뎠다. 그러나 2020년 코로나19가 드러낸 현실은, 사회 구성원의 인간다운 삶을 위한 국가의 책임과 사회보장제도의 근본적인 전환 필요성을 높이고 있다.

4. 노동자와 사회보험

　사회보험은 가입자들의 공동 기여를 통한 재분배라는 공공성과 연대성의 원리에 기초한 제도로, 의무가입을 원칙으로 한다. 노동자의 생계유지 방편은 주로 임금이지만, 다양한 사회보장급여 역시 가계에 영향을 미친다. 특히 실업이나 노령, 질병이나 부상 등 위험에 처하게 될 경우 사회보험급여는 생존을 위한 최소한의 대비책으로 중요한 의미를 갖는다. 그러나 현행 사회보험이 사회안전망으로서의 충분한 기능을 하고 있는지, 짚어볼 지점들이 많다. 사회보험 적용은 보험료 부담능력이 있는 대규모 기업에서부터 중소기업으로 확대되었지만, 이 과정에서 노동시장은 대폭 유연화되어 불안정·특수고용 등 비정규직 노동자와 실업 상태의 국민 등이 배제된 대규모의 사각지대가 여전히 유지되고 있기 때문이다.

국민연금은 노령·장애·사망 등에 대비하여 노후소득을 보장하기 위한 사회보험이다. 18세 이상 60세 미만의 모든 국민이 가입 대상이며, 소득 활동 기간에는 보험료를 의무적으로 납입하고 소득이 없는 경우에는 납부예외신청을 통한 중단이 가능하다. 계층 간 소득재분배 효과를 갖춘 공적 연금인 만큼, 투명하고 민주적인 기금 운용으로 모든 가입 대상 국민에게 실질적인 사회보장책이 될 수 있도록 하는 것이 중요하다. 그러나 5년마다 도래하는 재정계산 및 급여액 조정 논의는 적정 소득대체율과 기금 고갈 우려를 둘러싼 뜨거운 논쟁으로 반복되고, 국민연금의 실질적인 보장 확대를 위한 논의는 제대로 진행되지 않고 있다. 국민연금은 가난한 이들에게 유일한 노후소득 보장책이지만 사업주의 외면, 당장의 생계가 급한 노동자의 불가피한 선택 등으로 배제되는 경우가 적지 않기 때문에 사각지대 해소를 위한 종합적인 접근이 필요하다.

건강보험은 의료 불평등을 해소하기 위한 공공의료보험으로, 소득 수준에 따라 보험금을 납부하고 균등하게 보장받는 제도다. 단기간에 전체 국민을 대상으로 확대되었지만 높은 비급여본인부담률* 및 직장 및 지역 가입자로 이원화된 보험료 부과체계는 형평성을 저해하는 문제로 지적되어왔다. 직장가입의 경우 사업주와 노동자가 보험료를 절반씩 부담하기 때문에 상대적으로 보험료가 낮고 직계가족의 피부양자 등록도 가능하지만, 지역가입의 경우 고소득층의 소득 대비 보험료는 낮은 반면 저소득층에게는 실제 소득·재산에 비해 과도한 보험료가 부과되는 경우가 많기 때문이다. 2018년 8월, 정부는 건강보험 부과체계 개편을 통해 소득·재산이 적은 지역가입자 7퍼센트의 보험료 부담을 낮추고 소득·재산이 있는 피부양자의 직장가입 '무임승차'를 방지하는 조치를 시행했다. 그러나 건강보험 미가입 및 보험료 체납 등으로 건강권을 온전히 보장받지 못하는 불안정 노동자와 가난한 이들이 광범위하게 존재하고, 불충분한 보장성 때문에 많은 이들이 다수의 민간 보험

---

* 비급여본인부담금은 건강보험의 혜택을 받을 수 없어 환자가 전액 부담해야 하는 비용이다. 2019년 말 발표된 국민건강보험 건강보험정책연구원의 연구보고서 〈2018년도 건강보험환자 진료비 실태조사〉에 따르면, 2018년 비급여본인부담률은 16.6%, 최근 10년간의 수치는 15~17%대였다. 그러나 환자들이 일차적으로 찾는 의원과 일반병원의 비급여본인부담률은 각각 22.8%와 34.1%, 치과병원과 한방병원, 한의원 등은 각각 62.6%, 52.2%, 30.6%로 높게 나타났다.

에 가입하는 것이 현실이다. 건강보험이 실질적인 의료 불평등 해소를 위한 제도로 기능하기 위해서는 보장성 확대와 취약계층을 전면적으로 포괄하기 위한 대책이 필요하다.

산재보험은 업무상 부상·질병·장해·사망 등을 당한 노동자와 가족의 생활 보장을 위한 것으로, 1964년부터 시행된 가장 역사가 긴 사회보험이다. 원칙적으로 상시노동자 수 1인 이상(농업, 임업, 수업, 어업, 수렵업 등은 5인 이상)을 의무가입 대상으로 하고 있으며, 건설업의 경우 공사금액이나 건설면적에 따라 차등 적용한다. 일터의 위험이 상존하고 위험의 외주화가 심각한 상황에서 외주·하청·용역·파견 등 모든 노동자에게 가장 기본적으로 적용되어야 하지만, 많은 비정규직·특수고용 노동자들이 가입대상에서 배제되거나 실질적으로 가입하지 못하고 있다. 산재 은폐 경향이 강한 현장에서 원·하청 다단계 구조에 놓여 있는 비정규직 노동자는 본인이 원해도 불이익을 우려하는 사업주의 강압이나 회유로 인해 산재보험 가입을 하지 못하는 경우가 많다. 특수고용 노동자는 근로기준법상 노동자로 인정받지 못하기 때문에, 특례로 정한 일부 직종을 제외하면 가입 대상이 될 수 없다. 가입이 되었더라도 노동자가 산재를 신청하기까지는 매우 복잡한 절차를 거쳐야 하고, 소요되는 비용과 시간도 적지 않다. 무엇보다 일하는 모든 이들이 산재보험의 적용을 받을 수 있어야 하고, 근로복지공단의 협소한 인정 기준과 노동자의 산재 입증 책임 및 보장성 제고, 산재 요양 후 직장 복귀를 위한 충분한 지원 등 다양한 개선 과제가 존재한다.

고용보험은 실업 및 취업 노동자의 구직과 육아휴직, 직업훈련 등을 지원하는 사회보험이다. 고용안정사업과 직업능력개발사업, 구인·구직 지원을 동반하는 실업급여와 육아휴직급여 등을 결합한 적극적 노동시장 정책을 지향하며 운영되고 있다. 1인 이상의 노동자를 고용하는 사업 및 사업장이 대상이지만, 단시간 노동자는 가입에서 제외되고 특수고용 노동자는 가입 가능한 직종이 제한되어 있으며 사업장이 영세하거나 비정규직일 경우 가입되지 않은 경우가 많다. 특히 실업급여는 일자리를 잃은 노동자가 당장 기댈 수 있는 유일한 사회안전망임에도 신청과 수급 조건이 까다롭고, 자발적 실업자는 아예 배제되는 문제가 있다. 자의든 타의든 실업에 처하는 경우는 일을 계속할 수 없는 총체적 상황에 놓인 것이고, 생계유지를 위한 사회보장책은 당연히 필요하다. 실업급여를 운영하는 국가라면 자격과 조건을 따지기보다, 사회 구성원 누구나 처할 수 있는 실업이 곧 삶의 나락이 되지 않도록 지원책을 마련하는 제도 개선이 필요하다.

현행 모든 사회보험은 지향하는 바와 달리 보편적인 복지로서 충분한 역할을 하고 있지 못하다. 특히 비정규직·특수고용 노동자의 낮은 가입률은 오랫동안 고질적인 문제로 지적되었지만 개선이 더디다. 대통령직속 일자리위원회가 밝힌 2019년 8월 기준 비정규직의 사회보험 적용 비율은 정규직의 절반 수준에 불과하고, 이러한 추이는 10년 이상 지속되고 있다.*

비정규직 노동자의 사회보험 가입률이 낮은 이유는 직장 의무가입 대상의 법적 예외에 속한 초단시간 및 특수고용 노동자 규모가 크고, 보험료 부담으로 고용주가 기피해도 과태료 부과 정도의 처분에 그치기 때문이다. 저임금 때문에 스스로 가입하지 않는 노동자들도 있지만, 이는 가입 의사가 없다기보다 열악한 경제적 상황 때문에 포기한 것으로 보아야 한다.

특히 고용보험의 경우 당사자들의 제도 개선 요구를 담은 법안이 2018년 발의되었지만 20대 국회에서 제대로 다뤄지지 않았다. 코로나19 상황 속에서 20대 국회 임기 마지막 달인 2020년 5월에야 예술인 노동자에 대한 특례 적용을 담은 고용보험법 개정안이 통과되었다. 그러나 예술인 특례 적용은 당사자들의 요구와 달리 사실상 예술활동증명이 가능한 일부에게만 적용되어 많은 예술인 노동자들이 배제되었다. 특수고용 노동자의 경우 2021년 7월부터 고용보험이 적용되지만 역시 일부 직종에 한정되어, 특수고용 및 예술인 노동자들은 고용보험 전면 적용을 요구하고 있다.

2020년 7월에는 2025년까지 고용보험의 가입 대상을 단계적으로 확대한다는 계획과 함께 '전 국민 고용보험' 도입을 위한 법 개정이 시작되었고, 2021년 1월부터는 사각지대 해소

＊　직장가입자 기준 비정규직의 사회보험 적용 비율은 국민연금 37.9%, 건강보험 48.0%, 고용보험 44.9%, 정규직은 각각 87.5%, 91.5%, 87.2%로 나타났다. 대한민국일자리상황판(https://dashboard.jobs.go.kr/).

를 위한 '국민취업지원제도'가 시행되고 있다. 한국형 실업부조를 표방하는 국민취업지원제도는 적은 금액의 구직촉진수당과 단기간 지원이라는 한계가 명확해, 모든 실업자를 위한 실질적인 안전망으로 기능할 수 있을지 미지수다.

직장가입자를 중심으로 큰 규모의 기업부터 도입되고 확대된 사회보험은 1997년 외환위기 이후 급증한 비정규직과 특수고용 및 영세 자영업자들을 포괄하지 못하고 있다. 영세한 기업에 대한 적절한 지원책이나 강제력 확보 방안을 마련하지 못했고, 사업장을 중심으로 종사자 수 기준에 따라 차등 적용된 노동자 보호제도의 관행을 답습했다. 그 결과 비정규직 노동자는 물론, 특수고용 및 영세자영업자 등 소위 법이 정하는 '근로자'로 인정되지 못한 수많은 노동자들이 배제되었다. 도입 수십 년이 지나도록 광범위한 사각지대를 축소하지 못한 이유는 개선을 위한 정부의 노력 부재에 있다. 일하는 모든 사람들에게 적용되는 사회보험, 나아가 모든 사회 구성원들의 삶을 보호하는 사회보험을 만들기 위한 제도 개선이 필요하다.

5. 공공부조와 사회안전망

외환위기 이후 불안정한 노동시장과 상존하는 사회적 위험은 더욱 많은 이들을 빈곤에 처하게 만들었다. 경제위기 극복을 위한 민간 차원의 복지서비스가 대폭 늘어났고, 정부는 기존의 생활보호제도 대신 국민기초생활보장제도 시행으로 공공부조 정책을 전환했다. 2000년 10월부터 시행된 국민기초생활보장법(이하 기초법)은 빈곤 해결을 국가의 의무로 규정하고 사회권을 국민의 권리로 명시했다. 보호와 시혜의 대상으로 규정되었던 가난한 이들을 수급권자라 칭하고, 국가와 지방자치단체를 보장기관이라고 명시함으로써 최저생활 보장의 의무를 명시했다. 이를 위해 소득, 재산, 근로능력 등을 활용한 선정 기준에 입각해 생계·주거·의료·교육·해산·장제·자활 등 일곱 가지 급여를 수급권자 및 차상위계층에게 보충적으로 제공한다.

그러나 기초법이 대표적인 공공부조로서의 기능을 제대로 하지 못하고 있다는 비판이 높다. 기초법상 소득인정액과 부양의무자 기준을 모두 충족해야 하는 조건이 수급권의 높은 문턱으로 작동하고, 형식적인 지표를 통한 근로능력 평가를 토대로 자활사업 참여를 강제하는 근로연계 조건은 수급권자에 대한 감시와 통제를 강화하며 낙인효과를 발휘하기도 한다. 복잡하고 까다로운 수급권 신청 절차와 오랜 소요 기간 등은 제도에 대한 접근을 어렵게 하는 문제로 지적된다. 이는 기초법의 도입 취지와 달리 빈곤을 여전히 개인의 책임으로, 가족과 친족의 부양을 통해 해결해야 하는 것으로 남겨두는 기능을 하고 있다.

2014년 2월, 서울 송파구에 살던 세 모녀가 집세와 공과금 등 70만 원이 담긴 봉투를 남기고 번개탄을 피워 자살했다. 집주인 아주머니께 쓴 편지에 "죄송합니다"라는 말을 유언으로 남긴 이들은 실직과 지병으로 생활고에 시달리면서도, 수급 신청을 하지 않은 것으로 알려졌다. 신청했다 하더라도 부양의무자 기준이 존재하는 제도 아래에서는 '근로능력이 있다'고 인정되어 수급자가 될 수 없었을 것이었다. '송파 세 모녀 사건'으로 알려진 비극적인 죽음 이후 정부는 부양의무자 기준의 소득 기준을 일부 완화했지만 광범한 사각지대 해소에는 큰 효과가 없었다. 2014년 말 국회 역시 '송파세모녀법'이라는 이름의 기초법 개정안 및 관련 법률안 들을 통과시켰지만 생계·의료·주거급여의 부양의무자 기준을 그대로 남겨두어, 이름에 걸맞지 않는 법안이라는 평가를 받았다. 이듬해 한국보건사회연구원 조사 결과에 따르면, 수급 신청자 중 67퍼센트가 부양의무자의 소득과 재산 때문에 탈락한 것으로 나타났다.*

　　빈곤·장애단체들을 중심으로 결성된 '장애등급제·부양의무제 폐지 공동행동'이 2012년 8월 21일부터 1,842일간 서울 지하철 5호선 광화문역사에서 장애등급제와 부양의무자 기준 폐지를 위한 농성을 했다. 가난한 이들의 죽음이 이어지고 부양의무자 기준 폐지를 위한 사회적 요구와 압력이 높아지자, 2017년 대선 시기 모든 주요 후보들이 이를 공약했고 2017년 8월 보건복지부는 '제1차 기초생활보장 종합계획(2018년~2020

---

* 　노대명 외, 《2015년 한국복지패널 기초분석 보고서》, 한국보건사회연구원, 2015.

넌)'을 확정 발표했다. 그러나 '단계적 폐지'를 내건 속도 조절 속에서 가난한 이들의 죽음은 계속되고 있다. 한국의 빈곤탈출률은 19.5퍼센트로 OECD 회원국 평균인 64.1퍼센트에 한참 미달하는 최하위 수준으로 나타났다.** 상대적 빈곤율***은 2016년 기준 17.6퍼센트로, OECD 주요국 중 미국(17.8퍼센트), 터키(17.2퍼센트) 등과 함께 가장 높은 수준이다.****

누군가 빈곤에 처하는 이유는 일자리가 없거나 일할 수 없거나, 소득이 없거나 있어도 너무 낮아서 빈곤 상태에서 빠져나올 수 없기 때문이다. 일자리나 소득이 없는 이유는 불안정한 노동시장과 장애나 질병, 노령, 재해 등 개인이 처한 사회적 위험을 떠받쳐줄 사회보장제도가 취약하기 때문이다. 공공부조 정책은 가난한 이들이 자존감을 잃지 않고 독립적인 생계를 유지할 수 있는 방향으로 나아가야 한다. 가난한 이들을 위한 재정지출 확대는 사회적 비용이 아니라 모든 구성원의 인간다운 삶과 공동체의 사회보장 수준을 높이는 가장 확실한 길이기 때문이다.

** 현대경제연구원, 〈조세재정정책의 소득재분배효과 국제비교와 시사점〉, 현대경제연구원, 2018년 11월.

*** 기준중위소득 50퍼센트 미만의 소득자가 전체 사회에서 차지하는 비율.

**** e-나라지표(https://www.index.go.kr/).

6. 모두를 위한 사회보장으로

　2010년 6월 2일 실시된 지방선거는 한국 사회에서 대중적인 복지 논쟁이 본격화된 계기였다. 2008년 출범한 이명박 정부는 경제 성장으로 일자리를 늘려 복지수요 자체를 없앤다는 '능동적 복지'를 표방했고, 부자 감세와 4대강 사업 등을 강행하면서 복지와 민생을 방기했다. 여론의 반발이 커져갔고, 정치권은 2010년 지방선거에서 복지 의제를 급부상시켜 친환경 무상급식·무상의료·무상보육·반값 등록금 등 복지 확대 공약들이 범람했다. 가장 첨예한 갈등은 2011년 서울시와 서울시의회의 무상급식 논쟁으로 이어졌고, 무상급식 반대에 대한 주민투표율이 33.3퍼센트에 미달하면 시장직을 사퇴하겠다고 공언한 당시 오세훈 서울시장이 주민투표 결과에 따라 사퇴하면서 일단락됐다.

　한국 사회의 복지 논쟁은 보편이냐, 선별이냐를 중심으로 사회적 이슈가 되는 사건이 불거질 때마다 반복되고 있다. 개념적으로 보편적 복지는 소득과 자산 등 경제적 기준에 관계없이 사회 구성원 모두에게 적용되는 것으로 사회수당과 사회서비스 및 사회보험 등이 해당하고, 선별적 복지는 경제적 기준에 의해 구분된 사회 구성원 일부에게 제공되는 것으로 공공부조가 이에 해당한다. 그러나 한국의 사회보장제도는 보편적 복지제도 안에서도 큰 사각지대가 존재하고, 조세로 충당하는 사회수당은 일부 지방정부가 시범적으로 실시하는 청년수당을 제외하면 기초노령연금과 아동수당이 전부이며, 가입자 중심의 사회보험과 최소한의 소득보장에 국한되어 있다.

그 이유는 한국의 사회보장과 사회복지제도가 국가의 일방적 주도하에, 형식적으로만 확대되고 진전되었기 때문이다. 노동자들의 집단적 기여로 형성된 대규모 사회보험 기금에 대한 운영과 결정에 사회 구성원의 목소리가 제대로 수렴되지 못했고, 정부와 전문가에게만 맡겨진 정책은 부의 재분배 기능을 수행하지 못했다. 정부는 사회복지 재정지출을 지극히 낮은 수준으로 유지하면서도 오히려 각종 사회서비스를 민영화하는데 앞장섰고, 정치권은 선거 시기 표를 얻기 위한 포퓰리즘적 공약으로만 복지를 활용했다. 그 결과 한국의 사회보장은 언제나 비용 논리에 가두어졌고, 부정수급 이데올로기에 사로잡혔으며, 구조적 빈곤으로 삶의 위험에 처한 이들에게도 경쟁과 효율의 잣대가 먼저 작동됐다.

한국 사회에서 갈수록 심화되는 위험 징후는 대다수가 체감하고 있다. 지속되는 높은 실업률과 노동시장의 불안정성 속에서, 인간다운 삶을 유지할 수 없는 이들이 늘어나고 있다. 이러한 현실을 무시할 수 없는 정부도 잇따라 사회보장 확대 방안을 내놓고는 있다. 그러나 점진적 확대에도 불구하고 비정규직 노동자의 사회보험 가입률은 정규직의 절반 수준에서 제자리걸음이고, 배제된 노동자들에 대한 실질적인 권리 보장 방안은 여전히 부실하다. 공공부조의 사각지대에서 가난한 이들의 죽음 역시 계속되고 있다.

그럼에도 '부정수급' 프레임을 통해 복지가 필요한 이들을 위축시키고 도덕적 해이자로 낙인찍는 이데올로기는 여전히 강력하고, 선별적인 사회보장제도와 동전의 양면처럼 작동한다. 부정수급은 복지를 권리가 아닌 시혜 혹은 비용으로 상정하는 정부의 태도를 투영하는 것이며, 사회 구성원을 위계화하고 가난한 이들을 범죄화하는 선별복지가 만들어낸 덫일 뿐이다. 실업과 질병 등으로 빈곤에 빠지는 것은 개인의 나태함이나 무능력 때문이 아니다. 절대다수의 인간은 일자리가 있고 일할 능력이 있다면, 자신의 노동을 통해 성취감과 자존감을 느끼며 살아가려는 욕구를 가지고 있다. 빈곤 해결은 국가의 의무다. 정부에게는 사회 구성원들이 일하든 일하지 않든 인간으로서의 존엄을 유지하며 삶을 영위할 수 있도록 보장할 책임이 있다.

사회보장 확대를 위한 정부의 대안이 당장의 수치적 개선을 위한 임시적 처방에 머물러서는 안 된다는 점은 갈수록 명확해지고 있다. 보수적으로 고착된 인식과 제도의 틀 안에서는 근본적인 대책이 마련될 수 없다. 사회보장이 실질적인 사회 구성원의 권리가 되기 위해서는, 사회보험과 공공부조제도의 사각지대를 없애고 고용·교육·보육·의료·주택 등과 관련한 공공적 사회정책이 대폭 확대되어야 한다. 이를 위해서는 사회복지 재정지출을 획기적으로 확대하고 빈곤계층을 포괄적으로 보호할 수 있는 사회안전망 재구축을 위한 정책 방향의 대전환이 필요하다.

코로나19가 던지는 질문

2020년, 코로나19로 인해 모두의 삶이 새로운 국면을 맞았다. 당연하던 일상의 회복이 기약할 수 없는 일이 되었고, 코로나19 유행의 종식은 언제가 될지 예측할 수 없는 미래가 되었다. 모든 이들에게 공포와 위험으로 다가온 코로나19는 구조적 불평등을 사회의 수면 위로 부상시켰고 재난이 취약계층에게 더 큰 재앙이 된다는 사실을 확인시켰다.

확산 초기에는 전체 입소자 101명 중 100명이 감염된 청도 대남병원을 필두로 고령자와 환자, 장애인 등 취약계층이 수용된 시설에서 집단 감염이 속출했고, 이후에도 콜센터와 물류센터 등 밀집된 환경에서 일하는 노동자들의 집단 감염이 이어졌다. 사회적 거리두기가 지속되면서 일상이 멈추자, 불안정 노동자와 자영업자의 생계가 위험에 처했고 관광·숙박·여가 산업 노동자들의 일자리가 불안해졌으며 거듭된 개학 연기로 학교 비정규직 노동자들 역시 큰 타격을 입었다. 정부는 '아프면 집에서 3~4일 쉬어야 합니다'라며 개인방역을 강조하지만 대다수 노동자들에게는 가능하지 않은 선택이다.

모든 사회 구성원이 삶을 영위하는 수단은 고용과 소득이다. 고용을 유지할 수 없어 생계에 어려움을 겪는다면 최소한의 인간다운 삶을 지속할 수 있는 소득과 사회보장이 누구에게나 필요하다. 코로나19는 국가가 사회 구성원의 생계와 안전, 인간적 존엄을 어떻게 보장해야 하는가에 대한 질문을 던졌다. 사태가 장기화되면서 사회보장 체제가 재설계되어야 한다는 필요성이 대두되고, 정부의 재난긴급지원금 지급을 계기로 '기본소득'에 대한 사회적 공론화가 시작되었다.

정부는 애초 긴급재난지원금 지급 대상을 소득하위 70퍼센트 이하 가구를 대상으로 삼았지만, 21대 국회의원 선거 직후 모든 국민으로 확대했다. 기본소득지구네트워크^{Basic} Income Earth Network, BIEN의 정의에 따르면, 기본소득은 '개인에게 현금을 무조건 정기적으로 모든 이에게' 지급하는 것이다. 불안정 노동과 소득 불평등이 심화된 자본주의 체제에서 빈곤을 해결할 대안 담론의 하나로 실험되는 제도로, 핵심 쟁점은 재원 마련이다. 일회적이었던 재난긴급지원금은 기본소득의 본래 성격과 다르고, 난민과 이주노동자 등 한국 사회에서 살아가는 이주민을 집단적으로 배제했다는 점에서도 불충분했다. 그러나 빈곤과 실업이라는 재난 상황과 취약계층이 상존하는 현실에서, 긴급재난지원금은 무조건적인 보편복지의 가능성을 실험하고 체감하는 최초의 기회가 되었다. 2020년 공식 출범하고 국회에 진출한 기본소득당을 포함한 정치권의 논의는 활발하지만, 재원 확보 방안을 마련하고 전면적 보편복지에 대한 사회적 합의에 도달하는 것은 긴 여정이 될 것이다. 정부와 정치권이 주도하는 포퓰리즘적 처방이 아닌, 모두의 기본권을 보장하는 평등하고 지속 가능한 제도적 방향 역시 중요하다.

코로나19 위기에 정부는 2020년 1월 말부터 '코로나19 대응 경제관계장관회의'를 정례화하고, 2월 초 산업통상자원부의 자동차산업 지원을 시작으로 각종 지원 정책을 내놓았다.

2월 말에는 관계부처 합동으로 '코로나19 파급영향 최소화와 조기극복을 위한 민생·경제 종합대책'을, 4월 초에는 코로나19로 생계유지가 어려운 취약계층을 위해 기존의 긴급복지지원제도를 한시적으로 개선하는 대책을 내놓았다. 5월에는 소득·재산과 상관없이 모든 국민에게 긴급재난지원금이 지급되었고, 이를 전후로 전국의 많은 지자체에서도 거주민을 대상으로 한 지역 차원의 긴급지원이 이루어졌다. 이외에도 정부와 각 지자체는 부문 및 업종에 따라 각종 긴급지원책을 쏟아냈다.

2020년 7월에는 대통령 취임 3주년 특별연설 이후 뜨거운 의제로 부상한 '전 국민 고용보험'의 주요 내용이 '한국판 뉴딜 종합계획'을 통해 발표됐다. 핵심은 2025년까지 특수고용 노동자의 고용·산재보험 가입을 단계적으로 확대하고, '한국형 상병수당' 도입을 위한 연구용역 및 시범사업을 추진하며, 고용보험 사각지대에 있는 노동자의 생활·고용 지원을 위한 '국민취업지원제도'를 실시한다는 것이다. 사회보장 체제의 전면적인 개편이 필요한 상황에서 내놓은 대책으로서는 소극적인 접근이고 정책 추진의 일관성 역시 우려된다. 특수고용 노동자의 고용보험 가입은 2000년대 초부터 지속된 당사자들의 요구였다. 1997년 외환위기 이후 자신의 의사와 무관하게 특수고용화된 노동자들은 오랫동안 사회보장의 사각지대에 방치됐고, 갈수록 유연화되는 노동시장에서 급속히 증가했다. 2020년 4월 발표된 한국노동연구원의 〈코로나19, 사회적 보호 사각지대의 규모와 대안적 정책방향〉에 따르면 고용·실업대책에 취약한 다양한 비정규직·특수고용 노동자

수는 728만 명, 그중 고용보험 사각지대에 놓인 노동자 수는 459만 명이다.* 각종 긴급지원책이 쏟아지고 있지만 실질적인 효과가 미비할 수밖에 없는 이유는, 코로나19 이전에도 이미 재난 상황에 처한 이들이 한국 사회에 대규모로 존재해왔기 때문이다. 노동시간과 고용 형태 등을 막론하고 일하는 누구나 고용보험에 가입할 수 있고, 아프면 유급으로 쉴 수 있고, 실업에 처하면 생계 보호를 받을 수 있는 제도적 보장이 시급하다.

코로나19는 사회의 가장 약한 고리에 가장 심각한 타격을 가했다. 휴업과 해고 등으로 일자리를 잃는 불안정 노동자, 매출 감소와 월세 부담에 생계를 위협 받는 자영업자, 사회적·생활 속 거리두기 속에서 스스로 생활이 불가능한 노인과 장애인의 삶은 벼랑으로 내몰렸다.

감염 확산을 막기 위한 강력한 사회적 통제 속에서도 당사자들의 절박한 목소리는 지속적으로 터져나왔다. 무급휴직과 해고 위협에 처한 비정규직·특수고용 노동자들은 종교·인권·시민사회 단체들과 연대해 '코로나19 비정규직 긴급행동'을 결성하고, "모든 해고 금지, 비정규직·중소영세사업장 노동자에게 상병수당·실업수당·휴업수당 지급, 이주노동자에게 차별 없는 동일 지원, 모든 노동자에 4대보험 적용, 중대재해기업처벌법 제정" 등을 지속적으로 요구했다. 빈곤·장애단체들은 코로나19로 위기에 몰린 빈곤층의 생존권 보장을 요

---

*정흥준, 〈코로나19, 사회적 보호 사각지대의 규모와 대안적 정책방향〉, 《KLI 고용·노동브리프》 제97호, 한국노동연구원, 2020년 4월 22일.

구하며 "주거세입자 대책 마련, 부양의무자 기준 폐지 등 빈곤 사각지대 해소, 홈리스에 대한 폭력과 배제 중단" 등을 촉구했다. 그러나 코로나19 이전에도, 이후에도 재난의 일상을 살아가는 이들의 목소리는 정부와 국회에 온전히 전달되지 않는다.

사상 초유의 사태에 정부와 지자체는 이전 어느 때보다 신속한 긴급지원에 힘썼지만 임시적 지원의 반복으로 지속되는 삶의 위기, 사회의 위기를 돌파할 수 없다는 것이 확인되었다. 코로나19 이후 무엇이 기다리고 있는지는 누구도 알 수 없다. 그러나 현재의 사회보장제도가 그대로 유지된다면 사각지대에 놓인 이들의 삶은 제대로 유지될 수 없을 것이다. 사회보장제도의 종합적인 재설계를 위한 사회적 논의가 필요한 시점이다. 그 속에 가장 중요하게 담겨야 할 것은, 누구나 인간답게 살아갈 수 있는 권리와 그를 위한 국가의 의무다.

모두를 위한 노동 교과서

초판 1쇄 펴낸날 2021년 4월 30일
초판 5쇄 펴낸날 2023년 8월 15일
기획 전국불안정노동철폐연대
지은이 김철식·김혜진·신순영·안명희·엄진령·윤지영·이미숙·장귀연·최은실
펴낸이 박재영
편집 이정신·임세현·한의영
마케팅 신연경
디자인 조하늘
제작 제이오
펴낸곳 도서출판 오월의봄
주소 경기도 파주시 회동길 363-15 201호
등록 제406-2010-000111호
전화 070-7704-5809
팩스 0505-300-0518
이메일 maybook05@naver.com
트위터 @oohbom
블로그 blog.naver.com/maybook05
페이스북 facebook.com/maybook05
인스타그램 instagram.com/maybooks_05

ISBN 979-11-90422-68-0 03300

만든 사람들
책임편집 이정신
디자인 조하늘